INTRODUCTION TO
HIGHER EDUCATION LAWS AND REGULATIONS

高等教育法规概论

主　编　李宜江
副主编　徐　赟　薛卫洋
编　委（以姓氏笔画为序）
　　　　朱礼长　阮成武　李宜江
　　　　周兴国　徐　赟　薛卫洋

中国科学技术大学出版社

内容简介

本书为适应安徽省高校教师岗前培训的需要而编写，主要包括法律和教育，教育法的基本原理，教育法的制定、实施与监督等内容，从教学对象的需求出发，将教育法学的基本体系与我国现行的有关高等教育法规的内容结合起来，不仅可使教师对我国高等教育法规有所了解，逐步形成良好的教育法律意识，使教师在教育教学过程中依法施教，维护自己的合法权益，同时也会促使"依法治校""依法治教"真正成为可能。本书可供高校教师岗前培训使用，也可作为高等教育学、教育学等相关专业学生、教师的学习参考用书。

图书在版编目(CIP)数据

高等教育法规概论/李宜江主编. ——合肥：中国科学技术大学出版社，2020.8（2025.3重印）

ISBN 978-7-312-05038-1

Ⅰ.高… Ⅱ.李… Ⅲ.高等教育法—中国—教师培训—教材 Ⅳ.D922.16

中国版本图书馆CIP数据核字(2020)第134671号

高等教育法规概论
GAODENG JIAOYU FAGUI GAILUN

出版	中国科学技术大学出版社
	安徽省合肥市金寨路96号,230026
	http://press.ustc.edu.cn
	https://zgkxjsdxcbs.tmall.com
印刷	安徽省瑞隆印务有限公司
发行	中国科学技术大学出版社
开本	710 mm×1000 mm　1/16
印张	17.75
字数	338千
版次	2020年8月第1版
印次	2025年3月第7次印刷
定价	50.00元

前　言

近十年来，国家修订了《中华人民共和国教育法》《中华人民共和国高等教育法》《中华人民共和国民办教育促进法》等有关高等教育法律，颁布实施了《高等学校学术委员会规程》《高等学校预防与处理学术不端行为办法》《普通高等学校学生管理规定》《新时代高等学校思想政治理论课教师队伍建设规定》等有关高等教育规章，对《中华人民共和国刑法》《中华人民共和国行政复议法》《中华人民共和国行政诉讼法》等与高等教育密切相关的其他法律进行了修订，印发了《国家职业教育改革实施方案》《国务院关于鼓励社会力量兴办教育促进民办教育健康发展的若干意见》等重要高等教育政策文件。本书在这些法律、规章及政策文件的基础上进行编写，以体现最新的法律和政策精神。

本书共包含九章内容，第一章至第四章分别对法律与教育，教育法的基本原理，教育法的制定、实施与监督，教育法律责任与救济进行了概述。第五章至第九章分别对《中华人民共和国教育法》《中华人民共和国教师法》《中华人民共和国高等教育法》《中华人民共和国职业教育法》《中华人民共和国民办教育促进法》进行了解读。本书尽可能吸收教育法学领域最新的研究成果，在附录中列出了《中华人民共和国教育法》《中华人民共和国高等教育法》等六部法律条文。

本书编写工作是在安徽省高等学校师资培训中心的领导与支持下开展的，特别是中心常务副主任朱礼长给予本书编写工作诸多关心与大力支持。此外,安徽师范大学教育科学学院周兴国教授和阮成武教授对本书编写的指导思想、基本原则、基本思路和基本分工提出了宝贵的意见和建议;中国科学技术大学出版社的编辑们也为本书的顺利出版作出了积极努力。在此一并表示衷心感谢!

为做好本书编写工作,专门成立了编委会,成员包括朱礼长、周兴国、阮成武、李宜江、徐赟、薛卫洋。在本书编委会的指导下,具体分工如下:李宜江教授负责编写第一、二、三章,徐赟副教授负责编写第四、五、六章,薛卫洋博士负责编写第七、八、九章。全书由李宜江教授统稿,朱礼长主任审读。

本书在编写过程中吸取和参考了众多研究者的研究成果,这些成果的引用,为本书增色不少,在此向相关作者一并致谢!在引用资料时,尽量注明,如有遗漏,敬请原谅!我们知道,本书依然会存在一些不足之处,恳请学界同行以及使用本书的老师与同学们不吝批评指正。

本书编写委员会

2020年4月

目 录

前言 ·· (i)

第一章　法律与教育 ································ (001)
　　第一节　依法治教是时代发展的必然 ············ (001)
　　第二节　我国高等教育法治建设的进程与展望 ···· (008)
　　第三节　国外教育立法的概况 ····················· (013)

第二章　教育法的基本原理 ·························· (019)
　　第一节　教育法概述 ································ (019)
　　第二节　教育法律体系 ····························· (033)
　　第三节　教育法律关系 ····························· (035)
　　第四节　教育法律与教育政策 ····················· (039)

第三章　教育法的制定、实施与监督 ··············· (046)
　　第一节　教育法的制定 ····························· (046)
　　第二节　教育法的实施 ····························· (054)
　　第三节　教育法的监督 ····························· (057)

第四章　教育法律责任与救济 ······················· (067)
　　第一节　教育法律责任概述 ······················· (067)
　　第二节　教育法律救济概述 ······················· (073)
　　第三节　高校学生伤害事故问题概述 ············ (082)

第五章　《中华人民共和国教育法》解读 ·········· (092)
　　第一节　教育指导思想和基本原则 ··············· (092)
　　第二节　教育基本制度 ····························· (101)

第三节　学校、教师与学生概述 …………………………………(109)
　　第四节　教育发展与保障 …………………………………………(126)

第六章　《中华人民共和国教师法》解读 ……………………………(139)
　　第一节　教师的权利和义务 ………………………………………(139)
　　第二节　教师基本制度 ……………………………………………(147)
　　第三节　教师专业发展的保障 ……………………………………(154)

第七章　《中华人民共和国高等教育法》解读 …………………………(163)
　　第一节　高等教育基本原则和基本制度 …………………………(163)
　　第二节　高等学校概述 ……………………………………………(173)
　　第三节　高等学校教师和学生 ……………………………………(185)

第八章　《中华人民共和国职业教育法》解读 …………………………(196)
　　第一节　职业教育的体系 …………………………………………(196)
　　第二节　职业教育的实施 …………………………………………(199)
　　第三节　职业教育发展的保障 ……………………………………(203)

第九章　《中华人民共和国民办教育促进法》解读 ……………………(213)
　　第一节　民办教育的性质和法律地位 ……………………………(213)
　　第二节　民办教育学校概述 ………………………………………(218)
　　第三节　民办教育发展的保障 ……………………………………(224)

附录 ………………………………………………………………………(231)
　　中华人民共和国教育法 ……………………………………………(231)
　　中华人民共和国高等教育法 ………………………………………(242)
　　中华人民共和国教师法 ……………………………………………(251)
　　中华人民共和国学位条例 …………………………………………(257)
　　中华人民共和国职业教育法 ………………………………………(259)
　　中华人民共和国民办教育促进法 …………………………………(264)

参考文献 …………………………………………………………………(272)

第一章 法律与教育

法律是随着社会发展而发展的，是社会发展到特定时期（阶级社会）的产物；教育也是随着社会发展而发展的，学校教育也是社会发展到特定时期（原始社会末期、奴隶社会初期）的产物。法律一开始并没有介入教育，即使介入教育后，在现代教育产生之前，法律对教育的介入也主要是间接的，而且作用相当薄弱。世界各国发展教育的一个重要经验就是通过法律这一高度专门化的社会组织手段来实现对大规模教育事业的调控和发展。社会发展从来不是自发的过程，尤其是经济的发展不会自动带来教育的发展，不会自动解决种种社会问题。必须通过一种社会的组织手段，来保证教育的协调发展，才能使教育真正发挥它在现代社会中应有的作用。教育法就是现代教育发展中的一个理性选择，是世界各国发展教育的一个共同经验。至此，法律与教育紧紧地联系在一起。法律保障是现代教育健康有序发展必不可少的条件之一。

第一节 依法治教是时代发展的必然

一、教育法是现代教育发展的产物

教育发展是当今世界各国普遍关注的重大问题。人们越来越深刻地认识到，社会的文明和进步在很大程度上取决于教育的发展。经济的竞争、科技的竞争，归根到底是人才的竞争、教育的竞争。因此，世界各国都把教育放到了重要的位置。

教育活动是在人类的社会生产和社会生活中产生的，反映种族繁衍、社会延续需要的一种有意识、有目的、有计划的社会实践活动。但在人类社会的早期，教育与其说同生产力有关，倒不如说更直接地同政治联系在一起。因为在小农经济的环境里，推动教育发展的主要动力是政治的需要，不同等级之间界限森严，教育的功能受到很大局限，进学校、受教育只是少数人的特权。教育规模狭小，主要是教师、学生及其家长之间的私人活动。国家尽管要影响和控制教育,但这种影响和控制一般都具有幕后的和间接的性质,而不是直接介入教育。在这种情况下,教育与法律之间并没有什么必然的联系,也无所谓教育法。

18世纪中期以来的社会现代化进程给予教育的影响就在于孕育和产生了普及的、社会化的、与现代工业相结合的现代教育这一崭新的教育形态。作为一种高度专门化的人才培养方式,现代教育的教育目的直接受到现代生产发展的影响。新的科学技术在现代生产中的不断应用,使更新的、效率更高的生产工具代替了旧的生产工具。现代生产能力的扩大对劳动者提出了更高的素质要求,劳动者必须具备相应的知识水平才能适应这一要求,从而决定了劳动者普遍接受学校教育、学习文化科学知识的必要性。此外,现代生产的发展,就一个具体的劳动过程来说,要求加强微观管理的科学性;而就全社会的劳动分工来说,要求加强宏观管理的科学性。因为无组织、低效率、铺张浪费、经济失调是现代生产的大敌。现代社会的生活和生产不能仅凭管理者的个人经验,更不能靠管理者的想当然来进行管理,而应凭借先进的科学知识,才能使社会生活和社会生产有条不紊。于是经济科学、管理科学、法学等方面人才的培养也开始成为现代教育的一个重要方面。可以说,现代社会中的教育活动,已经与经济发展、人才培养紧紧联系在一起,其目的指向全体社会成员,指向科学知识的传播,指向劳动者和管理者知识水平的提高。现代各国都充分意识到教育的重要意义,无一例外地通过国家的强制力来推行普及和发展教育的政策。

法律在管理和发展教育方面的作用,表现在它规定了国家机构在管理文化教育方面的职权和职责,从而保证教育行政管理坚持按客观规律办事,真正做到有序化和科学化。以国家行政为例,任何国家想要进行有序的、科学的教育行政管理,就必须把国家的行政管理置于牢固的法制化基础上。也只有借助于法律,才能实现国家行政管理的有序化和科学化。

总之,法律的发展是与社会的发展和进步紧密联系在一起的,它是社会发展的一种要求,体现了一种社会进步。教育法是现代教育发展的产物,是现代国家的一个重要的立法领域。随着现代教育的发展,它不仅表现为法律数量的大规模增长,而且表现为法律地位的提高,法律调整范围的扩大,以及法律向教育领域各个方面、各个层次进行的愈来愈大规模的功能扩张。[1]

---

[1] 参见:教育部人事司.高等教育法规概论[M].北京:北京师范大学出版社,2000:2-3.

二、教育法治化是现代教育管理的重要手段

现代教育区别于以往任何一种教育的另一特征就是教育教学活动的日益复杂化和有序化,这是教育日益普及化和社会化的一个直接结果。现代社会的发展产生了对人才数量和规格的规定性,同时也产生了对人才培养的规定性,从而形成了现代社会特有的教育制度。这种制度要求废除封建社会培养、选拔人才的做法,扩大受教育的机会,广泛培养各级各类人才;要求打破传统的学校教育体系,同社会的人才需求结构相适应,把学校纵横联系、统一协调起来,建立统一的教学计划、教材和教学质量标准,形成一个大、中、小、幼教育纵横贯通,学校、家庭、社会密切配合的一体化教育体系。显然,复杂的教育运行过程想要做到有序化、科学化,仅仅依靠教师的个人努力是远远不够的。它要求教育工作必须依准于法,体现国家的整体利益,不允许任何人违背它;它要求学校的教育教学活动应有一定的行动方式和程序,一切财物的使用和管理也应有一定的规格和规范。只有这样,才能保证学校教育目标、方向的正确性以及教育教学活动的连续性和稳定性。从世界各国的教育立法实践看,教育工作规范化、制度化的要求极大地推动了教育法的发展。在教育发展规划的制定,教育经费的筹措、管理,学校制度的规定,教育课程、计划的编制,教科书的编写、审定,入学、升学、毕业、学位授予,学校教学设施标准,班级组织标准,教师身份、工作条件、工资、职称,教师编制、选拔及培养等领域,法律的规范作用和调节作用都在不断加强。

依法治教是指依据法律来管理教育,也就是在以法律为依据的前提下,综合运用法律手段、经济手段、行政手段和其他必要的手段来管理教育。具体而言,依法治教是指国家机关及有关机构依照有关教育的法律规定,在其职权范围内从事有关教育的治理活动,以及各级各类学校及其他教育机构、社会组织和公民依照有关教育的法律规定,从事办学活动、教育教学活动以及其他有关教育的活动。依法治教的活动通常包括教育立法、教育法律的宣传普及、教育行政执法、教育司法、教育法制监督、教育法律的遵守、教育法学的教育和研究等。依法治教,即教育工作全面走上法治轨道。依法治教的主体、治理范围和法律依据,具有充分的广泛性。

依法治教的主体十分广泛,包括各级行政机关,即各级人民政府;各级权力机关、审判机关和检察机关,即各级人民代表大会及其常委会、人民法院和检察院;各级教育行政部门和各级政府的其他有关部门;以及各级各类学校及其他教育机构、企事业单位、社会团体及公民个人等。依法治教不仅涉及政府、权力机关和司法机关,同时也涉及全体社会组织和社会成员。

依法治教的范围,主要包括国家机关有关教育的管理活动,各种社会组织和个

人举办学校及其他教育机构的活动,学校及其他教育机构的办学活动,教师及其他教育工作者实施教育教学的活动,学生及其他受教育者参与教育教学的活动,以及各种社会组织和个人从事的有关教育的活动,还包括教育经费拨款、教育费附加的征收、举办校办产业、捐资助学等有关教育活动。

依法治教的依据,不仅包括教育法律、法规和规章,如《中华人民共和国教育法》(以下简称《教育法》,其他国内法律、法规和规章同此)、《教师法》、《高等教育法》、《义务教育法》、《高等学校章程制定暂行办法》、《普通高等学校学生管理规定》等,还包括其他与教育有关的法律、法规和规章,如《行政处罚法》《行政诉讼法》《未成年人保护法》《妇女权益保护法》等。

在社会主义市场经济体制运行的条件下,人才需求呈现出多样化、多层次化、综合化和知识更新快速化等特征。教育要适应社会进步的需要,而这远非单一的行政管理所能胜任,依法治教已成为现代教育发展的客观要求和教育改革与发展的必然产物。当今世界,依法治教已成为各国共同的大趋势。现代教育管理呼唤教育法治化。依法治教是现代教育发展和现代教育治理的客观要求。①

三、我国教育法治建设存在的问题②

新中国成立特别是改革开放以来,我国教育法治建设取得了巨大成就,教育法治的水平不断提升,有力地推动了教育现代化和法治政府的建设。但同时也应该认识到,我国教育法治的建设,与教育发展的要求、人民群众的期待、法治建设发展的规律相比,还存在一些短板和问题。

(一)教育法律及制度体系有待健全

学校和教育主管机关所依据的教育法律及制度体系不够完善、不够健全,有些领域无法可依。例如,关于考试问题,很多学校规定学生考试作弊的,可以开除,其依据是教育部规章《国家教育考试违规处理办法》(2004年颁布,2012年修正),除此之外,没有其他依据。但是学生考试作弊,给予停考3年或者终身禁考的处分,是否妥当?是否侵犯学生的受教育权?这就存在疑问,因为找不到法律依据。令人遗憾的是,虽然国家早就提出过要制定"考试法",但迄今为止仍没有制定。再如,1980年制定《中华人民共和国学位条例》时,全国需要授予博士学位的博士生

---

① 参见:郑良信.教育法学通论[M].南宁:广西教育出版社,2000:101.
② 参见:马怀德.教育法治四十年:成就、问题与展望[J].国家教育行政学院学报,2018(10):10-15.

可能就几百人,而今天已经上升到了数万人,客观情况发生了重大变化,但是迄今为止,40年了,《中华人民共和国学位条例》一直没有得到修订。此外,还有一些领域存在立法空白、无法可依的情况,如《学校法》《终身学习法》《学前教育法》《家庭教育法》等,这些法律对于教育制度的建设、教育法律关系的理顺具有重要意义,都应该被包括在教育法律及制度体系中,但我国目前仍没有制定这些法律。这使得不断涌现的教育问题得不到法律的规制,不利于教育法治水平的提升。

(二)教育法律的实施状况有待改进

虽然我国制定了很多教育法律,但是有些教育法律并未真正得到有效实施。一项调查研究的结果显示,某直辖市的政府法治部门统计调查各个部门的执法状况,涉及教育领域,市教委1年之内没有作出过处罚,甚至没有进行过执法活动。这个数据表明教育法律的实施存在问题,依法治教、依法治校仍然任重道远。此外,很多高校虽制定了章程,但能够真正实施高校章程的并不多,实施的效果也不尽如人意。当下高校的管理,还是遵循了传统高校管理的惯性,靠政策,靠领导的决定、命令,靠思想政治工作,靠一些具体人治的手段来保证秩序、维护秩序,而不是靠法律。但必须认识到,相比于其他的管理方式,法治的优势在于其更加稳定,并具有可预见性,人们可以根据事先公布的法律来预测、安排自己的行为,并且不必担心被事后的、变化无常的法律追究责任。"法律不溯及既往",法律具有稳定性、可靠性,所以要走教育法治之路。

(三)部分教育纠纷有待纳入法治渠道

我国是法治的后发国家,教育法治的起步也比较晚,再加上传统根深蒂固的人治思维,导致在实践中,部分教育纠纷,如校园伤害事故、校园意外事件、老师和学校的争议、教育主管机关和相对人的争议等,不是通过法律途径解决,而是通过信访等非法律途径解决的。现行的法律渠道不能够有效地、公平地解决教育纠纷,有的甚至不能适用于教育纠纷。例如,教师被学校除名、免职或处分的纠纷,能到法院去起诉吗?答案是否定的。在这种情况下,被除名、免职或处分的教师很有可能选择上访,若上访人数较多的话,还可能引发群体性事件,不利于社会的稳定。可见,部分教育纠纷没有纳入法治的渠道,不仅不利于学校、教师和学生等合法权益的保障,而且容易造成一系列社会问题,构成教育法治发展的短板。

(四)教育法治观念有待改善

我国有着深厚的人治传统,人治观念根深蒂固,而法治传统、法治观念却比较淡薄。目前,全社会,无论是教育主管机关,抑或是学校、教师、学生,其教育法治观念,特别是依法办学、依法治校、依法治教的观念还有待进一步提升。部分领导干部、教师和学生不愿学习教育法律的知识,不理解教育法治的重要性和必要性,不信仰教育法律、不尊重教育法律权威的现象依然存在,教育领域中"以人代法""以言代法"的情况还时有发生,树立教育法治观念的工作任重而道远。总之,教育法治在观念上、思想上的缺乏,使得教育主管机关、学校、教师和学生的行为缺乏正确的指导,从而不利于教育法治水平的提升。

总之,以上问题的存在,说明我国教育领域的工作离教育法治化的目标还有不小的差距,从而也使学习、宣传、普及、贯彻教育法律法规在当前显得尤为重要与迫切。为此,我们必须在法治思维的指引下,正确认识这些问题与不足,立足国情,展望未来,既要打好基础、建好制度,又要突出重点、勇于创新,不懈努力,破解依法治教领域出现的各种难题,不断推进教育法治建设向纵深发展,创造出不负新时代的教育法治成果。

四、依法治教的时代意蕴[①]

社会主义社会是法治社会,市场经济是法治经济。我国是社会主义法治国家,依法治教是依法治国的一个组成部分。依法治教是现代教育发展的客观要求,是教育发展的重要保障。依法治教的实现,就是教育管理法制化的实现。这就要求必须具有完备的教育法律体系、健全的民主监督制度、公正严格的执法制度、廉洁秉公的执法队伍、全民的教育法律意识等来保障教育发展的条件和制度。这也是依法治教的时代意蕴。

(一) 完备的教育法律体系

依法治教首先要有法可依,这就需要建立起反映教育规律,体现人民共同意志,符合人民共同利益,内容和谐一致,形式完整统一,层次排列有序的教育法律体系。自改革开放以来至1995年《教育法》颁行,我国的教育立法已初步形成了以《教育法》为核心,以《宪法》为统帅,以教育法律、教育行政法规及规章和地方性教育行政法规及规章为配套的教育法律体系,教育工作无法可依的局面已基本结束。但是,还有许多重要的教育法律法规有待制定,离完备的教育法律体系还有较大差距,我们还需努力。

---

① 参见:郑良信.教育法学通论[M].南宁:广西教育出版社,2000:101-103.

(二) 健全的民主监督制度

只有完善的教育法律体系,没有健全的民主制度和监督制度,依法治教也是不可能实现的。这是因为,教育法治建设的目的就是要建立健全保障公民受教育平等权利的各项制度,建立健全人民群众民主参与教育决策和学校管理的各项制度,建立健全对教育工作进行监督的各项制度和有效的监督机制,这也正是依法治教的根本任务。只有具备健全的民主制度和监督制度的教育法律制度,才是社会主义的现代教育法律制度。

(三) 公正严格的执法制度

公正严格的执法制度是实现依法治教的基本保证。各级人民政府及其有关部门应当严格依法行政,履行各自的法定职责,保证教育事业经费投入和其他基本条件,正确地规范和引导教育的改革与发展;建立有关教育的行政处罚制度、行政复议制度、教育申诉制度、教育仲裁制度等一系列教育执法制度;依法保护公民在教育领域内的合法权益,追究侵害公民教育合法权益的责任人的法律责任。只有严格做到有法必依、执法必严、违法必究,才能实现依法治教。

(四) 廉洁奉公的执法队伍

有了严格的执法制度,还要有廉洁奉公的执法队伍,依法治教才能实现。依法治教的执法队伍包括教育行政执法队伍、教育督导队伍、教育司法队伍和教育法律服务队伍。教育执法人员的素质是依法治教的关键,他们应当具有较高的政治、业务和职业道德素质。政治素质是指拥护宪法确定的基本原则,具有一定的马列主义、毛泽东思想、邓小平理论、"三个代表"重要思想、科学发展观和习近平新时代中国特色社会主义思想的水平,拥护党的基本路线、方针和政策,严格执行教育法律。业务素质是指要有相应的文化和专业的知识,熟悉教育法律法规和政策,具有教育工作的实践经验和分析判断能力,能够正确运用法律法规处理教育事件。职业道德素质是指遵纪守法、廉洁自律、勤政敬业、秉公执法等。一支高素质的廉洁奉公的执法队伍,是全面依法治教的重要保证。

(五) 全民良好的教育法治意识

依法治教不仅是一个执法问题,同时也是一个守法问题。我国全体公民都能自觉依照教育法办事之时,也就是依法治教全面实现之日。人类的一切行为都是在某种意识的指导下实现的,依法治教的执法行为和守法行为都是在教育法治意识的指导下实现的。教育法治意识是人们关于教育法律法规的思想、观点和态度的总和。具体而言,是指人们对教育法律精神实质的理解,对教育法律实施作用的评价,对教育行政执法和教育司法的信任程度,遵守和运用教育法律的自觉性,与违法犯罪行为作斗争的认识程度等内容。一国公民的教育法治意识的实际水平决定着该国教育法治的实现水平。因此,只有全面提高我国全体公民的教育法治意识,才能从根本上实现全面依法治教。

第二节 我国高等教育法治建设的进程与展望

一、新中国成立以来高等教育法治建设的进程[①]

我国的高等教育法治建设起步于新中国成立初期,改革开放之后伴随法治理念的确立而快速发展,至今已初步形成以《教育法》为基本法,以《高等教育法》和《学位条例》等专门法律为重点,辅之以多部教育行政法规、地方性法规及规章在内的法律规范体系,并在依法治国背景下加快建设包括实施、监督和保障体系等在内的高等教育法治体系。回顾我国高等教育法治建设的进程,可以分为以下三个时期:

(一)高等教育立法在新中国成立后曲折起步时期(1949~1978年)

1949年9月29日,中国人民政治协商会议第一届全体会议通过了具有临时宪法作用的《中国人民政治协商会议共同纲领》(以下简称《纲领》),自此之后的七年间,社会主义革命在《纲领》的指导下在全国范围内各个领域展开。《纲领》第四十一条规定:"人民政府的文化教育工作,应以提高人民文化水平,培养国家建设人才,肃清封建的、买办的、法西斯主义的思想,发展为人民服务的思想为主要任务。"因此,在高等教育领域内,社会主义革命的主要任务就是接管、改造和管理深受国民政府和美帝国主义影响的高等学校,将其转变为"新民主主义的,即民族的、科学的、大众的文化教育"。

当时,全国共有高等学校227所,其中公立学校138所,私立学校65所,接受国外津贴的教会大学24所。这227所高校中有205所是由国民政府建立的,大多需

[①] 参见:申素平,邓雨薇.我国高等教育法治70年发展史[J].教育发展研究,2019(17):33-38.

要进行改造，少数甚至需要进行取缔。为此，在《纲领》的指导下，政务院先后出台了《各大行政区高等学校管理暂行办法》《关于实施高等学校课程改革的决定》《高等学校暂行规程》《专科学校暂行规程》《私立高等学校管理暂行办法》《关于改革学制的决定》《关于高等学校领导关系问题的决定》等以改造时有高校体系构成、建立新的高等教育制度为中心的一系列政策规章，我国高等教育立法也由此拉开了序幕。以这些政策规章为依据，我国开始建立由中央人民政府教育部统一领导的，以"理论与实际一致"为教育方法，以"培养具有高级文化水平，掌握现代科学和技术的成就，全心全意为人民服务的高级建设人才"为宗旨，以"进行革命的政治及思想教育"和"适应国家建设的需要，进行教学工作，培养通晓基本理论并能实际运用的专门人才"为基本任务，以"新民主主义的革命政治课程"为主要教学内容的高等学校。同时，人民政府以"培养工业建设人才和师资为重点，发展专门学院和专科学校，整顿和加强综合性大学"为方针，对全国高校的院系设置进行了大规模的调整。1957年，院系调整基本结束，高等教育领域内的社会主义革命也基本完成，高校全部收归教育部和政务院有关部委直接管理，旧中国的半殖民地、半封建教育事业转变为社会主义教育事业。

然而，随着1958年至1960年"大跃进""人民公社化""教育大革命"等群众运动的展开，中共中央、国务院《关于教育工作的指示》中提出的"十五年普及高等教育"的目标成为高等教育发展的主要方向，我国开始陷入盲目大办教育的局面。为改变这种状况，在1961年国民经济调整的大背景下，高等教育领域也开始了政策调整。在"巩固、充实、提高"六字方针的指导下，在"全党大兴调查研究之风"的号召下，1961年3月至9月，教育部、中宣部和中共中央书记处先后主持起草了《教育部直属高等学校暂行工作条例（草案）》（以下简称《高教六十条》），针对"教育大革命"中出现的"重数量增长、轻质量提高""重生产劳动、轻教学科研""重政治运动、轻科学管理"等方面的问题，《高教六十条》作出了兼具指导性和可行性的规定。在调整"教育大革命"结果的同时，《高教六十条》同样在高等教育发展的一些重要方面作出了开创性的规定，比如我国的研究生培养工作就起步于此。《高教六十条》提出："高等学校应该重视培养研究生的工作，根据教师条件和科学研究的基础，招收研究生，培养科学研究人才和高等学校师资"。同时还对研究生的选拔标准、学习期限、培养计划等方面的内容首次作出了规定，为我国研究生培养制度的正式建立奠定了基础。然而，随着1966年"文化大革命"的爆发，高等教育原有的管理规章制度几乎完全被废除，取而代之的是以"教育革命"为中心的各种违背教育规律的政策，正常的高等教育管理被破坏，教育法制建设几乎停滞。

这一时期，作为国家最高立法机关的全国人民代表大会及其常委会没有进行专门的教育立法，没有出台任何教育法律，但直到"文化大革命"之前，政务院及教育部等针对高等教育制定了大量的规范性文件,因而广义上的高教立法活动仍较为活跃。这些规定对当时培养国家建设所需人才起到了一定的积极作用,但总体而言并没有从党和政府的政策体系中摆脱出来,大多以"规定""条例""通知""指示"等形式出现,而且缺乏稳定性。更为重要的是,这一时期的立法缺乏法治的基本精神,对于权利保护、正当程序等理念缺乏认识,"人治"的色彩较为浓厚。

(二)高等教育法制在改革开放中快速发展时期(1978~1998年)

改革开放以来,高等教育法制建设步入正轨。1978年10月,在教育部的主持下,《高教六十条》被重新修订为《全国重点高等学校暂行工作条例(试行草案)》(以下简称《新高教六十条》)。《新高教六十条》在全国范围内的重点高等学校试行,在1980年《学位条例》颁布之前,一直是我国高等学校建设和发展在法律意义上的行为准则。1980年2月12日,第五届全国人大常委会第十三次会议正式通过了《学位条例》。《学位条例》不仅是我国第一部由全国最高立法机关制定的高等教育法律,也是整个教育方面的第一部法律,它正式开启了改革开放后的教育立法新进程。至此,我国高等教育立法开始朝着体系化、规范化以及科学化的方向发展。

虽然我国高等教育事业在改革开放以来发展迅速,但是高等教育法制建设却相对滞后。除《学位条例》和1995年颁布的《教育法》以外,其他在高等教育办学和管理过程中起主导作用的主要是国务院和国家教育行政部门制定的规章制度以及各级行政部门制定的政策性文件,高等教育专门性法律缺乏。高等教育立法的呼声日益强大,经过长时间的准备工作,《高等教育法》于1998年8月29日由第九届全国人大常委会第四次会议审议通过。至此,我国拥有了第一部系统规范高等教育内外部社会关系和自身组织活动的专门法律,高等教育法治建设迈上了一个新的台阶。

《高等教育法》从起草至最后通过历时十三年,历经全国人民代表大会常务委员会的四次审议,审议次数之多在新中国教育法制史上是空前的。而且在起草和审议的过程中,针对一些长期具有争议性的议题,如高等学校的办学体制、内部领导体制以及办学自主权等,各方代表展开了深入的讨论甚至是激烈的争论,以达成最大程度上的共识。而对于未能达成共识的问题,立法委员们对不同的观点以及方案进行了反复推敲、对比以及权衡,并最终按照多数委员的意见加以确定。如果将初审稿与通过稿加以对比,可以明显感受到该法在制定过程中所体现的改革精神。这些立法经验为之后的教育立法提供了重要参考。

（三）高等教育法治体系在依法治国背景下加快建设时期（1998年至今）

自《高等教育法》颁布施行以来，在依法治国的大背景下，高等教育向着形成法治体系的目标稳步迈进。1999年第九届全国人大二次会议将"依法治国"写入宪法，2014年党的十八届四中全会作出全面推进依法治国的重要决定，法治的理念和实践正在渗透到国家建设的方方面面，高等教育法治体系建设在教育立法修法、教育法律实施等方面全面推进。

2015年12月，我国对包括《高等教育法》在内的三部教育法律进行了一揽子修订，共涉及五个方面的内容。第一，在高等教育的方针中增加了"为人民服务""与社会实践相结合"以及人才培养规格中"美"的要求，体现了新时代的发展理念。第二，将专科学校的审批权下放至省一级单位，增强省级政府的高等教育管理权。第三，增加高校学术委员会的职责，明晰其具体行为准则。第四，改革高等教育评估体系，增加"第三方评估"和"向社会公开"的内容。第五，将教育经费筹措机制明确为"举办者投入为主、受教育者合理分担培养成本、高等学校多种渠道筹措经费的机制"，同时删去"设立高等学校，不得以营利为目的"的内容，与《教育法》和《民办教育促进法》进行了有效衔接。

目前，我国高等教育的法律规范体系已经基本形成，这个体系主要包括四个层级。第一个层级是由全国人大及其常委会通过的教育法律。其中，《教育法》是统领包括高等教育在内的整个教育事业的基本法，《高等教育法》和《学位条例》是重点的部门法，《教师法》《职业教育法》《国家通用语言文字法》和《民办教育促进法》均含有与高等教育相关的条款。第二个层级是国务院制定的行政法规，如《学位条例暂行实施办法》。第三个层级是地方人大制定的地方性法规、自治条例和单行条例，如《上海市高等教育促进条例》。第四个层级是教育规章，包括国务院教育行政部门制定的规章和地方政府规章，如《普通高等学校学生管理规定》《高等学校章程制定暂行办法》。高等教育法律规范体系基本覆盖了高等教育管理的主要方面，有法可依的目标已经基本达成，有效保障了我国高等教育事业的快速发展、健康发展以及可持续发展。与静态的侧重于立法的法制体系不同，法治体系不仅着眼于形成法律规范体系，而且包括建设法治的实施、监督和保障体系。这一阶段，高等教育领域的行政执法开始起步，司法审查取得了重要发展。

1998年，"田永诉北京科技大学案"开创了高校诉讼的先河，司法判决明确公立高校对学生的管理属于行政管理，应当受到司法监督。基于此，高校的法律地位及其与师生的关系被重新定义，师生的权利保障逐渐完善，高校权力行使受到法律规制。在此背景下，2005年和2017年，教育部对《普通高等学校管理规定》进行了两次全面修订,将正当程序原则引入高校学生管理,构建学生申诉等权利救济途径,使得高校管理迈上依法治校的新台阶。从立法到执法和司法,从法的制定到法的实施和监督,从立新法到立、改、废并举,从侧重管理到更加注重和维护公民和法人的权利,这些都标志着我国高等教育法治化的进程正在逐渐深入。

二、我国高等教育法治建设展望①

随着中国社会的整体变化和高等教育的改革发展,我国高等教育法治建设面临新的任务和挑战。从发展趋势看,高等教育的改革发展已越来越与社会的整体格局和利益密不可分。如何适应社会主义法治发展,面对全球性的挑战,以更加开放的姿态,提供更加适应需求的新制度和新机制,统筹和协调各方的利益诉求,调动高等教育利益相关者的参与积极性,推进高等教育的创新发展,解决高等教育所面临的问题,通过良法善治,更好地发挥法治的引领功能、调整功能和保障功能,是高等教育法治建设的艰巨课题。

党的十八届四中全会提出了良法善治的理念,提出"良法是善治的基础"。党的十九大进一步明确"要以良法促进发展,保障善治""重大改革于法有据",强调运用法治思维和法治方式推动改革,标志着改革进入法治化的新阶段。高等教育法治建设的发展方向,就是要根据党对依法治国的总要求,进一步推进高等教育法治体系建设,通过良法善治推进高等教育领域的改革发展。首先,要通过高等教育法治体系建设,处理好政府、高校与市场的关系,构建良好的制度平台,明确、规范高等教育领域各方的权利义务关系,促进政府对高等教育管理职能的转变,把办学的权利和义务更多地赋予高等学校,扩大和落实高等学校的办学自主权;同时更好地履行政府在高等教育发展中的职责,充分发挥市场在配置高等教育资源过程中的决定性作用。第二,通过良法善治,更好地保障公民依法享有的接受高等教育的机会和相应权利。保障弱势群体和处于非优势地位个体实现接受高等教育的权利,促进高等教育机会公平,实现社会和谐发展。第三,进一步落实高等学校的办学自主权,推进高校法人制度建设和法人权利的落实,使高校真正成为独立承担责任的市场主体,促进高等学校教育教学质量的提高,最大限度地有利于高等教育适应需求、不断创新发展。

---

① 参见:秦惠民.高等教育法治发展从制度性探索走向良法善治[J].中国高等教育,2019(17):10-12.

第三节 国外教育立法的概况

一、国外教育立法发展的一般趋势[①]

从国外教育法制建设较完备国家的历史经验看,早期的教育立法主要是义务教育立法。大工业生产的兴起与发展使教育与生产劳动日益紧密地联系在一起,为教育的普及创造了客观条件。普及义务教育立法主要是围绕强制性、免费性和公共性三大主题展开的。它涉及通过法律确立的有关普及教育的各项重要问题上的权利与义务关系,如普及义务教育学校网的设立和管理,教育经费的来源和分配,学校与宗教以及不同利益集团之间的关系,学校与学生、家长之间的关系等等,都必须保证强制性、免费性和公共性的实现。到20世纪末,西方国家普遍开始加强对行政的控制,把对议会政治的浓厚兴趣逐渐转移到国家行政领域。这个转变从19世纪中期开始酝酿,20世纪初开始,30年代至50年代在许多西方国家中达到了高潮。在教育上,这是一个广泛进行教育立法的时期。许多国家由过去对教育的消极作为转变为积极作为,加强了对教育的全面干预和控制。各国纷纷建立和健全教育行政系统,对从初等教育直至高等教育的整个教育系统实施行政管理。教育立法更受重视,大量有关教育的法律相继产生,丰富了教育法制的内容。国家通过法律手段更多地干预教育,从而大大推进了教育的普及与发展。同时,人们对教育的要求也有了很大变化。人们普遍认识到,教育是提高国民素质的工具,小到个人谋生,大到国家进步和民族生存,都有赖于教育的发展与普及。为此不少国家在宪法和其他有关法律中规定了发展与普及教育的国家责任,通过法律保证每一个人都能获得受教育的机会。由于法律对教育的调整作用迅速增强,教育法的内容和调整手段也日益复杂化。为了提高行政效率,同时也为了更好地依法行政,各国除了主要的教育法律之外,普遍都把相当一部分教育立法的任务交由行政机关去执行。各国行政机关通过它所取得的行政立法权,有可能根据需要进行经常性的行政立法活动。从教育法的数量看,行政机关制定的规范性文件已大大超过立法机关的立法。

第二次世界大战以来,世界各国的教育由于社会经济和科学技术发展的牵动而呈现出一幅突飞猛进的发展图景,同时交织着挑战与变革。义务教育的年限一

[①] 参见:教育部人事司.高等教育法规概论[M].北京:北京师范大学出版社,2000:17-21.

次次延长,职业教育的比重不断加强,高等教育出现了大众化的趋势。传统的学制向各个方向延伸,出现了学前教育、研究生教育、回归教育、业余教育等新的教育领域,学校教育正在向终身教育的方向发展。教育的这一变化大大加强了它的综合社会效应,促进了教育在经济、政治、军事、文化等各个社会领域中职能的全面发挥。不仅如此,现代教育还从根本上改变了人的面貌,使人的潜能得到极大发挥,人的精神生活日益丰富。在这种情况下,人们开始把教育看作是个人的一种不可剥夺的基本权利,要求享受一种机会均等的、有利于促进个性丰富和全面发展的、有助于探索和开拓新生活的教育。教育的这些巨大变化使得教育活动中的各种因素及其相互关系呈现出一种复杂多变的局面,这就要求把教育看作一个整体和社会大系统的一个组成部分,把教育法制看作一项综合性的法治工程,在加强教育法制建设的同时注重教育法治工程与整个社会工程的协调。这一时期的教育法制建设表现为它自觉地、主动地适应社会整体发展的需要,全面地进入教育领域,系统地认识它所调整的对象,合理地调节教育领域中发生的各种社会关系。因此,教育法在广度和深度两个方面都有了飞跃发展。许多国家在二战后纷纷制定了教育基本法或具有基本性质的学校总法,并对已有的教育法规进行整理、汇编,使之系统化,以便更好地协调本国的教育立法。在这一基础上形成了一个和谐统一、严密完备的教育法体系,有效地对教育发挥着综合调节作用。不仅如此,这一时期的教育立法更加明确地确定了教育领域中的各种权利与义务关系,体现了人们在教育方面的价值存在、现实利益和平等要求,在教育立法上更多地贯彻公平原则,保证与现代社会经济相适应的教育的价值目标和功利要求的实现,使教育活动这一具有个性色彩和创造精神过程的正常进行有了法律的保障。

从教育立法发展的历史中可以看出,教育法制是现代国家教育发展的一个重要特征。在许多发达国家,当教育问题关系到国家的根本利益时,它们都无一例外地求诸法律,而法律就成了保证、巩固、促进和发展教育的一项基本措施。当然,由于社会制度和法律制度的不同,各国对法的利用以及所强调的侧重点是各不相同的。但各国的教育法都体现了国家对教育的干预和管理,或者统称为国家调控教育的原则,这种调控在大多数情况下都是通过行政行为实现的。因此,一般都把教育法视为公法,看成是行政法的一个分支。但由于教育管理内容庞杂,从实践的观点看,很难将它纳于单一的部门。特别是从20世纪50年代以来,科学技术的迅速发展以及科学技术与生产的紧密结合带动了经济的空前发展,使许多发达国家的社会关系发生了剧烈的分化和改组,反映在教育上则表现为:教育事业的急剧膨胀使原来相对显得较为次要的国家与教育的关系变得非常重要;教育内部结构日益复杂,使原来的调整手段相形见绌;教育与社会相互作用的增强以及教育对社会的全面渗透不仅使原来已经存在的教育外部关系日益引起社会的关注,而且还形成了一系列全新的社会关系。教育的发展不断提出新的法律要求,法律大规模地向教育的各个层次渗透,一些原来不属于法律调节的社会关系,开始运用法律调节手段,众多调节教育领域中各种社会关系的法律规范逐渐构成了若干具体的法律制度,如义务教育制度、职业培训制度、高等教育制度、招生考试制度、教育证书制度、学位制度、教师职务评定和聘任制度、课程指导制度、教科书制度等。这些法律制度之间相互联系、相互协调、相互制约,构成一类以性质相同的社会关系为其调整对象的法律有机体。实践证明,这样一个法律机制反映了现代教育组织、运行和管理的本质特征和内在要求,对教育事业的发展起到了保证和促进作用。

凭借法律制度来实现国家对高等教育的控制和管理是二战以来各国高等教育发展的一个重要标志。

第二次世界大战以后的高等教育立法曾有两次大的高潮。第一次发生在20世纪60年代末到70年代。一方面,由于战争的结束,经济的振兴,许多发达国家处于一个全面发展的时期。然而这些国家的高等教育却仍然沿袭旧的办学模式,把相当多的青年拒之门外。另一方面,高等学校内部缺少主动性和活力,压抑了教师和学生参与学校管理的民主要求。到1968年,席卷欧洲的学生运动终于震撼了沿袭数百年的高等学校传统。法国率先改革高等教育,并于1968年11月制定公布了《高等教育基本法》。该法明确规定大学是"公共高等教育机构",其任务是传播知识、开展科研、培养人才、组织并发展国际合作。该法还第一次规定大学的"自治"传统要与参与相结合,学生、教职工及社会有关人士均有权以一定的方式参与对高等学校本身的管理。这部法律奠定了法国乃至欧洲各国现代高等教育教学与管理体制的基础,因而具有"世界性"。继法国之后,奥地利、丹麦、瑞典、罗马尼亚等国也纷纷制定了高等教育方面的法律。

第二次高等教育立法高潮发生在20世纪80年代。由于发达国家普遍发生经济危机,发展受挫,使各国变得越来越焦虑和不安。他们认为,高等教育的落后和质量的低劣是产生这种现象的原因之一。许多国家寄希望于教育与科技的发展,希冀通过高等教育改革来刺激经济的发展,由此掀起了新的高等教育立法高潮。这些法律对高等教育提出了更高的要求,即通过实现"现代化、职业化和民主化",使高等学校迅速提高办学质量和所培养人才的素质。在这次立法高潮中,有的国家修改了已有的高等教育法,如联邦德国;有的国家制定了新的高等教育法,如法国、波兰、秘鲁等。

二、国外教育立法的一般特点

国外教育立法的实践表明,尽管在许多国家教育立法是一个十分有争议的问题,且教育的法律管理充满了矛盾,但法律是解决种种问题和矛盾的最有效的机制。国外教育立法的一般特点主要表现在以下几个方面[①]:

一是保证决策过程有序化。从广义的角度看,可以把管理看作一个不断决策的过程。而法律对决策过程的控制作用,则表现在这样两个方面:(1)决策的权限和程序。决策过程本身必须是有组织的和有序的,对于某一个问题,谁有权作出决定,怎样作出决定,都应当由法律来规定。(2)限制对目的和手段的自由选择。一个组织内的决策是一个非常复杂的过程,它包括确定目的和确定达到这一目的的手段等不同方面,这些都必须受到法律的限制,以防权力的滥用。许多西方学者认为,从整体来看,教育活动可以看作是一个决策的过程,而管理仅是这一过程的一部分。根据英国社会学家帕森斯的分析,教育运行过程可以分为技术的、管理的和机构的三个层次。通过决定目的和手段、权限和程序,法律与这三个层次构成了一种有分有合的关系。如果充分发挥法律的功能,它就能对教育管理作出重大贡献,反之则会造成危害。

二是保持集中和分散的合理张力。教育管理权力在教育系统内部上下左右之间的分配,在许多国家主要都是通过法律来予以严格规定的。由于历史传统和社会制度的不同,这种权力分配的法律形式各不相同,但如果根据机构设置的特点和决策权力来划分,主要有集权型和分权型两种典型的模式。而集中和分散的问题,则是不同模式所共同面临的问题。近几十年来,科学技术和社会政治的发展把集中和分散这两个相对矛盾的因素带到教育立法领域的争论中来。一方面,为了促进受教育机会的均等和建立教育质量的统一标准,许多人主张国家要更有力地干预教育,加强权力集中;另一方面,为了保障地方、纳税人的利益,以及更好地适应地方发展的需要,许多人又主张给予地方乃至学校和教师更大的权力,实行责任下放。

在集中与分散问题上,目前的发展趋势是,教育管理权限分配方式不同的国家都在取对方之长,补自己之短。但是要保持集中与分散之间的合理张力并非易事。西方国家教育立法面临的问题是在加强教育管理权力集中的同时,如何使教育更具有地方特点,适应地方发展的需要,并照顾地方利益、团体利益,以及如何创造一种既具有较高的教学质量和学术水平,又与大众化的现代要求相结合的学校教育模式。

三是保证教学机构的自治。在欧洲,大学自治传统由来已久,它源于摆脱教会控制以保护学术自由的想法。但是进入20世纪以来,在西方国家,学术自由问题仍然是一个未获解决的问题,原因在于学术自由不光会受到宗教势力的干扰,还经

---

① 参见:教育部人事司.高等教育法规概论[M].北京:北京师范大学出版社,2000:28-35.

常受到国家和各种利益集团的干扰。保证学校机构自治的观点已经普及,很多国家都以比利时1831年宪法为榜样,把保证学术自由当作一种基本权利写进自己的宪法中,这个规定意在阻止外界干涉学术事务。然而实际情况却是很多政府在不断地侵犯这项基本权利。许多学者认为,真正的学术自由不仅要求政府不干涉学术事务,同时还意味着由大学自己决定学校的全部课程、自己聘请教职员工、自己管理学校的财务。然而还没有一个国家能给予学校这么多的权力,充分保证学校的自治和学术自由。近几十年来,在一些国家,"教学机构自治"的概念已成为组织学校系统的模式,许多学校试图减少政府对学校的过度干预,以此吸引教师、学生和家长参与学校的管理。这种民主管理的模式在一些国家如德国已做过试验,得出的结论是这种参与对教学机构自治并没有什么实际意义。事实是,教学机构的管理权总是由国家和学术社团分享的。而且,根据许多西方学者的观点,即使是这种自治也会受到近年来的权力集中和所谓的大学社会化要求的危害。这些问题都对法律提出了挑战。

　　四是保持对教育管理的程序性控制。尽管许多国家的教育管理人员和教师都在抱怨法律的限制日益增加,但教育立法却是世界范围内教育的发展趋势。在许多国家,法院通过对教育决策的监督来获得对教育的控制,参与管辖政府和教学机构的事务。在西方国家的现行法制下,每个公民都可以对政府采取法律行动,因此法院对政府构成了一种真正的监督。但关于司法控制的程度和方式,不同的国家各不相同。美国、德国、奥地利和瑞士以教育管理的法制化而出名,法院对教育管理事务的影响也较大,而其他西方国家对政府提出诉讼的案例较少见。

　　五是保持对课程的适度控制。在西方国家中,美国和法国的宪法首先规定的政教分开的做法已经普及各国。这些国家根据宪法规定建立了多元化的教育系统,国家和学校必须在思想意识的冲突中起中立作用。宪法规定的一些基本自由权利,如宗教自由,自我表达自由,不同种族、性别的平等,反对歧视,以及在以私人财产和市场经济为基础的社会里的自由竞争等条款,对于教育是非常重要的,它们要求学校必须恪守中立。

　　六是对教师职业进行规范。教师是自由职业者还是政府雇员,这是困扰大多数国家立法者的一个问题。由于教师的身份不甚明了,因此在许多国家,教师的法律地位并不十分清楚。许多学者认为,教师既不是真正的自由职业者,也不是典型的政府雇员。同时,教师内部还有很大的地位差别,如乡村小学中的教师与名牌大学中的教授之间就有极明显的差别。至于国与国之间,由于公共服务传统的不同,宗教的因素以及现代传播媒介的兴起等,都在对教师的身份及法律地位产生着不同的影响,从而造成国别之间的差异。尽管如此,各国都试图通过法律的手段把教师职业引向专业化的范畴中去,这是一种全球性的动向。

七是对教育财政进行法律控制。世界上没有一个国家的教育系统是在纯市场原则基础上构成的,因为所有国家的教育经费都主要是由学生(或其家长)以及公众资助两部分构成,而不是由学生一方来支付的。在西方国家,有一部分学校教育机构比较接近市场制,那就是私立学校(包括大、中、小学)以及私营企业中的职业培训学校。私立学校由私人或民间机构举办,因此这些学校的学生必须为其所受的教育付出举办人所要求的费用。但私立学校与学生之间并不是简单的供求函数关系,在许多国家,例如美国、法国和德国,大部分私立学校由宗教组织举办,这些组织为了宗教目的向学校提供资金。在法国、德国和其他一些地方,国家向私立学校提供相当数目的资助。在所有的西方国家,私立学校都是纳入国家的教育制度中去的,通过考试和学分而与公立学校相融通。在法律的规定和监督下,西方国家已形成了公立学校和私立学校二位一体的统一学制。在这一体制下的财政机制是:私立学校不完全建立在市场原则的基础上,而公立学校也不是真正的福利机构。已经有不少人提出教育的市场原则思想,即教育不是免费的,学生必须支付一部分费用,奖学金不是人人都能享受的,它只给予有才华的学生和社会上的不幸者。这种思想在20世纪70年代提出,并与公立学校系统的担保计划相配套。但人们对这种主张存有争议。

事实上,教育工作者和政治家对法律都存在着复杂的感受。对于教育工作者来说,他们希望有一个有效的管理,但同时又不想在教育自由方面受到来自管理的干预。这使他们经常处于一种矛盾的境地。而对于政治家来说,他们追求的是效率,特别是追求一种低投入高产出的成果,因此在教育投资上他们经常态度冷漠。同时政治家们又寄希望于教育的社会化功能,希望通过教育而使下一代认同现存的社会秩序。这也使他们经常陷入矛盾。其实,法律不可能同时满足所有不同的期望,法律能够发生作用的方面在于组织决策过程和简化教育管理决策的复杂结构,使之有序化。就此而言,目前各国的教育立法还有负众望,因此教育立法仍然是大多数国家教育管理发展的必然趋势。可以这样说,在许多国家,教育的普及与发展正是在法律的保护和促进下才得以实现的,而教育的法制化本身必然会进一步促进法律的形式合理化和功能普遍化,从而使法律有可能在新的范围内施加影响。

第二章 教育法的基本原理

教育法在我国的法律体系中已经成为非常重要的一个法律部门。教育法以教育活动这一特殊的人类社会实践活动为调整对象,必然有其特殊性。教育法调整对象的独特性,决定了教育法自身的内涵与特点。相对于其他部门法,教育法有着自身的法律结构和体系。教育法律关系的主体多样性、内容广泛性、客体复杂性,使得教育法律关系的产生、变更与消亡有着特殊性。

第一节 教育法概述

一、法的概述

(一)法的概念及特征

1. 法的概念

一般地说,法律是指体现统治阶级意志的、由国家制定或认可并以国家强制力保证实施的行为规则的总称。法律有广义和狭义之说。广义的法律指法律的整体。例如,就我国现在的法律而言,它包括作为根本法的宪法、全国人大及其常委会制定的法律、国务院制定的行政法规、某些国家地方机关制定的地方性法规等。狭义的法律仅指全国人大和人大常委会所制定的法律。我国《宪法》第三十三条中规定:"中华人民共和国公民在法律面前一律平等"。这一条中所讲的法律就是广义的用法。第六十二条和六十七条分别规定全国人大及其常委会有权制定法律。这两条中所讲的法律就是狭义的用法。

2. 法的基本特征

第一,法律是调节人们行为的规范。法的规范性是指它为人们的行为提供了一个模式、标准和方向,从而为人们的行为规划出可以自由行动的基本界限。即通过法律的规定告诉人们哪些事可以做,哪些事不可以做,哪些事应该去做。

第二,法由国家制定或认可。制定或认可表明法的产生有两种方式。一是国家制定的法,通称为成文法或制定法。二是习惯经国家机关依法认可具有法律效力后,即成为习惯法。

第三,法规定人们的权利、义务。这一特征说明法的现实属性,即法律具体规定了人们可以或不可以,应该或不应该如何行为。

第四,法由国家强制力保证实施。对任何社会的法来说,都不可能指望全体社会成员都会自觉遵守。因此,法必须由国家强制力保证其实施,也即对违法行为实行不同形式的追究以至制裁。法律以外的社会规范也都具有不同性质、形式和程度的强制力,但这种强制力不同于以国家名义并由国家专门机关所实施的强制力,相比而言法律的强制力是最强的。

(二) 法的价值目标

法的价值目标在于促进富有正义、效率的秩序形成,即其目标有三:秩序、正义、效率。秩序是指规范体系作用于社会关系而建立起来的有条不紊的状态,秩序体现了法的规范作用和调整功能,显示出法的功能所具有的统治性和管理性。秩序的存在是人类从事一切社会活动包括教育活动的必要前提,因此,对秩序的追求是法的首要价值目标。但秩序是中性的东西,达到秩序的途径不止一种,专制可以达到秩序,民主法治也可达到秩序,但二者有很大区别。因此,一所学校井然有序未必说明该校管理者依法治校的水平高,这种井然有序也可能是奉行高压政策的结果。法律不能只以秩序为唯一的价值目标。

正义或者公平是一个相对的概念。人们往往会从两个方面关注公平问题,即付出的是否公平和得到的是否公平。不公平会导致混乱,会导致秩序的破坏。如果一所学校在评职称、分配绩效时不公平,就会造成混乱,破坏平和的工作秩序。

效率是指投入与产出的关系亦即成本与收益的关系。追求效率是社会发展的基础,追求效率的社会才是发展最快的社会,一个社会若不追求效率则必然会陷入停滞、落后的状态。

秩序、公平、效率三者也存在着互动关系,三者相互作用、相互影响。关于这三者间的关系,可以打这样一个比方来说明:效率所关注的是怎样制作一个又大又好的蛋糕;公平关注的是怎样合理分配蛋糕以及制作蛋糕的责任的合理负担;秩序关注的是蛋糕制作过程中的组织协调和分蛋糕时不至于发生混乱。就秩序、公平、效率三要素的地位和作用而言,秩序是社会制度最基本的价值,它为人们提供基本生活环境;公平作为社会的重要价值,关注的是社会各种利益关系的协调与平衡,具有调和社会矛盾,增强社会向心力,缓解社会张力的意义;效率作为社会结构的重要价值,关注的是社会能够在何种程度上为社会成员提供必要的服务、机会或利益,提高社会的发展速度和管理水平。而法律通过对以利益关系为核心的社会关系的调整,促进秩序、公平和效率的实现,法律是使社会走向秩序化、公平化、效率化的重要手段。

(三) 法的部门与教育法的归属

教育法的地位是指教育法在我国法律体系中的位置。法律体系是就一国的现行法律整体内部划分而言的,即一国由不同法律部门的现行法律规范所组成的有机统一整体。若干相关的法律规范构成一个法律制度,相关的法律制度又构成一个法律部门。一国的各种法律制度之间、法律部门之间,既存在着差别,又相互联系和制约,共同构成一个内在协调一致的有机整体。一般而言,一国法律体系的部门法的划分标准主要是依据法律的调整对象以及法律的调整方法。例如,我国现行法的部门大致有:宪法、民商法、行政法、经济法、社会法、刑法、程序法七大类。关于部门法的划分既有不同的观点,又随着时代的进步而变化。

各国的法律分类虽然各不相同,但在20世纪50年代以前,教育法属于行政法是人们普遍接受的主张。教育法的这一地位是与它当时的性质、作用以及当时教育社会关系领域的广泛程度和相应法规的多少相适应的。

20世纪50年代以来,由于科学技术的长足进步和生产力水平的迅速提高,世界上大多数国家的教育事业急速发展,使原本显得较为次要的国家与教育的关系变得非常重要;教育内部结构日益复杂,使原来的调整手段相形见绌;教育与社会相互作用的增强以及教育对社会的全面渗透,不仅使原来已经存在的教育外部关系日益引起社会的关注,而且形成了一系列全新的社会关系。教育发展不断地提出新的法律要求,法律大规模地向教育的各个层次渗透,一些原来不属于法律调节的社会关系,开始采用法律调节手段……众多调节教育领域社会关系的法律规范逐渐构成了若干具体的法律制度,如学校制度,义务教育制度,职业培训制度,招生、考试制度,学位制度,教师聘任、职称评定制度,课程与教科书制度,奖助学金制度,教育督导制度等。这些法律制度之间互相联系、互相协调、互相制约,构成一类以共同的社会关系为其调整对象的法规体系。教育法这一引人注目的变化在许多国家法律界产生了对教育法地位的不同意见。

对于教育法的地位,目前我国主要有三种不同的主张。其一是认为教育法就其性质和内容而言,应归属行政法,是部门法的一个分支;其二是认为应当把文教科技等领域划分为一个独立的部门法,教育法在这个部门法中的地位仍属于部门法的一个分支;其三是认为我国教育法应是一个独立的法律部门。现代世界各国都制定了大量有关教育的法律,但大多数国家的法学家一般并不将教育法作为独立的部门法看待。①

那么,教育法属于七大法律部门中的哪一个部门呢?教育法体现了国家对教育的调控,这种调控在大多数情况下都是通过行政行为实现的。因此,教育法就其基本性质而言,可以解说为调整教育行政关系的法律规范的总称。从这个角度看,教育法可以说是行政法的一个分支。

但从教育领域存在的众多法律关系看,并不只有单纯的隶属型的行政法律关系,还存在众多平权型的民事法律关系,如学校与一些企业和事业单位的关系,学校内教师间的关系、学生间的关系等,因此,教育领域中有相当一部分社会关系应当由民法加以确认和调整。此外,教育领域中也会因违反教育法而出现各种类型的刑事犯罪案件。这些充分说明,教育中的法律问题不仅有行政性质的、民事性质的,甚至还会有刑事性质的,而对这些不同性质的法律问题又需要以各种诉讼法为依据,通过打官司的方式来予以解决。可以这样讲,离开各种实体法和程序法的参与,教育法寸步难行。教育法对几大法律部门具有很强的依赖性,教育法的实施、教育法律问题的解决离不开后者。因此,尽管从严格的法理学角度讲,教育法属于行政法,但学校工作中出现的形形色色的法律问题却并不只是行政性质的。因此,学校管理者仅从行政法的角度去学习理解教育法是远远不够的。

二、教育法的含义与特点

(一)教育法的含义

教育法有广义和狭义之分。根据制定教育法律的主体性质的不同,广义的教育法是指国家制定或认可并由国家强制力保证实施的教育行为规范体系及其实施所形成的教育法律关系和教育法律秩序的总和。广义的教育法的制定主体是多元化的,不仅有最高立法机关和地方立法机关,还有政府部门。狭义的教育法是指由国家立法机关制定的教育法律。在我国是指由全国人民代表大会及其常务委员会所制定的教育法律。

教育主体及其活动的多样性、教育关系的复杂性、教育活动及其关系的层级性,决定了在一般意义上使用教育法这一概念时必然是广义的,而非狭义的。所以教育法实质上是由国家制定或认可并由国家强制力保证实施的,是调整、规定教育活动和教育关系的系统的行为规则。它是教育规律的反映和一个国家绝大多数人民或公民共同意志和教育利益的体现,其目的是保证和维护教育活动的有效性、有

---

① 参见:郑良信.教育法学通论[M].南宁:广西教育出版社,2000:28.

序性和正义性。这一定义可以从以下几方面来理解：

第一，教育法是调整和规范教育活动和教育关系的规则。人的任何活动都是按一定规则进行的，游戏有游戏的规则，球赛有球赛的规则，战争有战争的规则，教育有教育的规则。规则指明了主体活动的方向、活动的程序、活动的条件、活动的标准和执行标准所承担的后果。按照规则就能使教育活动有序进行，反之则会受到一定的惩罚。实际上，教育法就是教育主体在教育活动中的行为规则体系，只要参与教育活动就必须按照教育法所规定的规则进行。如我国《教育法》就是由若干行为规则所构成的规则体系，以权利和义务为特有的表现形式，规定了教育活动中国家、政府、学校及其他教育机构、教育者、受教育者、社会等各主体的行为方向，同时规定了各主体作为和不作为的活动范围，并指明了行为条件和行为后果。

第二，教育法是国家制定或认可的教育活动规范。教育活动规则可以多种多样，可以出自教育行政部门，也可以出自学校和教师，还可以出自社会团体。有些是制定的，有些是约定俗成的。这些对教育活动同样有制约作用。在古代社会，主要是靠这些规则维持教育活动的秩序化；在现代社会，主要是运用国家制定或认可的教育法律，而不是一般性的规则来规范教育活动。制定，一般对成文法而言，它是由国家机关依照法定的权限，并经过法定的程序制定出来的，表现为教育基本法律、教育法律、教育法规等具有不同法律效力的规范性文件。认可，一般指习惯法而言，即国家未经一定程序，而直接赋予某种实际存在并为人们所遵守的行为规则以法律效力，承认它是现行的法律规范。

国家制定或认可教育法律的主要目的是要在全社会范围内协调私人教育利益与社会的教育利益或共同的教育利益间的矛盾，即采用设定教育权利和教育义务的方式来确立人们的教育活动方式，把教育主体追求教育利益的行为限制在国家意志许可的范围内。国家制定或认可的教育活动方式有三种：一是可以这样行为（授权性规范）；二是应该这样行为（命令性规范）；三是不应该这样行为（禁止性规范），并用严格的法则来保证权利得到享受，命令得到执行，禁令得到遵守。这就使得三种行为方式相互补充，建立起社会所需要的教育法律秩序。这也把教育法与教育政策、教育的原则、教育伦理规范以及其他教育规范区别开来，划清了法与非法的界限。

第三，教育法是国家强制力保证实施的规则。宗教戒律、道德规范、社会习俗等社会规范对人和社会组织都有一定的约束力，有些还有一定的强制性。道德规范是靠社会舆论和个体的自觉发挥其约束作用的。宗教戒律一方面靠信徒的信仰去遵守，另一方面靠宗教组织戒律的强制性约束。社会习俗，如乡规民约对该地的人也有约束力。但所有这些社会规范是以人的自觉自愿为前提的，其强制性也仅限于个人所能承受的范围。如果个人确实不愿意遵守，这些规范也就失去了约束作用。法律则不同,它以国家的强制力为后盾,是由专门的国家强力机关以强制力保证实施的。这些专门的国家强力机关指军队、警察、法庭、监狱等有组织的暴力部门。

第四,教育法是国家绝大多数公民意志在教育方面的体现。教育法既是国家制定或认可的,又是由国家强制力保证实施的教育行为规范,它自然要体现国家统治阶级的意志。国家不是抽象的,而是人民或公民所构成的共同体。现代的国家主权掌握在人民手中,因此国家是代表绝大多数人民利益的。在我国,人民是国家的真正统治者,所以,我国教育法所体现的意志是人民的意志。在西方国家,法律和教育法律的重要价值是保证教育的平等、自由和正义等。

第五,教育法是教育规律的法律体现。教育法虽然是国家意志的体现,但它必须反映教育规律,必须依据教育规律来制定。这是任何人和组织都不能违背的。否则,所制定的法不仅不能促进教育的有效发展,还会成为教育发展的障碍物。

(二) 教育法的特点

第一,实质上的国家意志性、强制性、规范性、普遍性的统一。首先,教育法具有国家意志。其他社会规范虽也有一定的意志性,表达了某种意志或愿望,但这些社会规范在范围上仅限于本团体、本职业、本教会,不能代表其他人的意志。教育法则体现了整个国家在教育方面的意志。这种意志是本国绝大多数公民的共同愿望和要求。其次,教育法具有强制性。教育法律既然是国家的意志,就要坚决执行,所以教育法具有强制性。其他社会规范也有一定的强制性,但并没有相应的强力执行部门,如果有了强力作后盾,这些规范就要被依法取缔。再次,教育法具有规范性。教育法是以规范性的文件出现的,具有形式上的程序性和正式性,内容上的合理性和可行性。其他社会规范并没有这些严格的要求。最后,教育法具有普遍性。教育法律在其规定实施的区域和适用对象方面是没有例外的,具有普遍的适用性。例外情况都要在该法中加以确定。如我国《教育法》第一章第二条规定:"在中华人民共和国境内的各级各类教育,适用本法。"第十章第八十四条规定:"军事学校教育由中央军事委员会根据本法的原则规定。宗教学校教育由国务院另行规定。"等等。

第二,对象上的确定性与广泛性的统一。尽管教育法的内容是广泛的、复杂的、变化的,但其调整和规范的对象是明确的,调整和规范的始终是国家机关、政府及其教育行政机关、学校以及其他办学组织、教师、学生、学生家长的教育行为及由此引起的各种教育关系。同时,教育法调整的对象具有广泛性,这也是由教育本身的特性所决定的,教育本身是复杂的,涉及社会的各个方面。

第三,形式上的分散性与集中性的统一。教育法的表现形式不外有两种:一种是集中式,一种是分散式。集中式也称法典式,即以法典的形式相对集中了教育法律规范并对它作系统安排。这表现为对教育进行一般性的法律规定。如我国《教育法》就具有法典性质。但由于教育的复杂性和变动性,一部法不可能囊括所有的教育法律规范,这就需要用分散式。分散式就是以分散的法规来表达教育法律规范。目前大多数国家的教育法律都采用这种方式,我国教育法也主要采用这种方式。首先是《宪法》规定了我国最基本的教育法律规范。其次是《教育法》相当于我国教育的母法,是教育法律规范集中的、原则性的体现。再次就是各种单项法、其他教育法规等。它反映出一种集中式和分散式的统一,而以分散式为主的表现形式。

三、教育法的价值[①]

教育法的价值是多种多样的,根据其对不同对象的意义,可以把教育法的价值分为教育法的社会价值和教育法的个体价值。教育法的社会价值指教育法对一个国家或一个民族的意义,即教育法对国家教育质量的提高和国家的教育发展以及社会进步的价值或意义。教育法的社会价值可以分为教育法的政治价值、教育法的经济价值、教育法的文化价值等方面。教育法的个体价值指教育法对公民个体的意义,比如保证受教育者有平等接受教育的权利,保证教师科学研究的自由等等。教育法的社会价值和教育法的个体价值不是对立的,而是统一的。社会是由个体组成的,但又不是个体的简单相加,是人与人建立的各种血缘的、物质的、情感的、认识的、道德的等关系。这说明,社会离不开个体。社会关系一旦建立,又相对独立于个体而存在。同时,个体任何时候都不可能孤立存在,必然处于各种社会关系中,也就是说个体是离不开社会的。所以,教育法的社会价值与教育法的个体价值是统一的。

1. 教育法的社会价值

教育法的社会价值主要表现为教育法的政治价值、经济价值、文化价值和秩序价值。

第一,教育法的政治价值。首先,教育法有维护政治秩序的作用。教育法的内容是规范教育活动和教育关系的,这些规范保证了教育能够严格按照政治的理想开展教育活动,传播特定的政治思想、观念和立场,培养出该政治的统治阶级所需要的人才,以维护政治的良好秩序。这是一个国家发展的必然要求。现代国家都

[①] 本部分内容主要参考:(1) 黄崴.教育法学[M].广州:广东高等教育出版社,2002.(2) 陈鹏,祁占勇.教育法学的理论与实践[M].北京:中国社会科学出版社,2006.

是法治国家或正在走向法治化。教育作为国家事业的一部分,同样需要法治化。教育法治化就是保证教育发展的秩序化。从政治的角度看,教育法治就是使教育按照特定的政治要求开展,以维护政治的稳定。但维护政治的稳定可以有两种做法:(1)从统治者的利益出发,把稳定看作是便于统治者统治的方式,为了政治的稳定可以牺牲群众的利益。中国古代的封建统治者基本上都是这样来保持政治稳定的。教育就是为这种稳定的政治和政治的稳定服务的,从教育内容、教育方法到考试方式,几千年来没有多少变化。(2)从人民的利益出发,保持政治的稳定和稳定的政治,这种稳定的内在意义是使人民能够有序地、公正地在社会中生活,使人民有生活的安全感。现代国家都以此为政治稳定的目的。特别是发展中国家更需要政治稳定以进行现代化建设。教育法对政治稳定的促进是从思想和行为两方面进行的。从思想上来说,一是依法通过教育使国家管理者和人民达成沟通和共识,使人民理解稳定的目的和稳定的意义;二是依法通过教育使人民形成有序参与政治活动的习惯,而不是通过无组织的群众性大运动参与政治活动。这样才能保证政治的稳定。其次,教育法有促进政治发展的价值。政治稳定不是目的而是手段,即不是为了稳定而稳定,而是为了促进政治的发展和社会的进步。政治发展就是对政治思想和政治制度的更新。教育法保证了教育的相对独立性和自主性。这样就可以保证教育一方面要服务于政治,另一方面又不完全依赖于政治,与政治保持适当的距离,从而通过教育培养具有革新精神的人才,通过传播新的政治思想,以影响政治思想的革新,如通过教育培养受教育者的政治参与意识和法治意识,培养其公民意识,使广大人民积极地参与社会政治生活。人民政治参与的扩大,一方面影响政治思想的发展,另一方面可以促进政治制度的改革。政治制度是一定政治思想的反映,社会政治思想的革新必然会使政治制度得以革新。所以,教育法对政治思想的发展和制度的革新具有重要的促进作用。

第二,教育法的经济价值。首先,教育法可以保障教育发展所必需的经费。教育属于非营利部门,也属于非生产性部门,它不能依靠自身盈利来发展自身,而是依靠其他非教育部门对教育的投入来保证教育发展的经费来源。由于教育对经济发展具有迟效性,因此对教育的投入应有强制性保证。现代国家都是以法律的形式规定教育经费的投入和增长率。比如我国《教育法》第五十四条规定:"国家建立以财政拨款为主、其他多种渠道筹措教育经费为辅的体制,逐步增加对教育的投入,保证国家举办的学校教育经费的稳定来源。"其次,教育法通过对教育管理规范化使教育资源得到合理和充分利用。通过对教育法的实施使教育法治化和规范化,使教育资源得到合理使用,避免教育资源的浪费,从而确保教育发展的高效率。我国教育一方面资源短缺,另一方面又资源浪费。资源浪费主要是由管理不善造成的。教育法规范教育管理,从而使教育资源得到较为合理的使用。

第三,教育法的文化价值。首先,教育法以法律的形式把继承和发展人类优秀文化作为教育的基本原则,这就保证了教育内容的广泛性、丰富性和多元性。人类的优秀文化不限于一个国家或一个民族,只要是优秀文化,就具有共性和普遍性,就值得学习、继承和发展。这就扩大了教育的内容,使教育内容具有广泛性,避免了教育内容的贫乏和单调。现代国家则把吸收和发展人类一切优秀文化成果作为教育的根本任务,这就有力地保证了文化的自由发展。其次,教育法规定了教育者的学术自由和专业权威。只要不违反宪法和法律,教师就有讲学、参加学术会议、从事科学研究等方面的自由。再次,教育法还规定了教师在传递文化过程中的民族特色和一定统治阶级的价值取向。尽管全球化是当前世界文化发展的趋势之一,但这并不排斥民族文化的特色。世界之所以五彩缤纷就是因为各民族和各个国家都有自己的特点,如果所有的民族都是一种文化,所有的人都是一种行为方式,人类就不成其为人类了。所以,教育法也规定了教育在传递文化的过程中应保持的价值取向。如我国现行的教育就是要保证文化建设的社会主义方向。最后,教育法保证了文化发展处于良好的秩序中。文化有多种类型,教育要弘扬的文化应是进步的、积极向上的,绝不能传播那些不利于社会进步和个人发展的低级文化。如果传播那些不良文化就属于犯罪行为。

第四,教育法的秩序价值。教育法的秩序价值主要表现在两个方面:一是建立教育活动秩序的价值。教育活动是一项具有特殊性的活动。说它特殊主要是指教育活动不同于其他活动。首先,教育活动是有计划、有目的地促进受教育者身心发展的活动,这里不仅涉及教育者的活动范围和活动规则,还涉及受教育者的活动规则。在没有法律的时候,教育者和受教育者的活动规则主要是教育活动的习惯,如尊师爱生、教学相长、启发诱导,还有对学生体罚的习惯等。这些规则虽然也维护了教育活动的秩序,但这种维护有些是习惯使然,有些是教育规律使然。而教育法则是合理的教育习惯和教育规律的国家意志化。教育法律对教育活动的调整比教育习惯和教育规律对教育活动的调节更具有规范性,使得教育活动更具有秩序。其次,教育是个体性、团体性和国家性的统一。教育活动的内在动力来自受教育者个体的身心发展需要,只有发挥受教育者的主体作用才能够实现教育的目的。同时教育活动是教育者引导、促进受教育者自主学习的活动。教育者的活动形式是个体的,实质是集体的,其作用不能低估。再次,现代教育是国家的一项事业,需要国家承担教育方面的规划、经费投入、管理和控制的责任。所以,教育活动是这三项教育活动主体的交互运行。只有用教育法来规范这些教育活动主体才能建立更合理的教育秩序。二是建立教育关系秩序的价值。教育活动的展开必然产生各种各样的教育关系,如何调节这些教育关系是教育秩序的重要体现。在古代社会,教育活动主要是人们自觉自愿的行为,教育关系主要是教师和学生的关系、教师与家长的关系,这些关系秩序的建立主要是靠教育传统习惯和人们对教育特点的认识。在现代社会,随着教育在社会发展中的作用扩大,国家成为了教育的主要责任者,这就使得教育关系日益复杂化。学生、教师、学校管理者、学生家长、社区、有关社会团体、教育行政部门、政府或国家、国际社会等,这些主体在开展教育活动时发生着纵横交错的网络关系。教育法律对这些关系有比较明确的规定。如果没有教育法律来规范这些关系,教育关系就会出现混乱,就会阻碍教育的发展。教育法对以上各种教育主体关系进行了规定。如我国《教育法》第十九条规定:"适龄儿童、少年的父母或者其他监护人有义务使适龄儿童、少年接受并完成规定年限的义务教育。"第五十条规定:"未成年人的父母或者其他监护人应当为其未成年子女或者其他被监护人受教育提供必要条件。"这就规定了父母与学生的关系。

2. 教育法的个体价值

第一,教育法的正义价值。教育法的正义价值有两层含义:一是教育法本身是正义的;二是教育法能够公正地调整和规范教育关系与教育行为。教育法属于法律的一种。而法律的基本价值之一就是正义,所以教育法也不例外,它也是以正义为基本的价值。教育法本身的正义价值也有两方面的含义:一是教育法以正义为理想和原则。它所表达的是法应努力追求的某种完善的目标、道德价值或理想的秩序;二是教育法律规范是公正合理的。教育法有一套法律规范,这些法律规范必须是合理的、公正的,是符合大多数人或全体人民的利益、为大多数人所愿意遵守的。如我国《教育法》第十九条规定:"国家实行九年制义务教育制度。各级人民政府采取各种措施保障适龄儿童、少年就学。适龄儿童、少年的父母或者其他监护人以及有关社会组织和个人有义务使适龄儿童、少年接受并完成规定年限的义务教育。"这些规范体现了国家和人民的利益,是对儿童、少年受义务教育的法律保障,所以它是正义的。因此,教育立法必须以正义为原则,教育法律规范必须是公正的、合理的。

教育法不仅是一种理想、一套合理的规范,也是一种现实的、可操作的法律原则、标准和尺度,需要执行教育法律的人公正、合理地处理法律的实践问题。这里也有两方面需要说明:一是教育法律规范是评判教育活动的标准;二是评判者或执法者须严格按照教育法律来执行。实际上,执法者在执行法律时有一定主体性。因为立法者对法律的适用条件的规定是一种假设。这些条件不可能适用于所有具体的教育法律活动,有时和现实的法律活动有很大的出入。这就需要法律的执行者把法律运用到具体的情景中。此时,法律的执行者具有一定的能动性,而这就要求法律的执行者必须是客观的、公正的、合理的、无私的。

教育法的正义价值还可以从教育法满足主体的需要来认识。从这一点来看,教育法的正义价值主要是对国家的正义价值和对个人的正义价值。对国家来说,教育法体现国家的本质。教育法体现国家的利益就是正义的,否则就是非正义的。这里,国家享有教育的权利,同样也要担负各种教育义务。这二者是一致的。如果只有权利,没有义务,就是不正义的。另一方面,教育法也必须从个人出发,保障个人的教育权利得以实现,个人的教育义务得以履行。如学生有受教育的一系列权利,同时也有受教育的义务;教师有教育教学的权利,同样也要承担一定的义务。权利和义务是统一的,不存在没有义务的权利,也不存在没有权利的义务。同样,个人如果仅仅有义务或权利,也是不正义的。

第二,教育法的平等价值。人类平等的理想在法律中直接转化为"法律面前人人平等"的原则,从而为平等的实现提供了法律上的保证。根据这一原则,所有的人,除了法定的理由外,必须作为享受权利和有平等的法律义务及责任的主体来对待。法律在其效力范围内平等地适用于所有的人,换句话说,所有人在这范围内都要受到法律的规范。人们常说的"王子犯法,与民同罪"就是这个道理。同时,法律又平等地承认和保护所有人的合法权益,并使其履行义务,不允许任何人逃避责任,有超越法律之上的特权。

教育法也是以平等作为其法律过程的基本原则之一,以追求教育平等为教育法的基本理念。教育法的平等价值主要表现为两个方面:一是保证本国所有公民都有受教育的平等权利;二是使每个公民都有平等接受教育的义务。也就是说,每一个人都要毫无例外地接受教育,并且必须接受规定年限的义务教育。平等享有受教育权和履行受教育的义务,实际上经历了从不平等到平等的一个过程。在古代社会,受教育权是占统治地位的少数人的子女的特权。例如我国唐代设有"六学二馆",不同门第出身的人进入不同的学校,具有等级性,而无权无势的平民的子女根本无法接受学校教育。这时受教育是个人的事情,受不受教育主要取决于家长或受教育者本人的能力和意愿,不存在义务。受教育由一种少数人的特权转化为一种普遍的公民权利并得到社会的认可和保护,则是现代社会的事情。特别是第二次世界大战后,受教育权发展成为一项法定的权利,从而具有法律的保障。

平等与平均有一定的关联,但不等于平均。教育平等不等于教育平均。说它们有关联,是说平等中包含有一定程度的平均。如《义务教育法》规定所有适龄儿童必须接受九年制义务教育,这就使得所有的适龄儿童一律接受同样的义务教育,这是教育平等,也是教育平均。只有强迫每一个儿童无差别地接受义务教育,才能使每个人都有同样的发展机会。但有了同样的教育机会,并不意味着都会有一样的发展。每个学生由于自己的文化背景、智力、自主性、个性等方面的差异,在接受同样教育的时候其发展是不相同的。同时,教育还会根据学生的不同特点因材施教,长善救失。每个儿童平均地接受义务教育只是平等受教育的第一步,在教育过程中因材施教,使每个儿童都能得到自由全面的发展,才是平等受教育的内涵体现。另外,义务教育之后的高等教育还是一种稀缺资源,不是人人都能够享有的,所以,在受高等教育方面只能说是一种机会均等,也就是说人人有机会上大学,但国家不能保证人人都可以上大学,只能择优录取,择优录取体现了机会上的平均和智力上的平等。所以,教育法的平等价值不仅表现在教育机会方面,也表现在具体的教育运行方面,这是一种相对平等,而不是绝对平等。

第三,教育法的自由价值。从法律的角度看,必要的限制是自由的保证。没有必要的限制就没有自由。没有交通规则的约束,就没有安全行车的自由;没有安全生产规则的约束,就没有安全生产的自由;没有各种法律条文的约束,人的社会安全就没有保障。洛克说:"哪里没有法律,哪里就没有自由。"孟德斯鸠说:"如果一个公民能够做法律所禁止的事情,那么他就不再有自由了,因为其他的人也同样有这个权利。"每个人都生活在一定的历史文化中,他的自由是在内化历史文化的基础上的有限的自由行动和自由创造。人的任何行动和创造都是有限的。自由是人的目的,各种必要的限制只是人实现自由的手段。人迟早会打破这些限制,获得更大的自由,而为了保证更大的自由又会有新的限制。自由就在这种限制和限制的打破及其重建中不断扩大和发展。法律就是为了使人获得自由并争取更多的自由而提供保障。

教育法的自由价值,其表现是多方面的。一是确保受教育者在法律的范围内获得自由。教育就是要启发受教育者对自由与限制性、必然性与选择性进行深刻认识,既要遵守必要的规则,又要敢于对规则提出疑问,有打破各种旧规则和建立新规则的勇气。人的这种自由精神对于一个进步的社会来说十分重要。对学生进行自由的教育并不是让学生想怎么做就怎么做,而是引导他们在遵守规则和掌握规律的基础上自由地学习和活动,教育学生在认识和掌握必然性的基础上进行自由创造,更重要的是培育他们热爱自由、追求自由的精神,自由地学习和创造。教育法的重要价值之一就是保证受教育者在法律许可的范围内自由地学习和自由地创造。这是发展民族创造力的重要方面。二是确保教育本身的自由。为保证学生能够自由学习和创造,就要求教育本身也是自由的。教育法保证了教育本身的自由性质。首先,教育法保证教师自由地进行教学和学术活动,民主地参与教育管理活动。没有教师的自由教学和创造就不能保证学生的自由学习和创造。其次,教育法的地位得以确立,保证了教育的相对独立性和自主性。教育机构在法定的权限内有办学权、教育管理权、课程选择权等等,这为教育的自由开展提供了重要的组织环境。最后,教育法规定了尊师爱生的平等的师生关系,强调教育者和受教育者的平等地位,相互之间是合作的关系,而不是控制和反控制的关系,也不是主体对客体的限制和改造的关系。受教育者能够自由表达自己的观点和看法,能够和教育者平等地讨论各种问题。要注意的是,教育的自由不等于对学生的放任自流,更不是对学生不管不问,而是引导他们自由表达其见解和发挥其想象力和创造力,形成自觉追求自由的意识和精神。

四、课堂教学中教育法价值的冲突及其解决[①]

教育法的上述基本价值在课堂教学中的具体体现就是课堂自由、课堂正义、课堂秩序。现在我们要面对的问题是,教育法的各种价值之间(包括一般价值)有时会发生冲突,从而导致价值之间的相互抵触。例如,在正义与自由之间、自由与秩序之间也会出现冲突,甚至在某些情况下还会导致"舍一择一"的局面出现。

归纳起来,课堂教学中教育法的价值冲突主要表现为三种情形:一是同一主体的不同教育法的价值形式之间发生冲突。如学生为了实现课堂自由与遵守课堂秩序之间的冲突。二是不同主体之间教育法的价值形式发生冲突。包括不同主体之间相同教育法的价值形式的冲突和不同主体之间不同教育法的价值形式之间的冲突。前者如某个学生在行使课堂自由时可能会构成对他人课堂自由的限制,后者如一个学生课堂自由的行使可能会导致对他人的不正义。三是个体与班集体之间教育法的价值冲突。也包括个体与班集体之间相同教育法的价值形式的冲突和个体与班集体之间不同教育法的价值形式之间的冲突。前者如学生个人正义实现与班集体正义实现之间的冲突,后者如学生个人自由实现与班集体秩序之间的冲突。

就理想的课堂教学而言,可以形成一种涵盖、平衡各种价值冲突的课堂宽容,教育立法作为一种确立教育普遍规则的活动,也多是在这个意义上协调、平衡各种教育法的价值之间所可能会有的矛盾冲突。然而教育立法不可能穷尽教育活动尤其是课堂教学活动的一切形态,在个案中更可能因为特殊情形的存在而使得价值冲突难以避免,因此必须形成相关的平衡教育法价值冲突的原则。

既然教育法价值的冲突在实际的课堂教学中难以避免,那么为了确保课堂教学的有效进行,提高教学质量与效果,就必须寻找平衡教育法价值冲突的有效原则。鉴于教育法基本价值的性质、意义及具体的课堂教学实际,可以综合运用价值位阶原则、个案平衡原则和比例原则来解决课堂教学中教育法价值的冲突。

[①] 参见:李宜江.论课堂教学中教育法价值的冲突[J].现代中小学教育,2006(5):8-10.

第一,价值位阶原则。这是指在不同位阶的教育法的价值发生冲突时,在先的价值优于在后的价值。就教育法基本价值的课堂表现形式而言,主要是课堂自由、课堂秩序与课堂正义,其他则属于基本价值以外的一般价值(如课堂效率、课堂利益等)。但即使是基本价值,其位阶顺序也不是并列的。一般而言,课堂自由代表了人最本质的人性需要,它是教育法价值的顶端;课堂正义是课堂自由的价值外化,它是课堂自由之下制约其他价值的标准;而课堂秩序则表现为实现课堂自由与正义的课堂状态,必须接受课堂自由与正义标准的约束。因而,在以上价值之间发生冲突时,可以按照位次顺序来予以确定何者应优先适用。如在课堂教学中,教师不能为了维护安静的课堂秩序而任意剥夺学生语言表达的自由或给予学生不客观、不公正的评价。一般情形下,教师总是给学生以最大的课堂自由和课堂正义,只有当其严重影响课堂秩序或课堂效率时才会加以必要的限制,而且这种限制又遵循着比例原则。

第二,个案平衡原则。这是指处于同一位阶上的教育法的价值之间发生冲突时,必须综合考虑主体之间的特定情形、需求和利益,以使得个案的解决能够适当兼顾双方的利益。在个案中,有时并不以"公共利益"作为高于"个人利益"的价值标准来看待,而是结合具体情形来寻找两者之间的平衡点。如在课堂教学中,教师不能以为了保护大多数同学的听课利益为借口将少数同学赶出课堂从而剥夺他们听课的权利,而应当结合当时具体的情形寻找两者之间的平衡点,即既保护多数人的听课权利又不侵犯少数人的听课权利。这就需要教师遵循对学生进行正面说服教育的教学原则。

第三,比例原则。这是指为保护某种教育法的价值需侵及另一种教育法的价值时,不得逾越此目的所必要的限度。换句话说,即使某种教育法价值的实现必然会以其他价值的损害为代价,也应当使被损害的价值减低到最小限度。例如,为维护课堂教学秩序,必要时可能会实行课堂管制,但应尽可能做到"最小损害"或"最小限制"。如课堂发言要举手、要有次序、要控制时间,喜欢讲话的同学将其座位调离或让其一个人坐等。总之,这样限制的目的是更好地尊重和保障学生的自由。因为孟德斯鸠说:"如果一个公民能够做法律所禁止的事情,那么他就不再有自由了,因为其他的人也同样有这个权利。"

上述三个原则必须根据课堂教学的实际情形,灵活地、综合地加以运用,不能简单化、孤立化、绝对化,唯有此方能有效解决课堂教学中教育法的价值冲突,取得良好的课堂教学效果。

第二节 教育法律体系

一、教育法律体系含义

法律体系是指一国全部现行法律所构成的内部和谐一致、有机联系的统一整体。一个国家的现行法律规范总是分为不同的法律部门,同时各部门法之间又形成相互依赖、相互补充、相互渗透的有机联系的整体,形成一个法律的特殊的内在结构。法律体系就是指一国法律的内部结构。一国的法律体系的协调一致性和有机统一性是由其赖以存在的社会基础的内部联系和统一性,以及其反映的国家的利益和意志所决定的。这就是说,一个国家的社会经济结构、政治体系和文化传统是相互依赖、彼此联系的统一体,它们都内在地蕴涵着特殊的社会法权关系。这种法权关系是这一社会应有的社会秩序,其所内蕴的社会关系的应有模式构成了该社会的社会秩序和社会主体行为的理想蓝图,也表现为社会上占主导和统治地位的社会阶级和阶层的法权要求,从而形成国家统一的意志和利益要求,进而在法律上形成完整的、内部协调一致的有机的法律系统。

教育法律体系是教育法作为社会主义法律体系的一个重要组成部分的系统结构,它是指一国现行教育法律规范所构成的完整的、内部协调一致的、有机联系的教育法律的整体系统。

二、教育法律体系的纵向结构

从教育法律体系的纵向构成上看,由于教育法律的立法权限和立法程序的不同,教育法律的适用范围和效力也不同。按其不同的适用范围和效力等级,可从纵向上将教育法律分为以下几个层级:

一是宪法中有关教育的条款。宪法是国家的根本大法,在我国法律体系中占据首要地位,具有最高的法律效力,是我国全部立法工作的基础和根据,一切规范性文件皆不能与宪法相抵触。只有全国人民代表大会有宪法的制定和修改权。宪法规定了我国教育的社会性质、目的任务、结构系统、办学体制、管理体制,规定了公民有受教育的权利和义务,规定了对少数民族、妇女和有残疾的公民在教育方面予以帮助,规定了对未成年人的保护,规定了学校的教学用语,规定了宗教与教育的关系,这些都是各种形式和层级的教育立法的主要依据和最高依据。任何形式的教育法都不得与宪法相抵触,否则便是违宪。

二是教育基本法。它是与国家宪法相配套,对整个教育全局起宏观调控作用的教育基本法,即《教育法》。教育基本法是依据宪法制定的调整教育内部、外部相互关系的基本法律准则,有人将其称为"教育的宪法"或教育法规的"母法"。1995年3月18日由第八届全国人大三次会议审议通过的《教育法》是我国教育事业改革和发展的根本大法,它规定了我国教育的基本方针、基本任务、基本制度以及教育活动中各主体的权利和义务等,也是制定其他教育法规的基本依据。

三是单行教育法。单行教育法是根据宪法和教育基本法确立的原则制定的,用于调整某类教育或教育的某一具体部分的教育法律。我国先后制定并公布实施的其他教育单行法有六部:简称为《学位条例》《义务教育法》《教师法》《职业教育法》《高等教育法》和《民办教育促进法》。

四是教育行政法规。它是与教育法律和其他法律相配套的,由国家最高行政机关(即国务院)制定、发布的教育行政法规。我国宪法规定,国务院作为国家最高行政机关有权"制定行政措施,制定行政法规,发布决定和命令"。我们通常所说的教育行政法规专指国务院根据宪法和教育法律制定的有关教育方面的规范性文件。

五是地方性教育法规。它是省、自治区、直辖市的人大及其常委会和有地方立法权限的人民代表大会及其常委会为贯彻国家的教育法律和教育行政法规,根据本行政区域的实际需要而制定的规范性文件。

六是教育规章。它包括部门教育规章和地方政府教育规章。部门教育规章是指国务院所属各部、委根据法律和行政法规,在本部门权限内单独或与其他部、委联合发布的有关工作命令、指示、实施细则等规范性文件。其效力虽低于国务院制定的行政法规,但在全国有效。部门教育规章通常由教育部部长以教育部令的形式签发,或由教育部会同国务院其他部委以联合令等形式发布。省、自治区、直辖市人民政府根据有关法律法规,在自身权限内发布的调整教育行为的规范性文件,称为地方政府教育规章。

三、教育法律体系的横向结构

教育法律体系横向结构,是指按照它所调整的教育关系的性质或教育关系的构成要素不同,划分出若干个处于同一层级的部门法,形成教育法律调整的横向覆盖面,使之在横向构成上呈现出门类齐全、内容完整、互相协调的态势。

人们对教育内部和外部各种教育关系构成要素的认识不同,判别教育法律体系横向构成的种类所采用的标准不同,以致对教育法律的横向结构的表现形式作出不同的划分。有人将我国教育法律按横向结构的表现形式分成六类,也有人将教育法律的横向结构分成八大类。可见,对教育法律从横向上进行统一的分类,是一个较为复杂的问题,需要作更深层次的研究。目前我国教育法律体系的横向结构按现行的教育法体系框架,在《教育法》这一教育基本法律的统领下由六个部门法(单行法)构成,即《学位条例》《义务教育法》《教师法》《职业教育法》《高等教育法》和《民办教育促进法》。

第三节 教育法律关系

一、教育法律关系的含义

教育法律关系是根据教育法律规范产生的、以主体之间权利与义务关系的形式表现出来的特殊的社会关系。并不是所有的社会关系都属于法律关系。法律关系是由法派生出来的现象,法律规范的存在是法律关系产生的前提,如果没有相应的法律规范的存在,就不可能产生法律关系。有些社会关系领域,比如友谊关系、爱情关系、政党的内部关系等,一般不由法律调整,不存在相应的法律规定,因此就不存在法律关系。而教育行政机关与学校、学校与教师、学校与学生、学校与一些组织和个人的关系因有相应的法律规定,故皆属于法律关系。

法律关系按照主体之间的相互地位可以划分为隶属型的法律关系和平权型的法律关系,前者以行政法律关系最为典型,后者以民事法律关系最为典型。在教育领域中,既存在大量的行政法律关系,也存在大量的民事法律关系,甚至还存在刑事法律关系和诉讼法律关系。如学校与教育行政机关的关系是一种典型的行政法律关系;学生与学生之间的关系是民事法律关系;教师体罚学生致死,此时教师与司法机关之间的关系是刑事法律关系;在行政案件的审理中,当事人与人民法院之间的关系就属于诉讼法律关系。

二、教育法律关系的要素

法律关系的构成要素有三:主体、客体、内容(权利和义务)。教育法律关系的要素包括教育法律关系的主体、教育法律关系的客体和教育法律关系的内容。

(一) 教育法律关系的主体

教育法律关系的主体是指教育法律关系的参加者,亦称权利主体或权利义务主体,包括教育法律关系中权利的享受者和义务的承担者,享有权利的一方称为权利人,承担义务的一方称为义务人。任何一种法律关系,没有享有一定权利和承担一定义务的主体参加,都是不可能成立的。

教育法律关系主体具有多样性的特点,并不只是教育行政机关、学校及其他教育机构、教育者、学生及其他受教育者(如幼儿园的幼儿)才会成为教育法律关系的参加者,其他一些个人和组织也可以成为教育法律关系的参加者。教育活动包括兴办教育、管理教育、实施教育、接受教育、参与和支持帮助教育等诸多方面。这些活动涉及教育行政机关、其他国家机关、社会组织(包括企业、事业单位、农村集体组织)、学校、社会团体和几乎每个家庭和公民。这些公民、法人、组织在教育活动中享有广泛的权利和承担着多方面的义务,从而使教育法的主体呈现多元性。

我国教育法律关系的主体可分为三类:(1)自然人,即个人主体。公民是自然人中最基本的、数量上占绝对优势的主体。教师、学生、学生家长、其他公民等皆可在教育法律关系中成为个人主体。(2)集体主体。包括两类,一类是国家机关,包括权力机关、行政机关、审判机关和检察机关等,它们在职权范围内活动,能够成为宪法关系、行政法关系、诉讼法关系等多种法律关系的主体;另一类是社会组织,如社会团体、企事业单位等等。(3)国家。国家作为一个整体,是某些重要法律关系的参加者,既可以作为国家所有权关系、刑法关系的主体,又可以成为国际法关系的主体。

(二) 教育法律关系的客体

法律关系客体又称权利客体,是法律关系主体的权利与义务所指向的对象(标的)。没有客体,权利和义务就失去目标。但并不是一切独立于主体而存在的客观对象皆能成为客体,只有那些能够满足主体利益并得到国家法律确认和保护的客观对象(如物、行为)才能成为法律关系的客体,成为主体的权利与义务所指向的对象。有些行为如买卖假币行为中买方与卖方也发生一定的关系,但这种关系不为法律确认和保护,故不构成法律关系,买卖假币的行为、假币等也不能构成法律关系的客体。

教育法律关系的客体一般包括物质财富、非物质财富、行为三大方面。教育领域中存在的法律纠纷,往往都是因之而引起的。

1. 物质财富

物质财富简称物,它既可以表现为自然物,如森林、土地等自然资源,也可以表现为人的劳动创造物,如建筑、机器、各种产品等;既可以是国家和集体的财产,也可以是公民个人的财产。物一般可分为动产与不动产两类:(1)不动产。包括土地、房屋和其他建筑设施,如学校的场地,办公、教学、实验用房及其必要的附属建筑物。(2)动产。包括资金和教学仪器设备等。教育资金包括国家教育财政拨款、社会捐资等,其表现形式为货币以及其他各种有价证券,如支票、汇票、存折、债券等。

2. 非物质财富

非物质财富包括创作活动的产品和其他与人身相联系的非财产性的财富。前者也被称作智力成果,在教育领域中主要包括各种教材、著作在内的成果,各种有独创性的教案、教法、教具、专利、发明等。其他与人身相联系的非物质财富包括公民(如教师、学生和其他个人主体)或组织(如教育行政机关、学校和其他组织)的姓名或名称,公民的肖像、名誉、身体健康、生命等。

3. 行为

行为是指教育法律关系主体实现权利义务的作为与不作为。一定的行为可以满足权利人的利益和需要,也可以成为教育法律关系的客体。在教育领域中,教育行政机关的行政行为、学校的管理行为和教育教学行为都是教育法律关系赖以存在的最基本的行为。

学校、教师、学生三者的物质财富和非物质财富以及这些主体依法进行的教育行为和教育活动都受法律的承认和保护,都是教育法律关系的重要客体。

(三) 教育法律关系的内容

教育法律关系的内容是指教育法律关系主体的权利和义务。如前所述,任何法律关系都是以人们的权利和义务为内容的。人们参加法律关系的目的,就是为了享受某种权利,同时也必须履行相应的义务。离开了权利义务,法律关系就会变得空洞无物和毫无意义。同样,教育法律关系也是以人们在教育法上的权利和义务为内容的。在每一个具体的教育法律关系中,任何一方主体都享有相应的权利和承担相应的义务。例如,在学校和学生之间的教育法律关系中,学校有权组织实施教育活动,有权对学生进行学籍管理和实施奖励或者处分,同时,学校有义务执行国家教育教学标准,保证教学质量,维护学生的合法权益;而学生则有权参加教学计划安排的各种活动,使用教育教学设施、设备、图书资料,有权按照国家的规定获得奖学金、助学金等,同时,学生也有义务遵守学校的管理制度,遵守学生行为规范,完成规定的学习任务。

[**案例**] 定做校服案的法律关系分析

某中学为给初中一年级新生做校服,经本校胡老师推荐,由胡老师的邻居钱某承担了加工任务。钱某自称是某时装公司的服装设计师,在该公司不知情的情况下,她以该时装公司的名义与该中学达成了加工承揽合同。合同规定,由学校出布料和加工费,由该时装公司将布样加工成合格成衣。然而钱某并未将布样交给该时装公司加工,她本人也根本不是该公司的设计师,只是与该公司的一些工作人员认识而已。钱某将布料裁剪后交给他人加工。结果,学生试穿时发现服装皆短而小,且存在严重的质量问题。经钱某修改后仍不合适。学校在家长的压力下,要求钱某退还布料和加工费。而钱某对学校的要求置若罔闻,任何诉讼外调解措施都不能奏效。最后,学校不得不诉至人民法院。

该案例所涉及的法律关系主体主要有学校、钱某、时装公司,涉及的法律关系有:(1)钱某与学校的关系。属于平权型的民事法律关系,钱某是义务人,学校是权利人,钱某有义务加工出合格成衣,钱某侵犯了学校的债权(合同之债),应承担民事责任。(2)钱某与时装公司的关系。也属于平权型的民事法律关系,钱某是义务人,时装公司是权利人,钱某侵害了时装公司的名称权,应承担民事责任。

三、教育法律关系的产生、变更与消灭

教育法律关系的产生,是指教育法律关系主体之间形成了一定的权利义务关系。如某个适龄儿童进入某校学习,即和该校发生了一定的权利义务关系。

教育法律关系的变更,是指教育法律关系构成要素的改变,包括主体、客体或内容等要素的改变。如甲、乙两校签订了联合办学合同,在履行合同的过程中,由于遇到了新情况,甲、乙两校经协商修改了合同中的某些条款,从而引起了原合同关系内容的部分改变。

教育法律关系的消灭,是指教育法律关系主体、客体的消灭,主体之间权利义务的终止。前者如在婚姻法律关系中,一方配偶的死亡即一方主体不存在便导致夫妻婚姻关系的自动解除,这是法律关系消灭的较通俗的例子。后者如某教师因人事调动,他和原学校的权利义务关系即不复存在。

有必要指出的是,教育法律关系的产生、变更和消灭是因一定的客观情况的出现而引起的。我们把能够引起教育法律关系产生、变更和消灭的客观情况,称为法律事实。法律事实依据它是否以法律关系主体的意志为转移,可以分为事件和行为:(1) 事件。事件是不以主体的意志为转移的法律事实,如学校因地震、洪水等自然灾害造成财产损失,即可引起学校财产保险赔偿关系的发生。(2) 行为。行为

是以主体的意志为转移的法律事实。行为按其与法律规范的要求是否一致可分为合法行为和不合法行为。合法行为是指与法律规范的要求相一致的行为。如某教师应聘,被某校聘任为本校教师,即和该校发生一定的教育法律关系。不合法行为是指与法律规范要求不一致的行为。如某教师因殴打学生被学校开除,即导致该教师与学校之间教育法律关系的消失。

第四节　教育法律与教育政策[①]

一、教育政策的含义与作用

(一) 教育政策的含义

从广义上讲,政策是政策法规的总和;从狭义上讲,政策是不包括法律条文在内的行政决定。但不管是哪种意义上的政策,在当今国家政治和社会生活中的重要性,都是毋庸置疑的。[②]毛泽东同志有一句名言:"政策和策略是党的生命。"没有什么语言能够比这句话更好地说明政策的重要性了。

要给政策下一个公认的定义是很困难的,而且也不是必需的,因为政策总是与解决特定的问题密切相关,定义的多元性恰好能反映问题的复杂性。教育政策是政策的一个组成部分,当然也存在这些共性问题。出于对教育政策的一般理解和教材编写的需要,本书倾向于将教育政策定义为:"教育政策是政府在一定时期为实现一定教育目的而制定的关于教育事务的行动准则。"[③]教育政策包括政策对象、政策目标和实现政策的手段三个构成要素。这三个构成要素是保证教育政策方案的完整性必须考虑的问题,尤其是作为行动准则的教育政策,是对象、目标和手段三位一体的,缺一不可。

(二) 教育政策的作用

为什么要有教育政策?最直接的回答是要解决教育问题。政策总是与解决问题分不开的,它由问题产生,又为解决问题而定,就像有的学者所认为的:"社会问

[①] 参见:朱家存,王守恒,周兴国.教育学[M].北京:高等教育出版社,2010:417-428.
[②] 袁振国.教育政策学[M].南京:江苏教育出版社,2001:1.
[③] 吴志宏,陈韶峰,汤林春.教育政策与教育法规[M].上海:华东师范大学出版社,2003:4.

题是构成政策本质的元素形式,是政策科学理论体系的逻辑起点。"[1]当教育系统内部之间或教育系统内部与外部其他系统之间由于种种原因而出现不协调状态时,就会产生种种教育问题。这些问题需要各种解决策略,于是就出现了教育政策。所以,教育政策主要是政府为解决特定教育问题而制定的行动目标、行动计划和行动手段。教育政策在解决教育问题中所起的作用可以概括为:导向作用、调控作用、协调作用、制约作用、管理作用和分配作用。教育政策的作用可由表2.1作一简单说明。

表2.1 教育政策的作用

功能	要解决的问题(举例)	政策方案
导向作用	教育培养什么样的人	教育目的:培养德智体美劳全面发展的社会主义建设者和接班人
调控作用	义务教育如何发展	义务教育均衡发展,且稳步推进。如2012年县域内初步均衡,2020年县域内基本均衡并推进优质均衡发展
协调作用	教育与经济发展的关系	教育要适度地优先发展,教育经费的投入实现"三个增长"[2]
制约作用	保护少年儿童合法权益	严禁使用童工
管理作用	教育事权的隶属	基础教育由地方负责;义务教育管理以县为主
分配作用	教育经费的保障	教育经费预算单列;建立农村义务教育经费保障新机制

二、教育政策的制定与执行

(一)教育政策制定的一般步骤

教育政策制定一般可分成5个步骤,即问题的识别、问题进入议事日程、政策目标的确认、政策方案的设计和选择、政策的合法化。[3]

---

[1] 刘斌,王春福,等.政策科学研究[M].北京:人民出版社,2000:33.
[2] "三个增长"指各级人民政府教育财政拨款的增长应当高于财政经常性收入的增长,并按在校学生人数平均的教育费用逐步增长,保证教师工资和学生人均公用经费逐步增长。
[3] 吴志宏,陈韶峰,汤林春.教育政策与教育法规[M].上海:华东师范大学出版社,2003:41-53.

1. 问题的识别

在任何教育政策开始制定之前,都要仔细考虑所要面对的究竟是什么问题,如果不存在问题,就没有必要制定政策。在确定问题的过程中,最需要考虑的要素有:为什么会有这个问题?谁关心这个问题?他们为什么要关心?他们的代表面有多广?问题的性质到底是什么?常常发生的情况是,越深入分析考察这些问题,你会发现需要注意的方面就越多,纠缠于其中的不同利益就越难一一照应周全。教育界长期以来有一些深深困扰人的问题,如择校生问题、减负问题、义务教育均衡发展问题、校园欺凌问题等等,几乎每一个类似的问题,从问题的分析、确定到政策的设计,都是非常困难的,因为其牵涉到的因素太多、太复杂,短时间内很难圆满解决。当然,并不是所有问题都是政策问题,只有当其被教育决策部门所考虑时,才有可能上升为教育政策问题。

2. 问题进入议事日程

现实中常会出现这样一种现象,即有些问题很早就被提出,但却迟迟不能得到政府的关注,上不了官方的议事日程,更不用说成为政府的政策;而另一些问题,一经提出很快就能引起政府的重视,并制定出了相应的政策。这其中究竟是什么在起作用?问题是如何引起官员们的注意的?他们是如何作出抉择的?政府的议事日程是如何确定的?一个建议怎样才能水到渠成?这些问题给我们的启发是:政策研究仅仅分析政策问题还不够,还要分析如何使政策问题进入政府的议事日程。否则,问题可能从一开始就遭遇坎坷命运,甚至永远也成为不了政策。

3. 政策目标的确认

当问题进入议事日程之后,通常决策者并不是立即设计政策方案,而是先确定政策目标。政策目标实际上体现了决策者的政治倾向及价值偏好,同时也反映了他对这一问题的认识程度。他会思考:为什么要解决这一问题,解决到什么程度,解决了对谁有利,解决了会引起什么后果,不解决又会引起什么后果,是一揽子解决还是分步解决,等等。在思考这些问题时,决策者脑海中的价值判断与事实判断相互交织,但显然前者会成为影响后面决策方案选择的关键因素,任何决策者都不愿将与自己价值标准相冲突的问题带进政策的领域。

4. 政策方案的设计和选择

方案设计是政策制定过程中最重要的环节。政策问题一旦被提上政府的议事日程,大致的政策目标也就确定了,接下来要做的就是设计政策方案了。这时要做的事包括:对原来的政策问题作出更细致的界定;对问题的原因进行更精确的分析;确认行动的原则;考虑有可能采取的各种基本措施;将可能采取的各种措施综合起来,形成一个初步的方案;对方案进行可行性论证;选择最终的方案;等等。

5. 政策的合法化

教育政策制定出来后,并不意味着政策制定过程已经完成,还有一个政策合法化的过程。"政策合法化是指经政策规划得到的政策方案上升为法律或获得合法地位的过程。它由国家有关的政权机关依据法定权限和程序所实施的一系列立法活动与审查活动所构成。"① 政策合法化的主要内容包括政策内容合法,决策过程合法和政策本身的法律化。

(二) 教育政策执行的基本步骤

教育政策执行的过程可分为政策理解、制订执行计划、组织落实、政策宣传、具体实施、监督检查、政策执行计划的调整、执行总结、巩固提高等几个重要阶段。②

1. 政策理解

当某级政府和教育行政部门接到贯彻执行某项教育政策的通知或指令时,就意味着执行的过程即将开始。此时政策执行者首要的工作是理解政策。政策理解的目的,不仅要深刻理解政策的目标、精神、含义、内容等细节,还需要政策执行者对政策形成认同与共识。没有政策执行机构及其成员对教育政策的深刻而正确的认识,没有他们对政策的认同与共识,没有执行者对政策的正确认识和理解,没有统一的看法和观点,要想使教育政策能得到积极、正确、顺利的贯彻执行,就很困难。

2. 制订执行计划

一项教育政策方案,往往只提出确定目标和实现目标的基本原则和大致轮廓是比较抽象的。为了有效地实施政策,还必须在这些比较原则的政策指导下,再结合具体实际情况,对总体目标进行分解,编制出具体的执行工作计划,明确任务的范围,合理地组织人力、物力、财力,确定实施步骤,安排进度,规定期限,将政策进一步具体化。

3. 组织落实

组织落实就是为政策执行建立一定的工作部门和机构,组织落实得如何,直接关系到政策目标的实现程度。一些常规性的教育政策,在执行时可以通过原有的执行机构加以落实,但一些非常规性的或以前从未涉及的教育政策,则可以组建专门的工作机构。

4. 政策宣传

教育政策的执行机构确定下来后,一项非常重要的工作就是组织对政策的宣

---

① 张金马.政策科学导论[M].北京:中国人民大学出版社,1992:23.
② 参见:袁振国.教育政策学[M].南京:江苏教育出版社,2001:308-320.

传、学习和说明。要通过各种有影响力的渠道和方式,向政策执行人员、目标群体和社会各方面宣传政策的目标、内容、要求及政策的合法性、必要性等方面的信息,以取得他们对政策的理解、认同和支持,减少对政策的误解和抵触行为,逐步形成有利于政策执行的社会舆论环境。

5. 政策和计划的具体实施

政策和计划的具体实施,是各执行组织的机制运作、发挥组织功能的过程,这一过程的健康运作,不仅需要有合格的领导者和工作人员,也需要投入其他必要的政策资源。执行人员的素质水平对具体实施过程的成效有着重要影响。

6. 监督、检查

监督、检查是政策实施过程的保障环节,其主要任务是:(1)督促没有采取积极措施的执行组织迅速行动起来,避免拖延执行。(2)及时发现偏离政策目标和违背政策目标的行为及问题,对责任者进行适当的处理。(3)通过对执行情况获取的反馈信息,检查政策和执行计划本身是否存在问题。

7. 政策执行的调整

在实施教育政策的过程中,常常会出现很多意想不到的问题。这些问题的出现,有些是由原有政策本身的缺陷所造成的,有些则是因为对情况估计不足。为保证政策目标的顺利实现,就必须对政策作出必要的调整、修改和完善,以便有效地解决各种新出现的问题。

8. 政策执行的总结

政策执行的总结是原教育政策和执行计划调整、后续政策执行以及新教育政策制定和执行的重要基础。该项工作做得好,后续的其他工作就能在更高的认识水平和经验基础上进行。

9. 政策执行的巩固提高

在政策执行的巩固提高阶段,至少有两点很重要:第一,要有防范意识,继续加强监督检查,防止各种不符合政策目标要求的现象发生;第二,要有发展和改革意识,不断深化改革,提高教育发展水平和质量水平。

需要指出的是,上述教育政策执行的九个阶段的工作并非能一劳永逸,在实际的政策执行中,它们往往需要不断加以改善,直至政策终结。

(三) 教育政策执行的偏差与纠正[①]

教育政策的执行不可能是一帆风顺的,常常会出现各种偏差,偏离了原来的政

[①] 本部分内容主要参考:(1) 袁振国.教育政策学[M].南京:江苏教育出版社,2001:321-335.(2) 吴志宏,陈韶峰,汤林春.教育政策与教育法规[M].上海:华东师范大学出版社,2003:75-81.

策目标,从而影响了政策执行的效果。教育政策执行偏差主要有以下五种表现形式:(1) 政策完全偏离。指政策完全没有执行,或者弃政策而不顾,完全与原来的政策背道而驰。(2) 政策表面化。即教育政策只是在执行过程中被宣传一通,而未被进一步转化为操作性的具体措施,使政策问题依然存在,甚至更加严重。(3) 政策扩大化。即政策在执行过程中被不恰当地附加了内容,从而使政策的调控对象、范围、力度以及目标超越了原定的政策要求。(4) 政策缺损。即一项完整的政策在实施时只有部分被贯彻,其余则被抛弃一旁,使政策内容残缺不全。(5) 政策替换。即政策在执行过程中被换入表面上与原政策一致,而事实上背离原政策精神的内容。

产生上述种种偏差现象的原因是多方面的,主要可以归结为下列原因:(1) 政策本身的缺陷。如政策制定目标过高,过于理想化。(2) 政策宣传不够。执行机构和人员未充分重视宣传工作,致使公众对新政策不理解、不信任,怀有疑虑。(3) 政策配套不够或受到其他政策的牵制。(4) 政策执行机构和人员的问题。政策制定者和政策执行者的利益并不总是一致的,它们之间常常发生利益冲突。利益冲突的结果,使得执行机构和人员有意无意地在执行过程中大打折扣,以维护自身利益。针对产生种种教育政策偏差的原因,可以采取以下解决对策:(1) 加强教育政策制定的科学性。完善政策制定的过程,力求使政策方案尽可能周详、严密、具体,符合现实情况,具有操作的条件。(2) 加大政策宣传力度,使政策得到公众的充分理解。(3) 增强公共政策之间的协调性,研究在一种公共政策的改变导致另一种公共政策受损的情况下,如何对后者进行适当的弥补。(4) 政策执行人员增强全局意识,局部利益服从集体利益。另一方面,在不损害全局利益的前提下,适当照顾地区的利益。(5) 建立健全政策执行的监督系统。

三、教育政策与教育法律的关系

教育法律与教育政策有着密切的关系,既有联系,也有区别。教育法律和教育政策的联系,主要体现在三个方面:一是一致的目的。教育法律和教育政策都是为了调整和规范教育活动和教育关系,规范和调整教育主体的权利和义务,以使教育有效地发展。二是共同的意志。教育政策是统治阶级意志的重要体现。为了使这种意志国家化、普遍化和现实化,就需要把教育政策转化为国家的意志,需要在教育政策的指导下制定教育法律。所以,教育政策和教育法律所体现的意志是相同的,都是国家和人民的意志。三是相互依存。教育政策和教育法律是相互依存的。教育政策是教育法律的雏形,而教育法律则是教育政策的依据。现有的法律是政策的依据,而法律实施则需要政策的支持,教育政策在执行过程中不断完善,那些具有普遍意义的政策就成为教育法律的重要来源。

　　教育法律和教育政策的区别,主要体现在三个方面:一是制定主体不同。教育法律一般由特定的立法机关制定。我国的立法机构是全国人民代表大会及其常务委员会和地方各级人民代表大会,国务院可以制定行政法规。政策的制定者既可以是政党,也可以是国家机关和政府部门。二是执行方式不同。教育法律的执行是以国家强制力为后盾,任何组织和个人都必须遵守,不得违反。而政策的执行方式主要是依靠行政力量或党的纪律,运用号召、宣传等方式贯彻落实,其强制力是有限的。三是调适范围不同。政策制定的灵活性和及时性决定了政策调整的范围是特定的,有一定的时间性。相对于政策而言,教育法律更具有稳定性和长效性,适用的范围更广,对教育活动以及教育关系的规范是根本性的。

第三章 教育法的制定、实施与监督

对教育的法律调控所涉及的范围是非常广泛的,几乎包括了教育领域的各个方面,是一个宏大的系统工程。它包括教育法律的制定、实施与监督等一系列重要环节,缺少了任何一个环节,国家的教育事业都不可能有序运行,整个教育系统就会出现混乱。我国的教育法从根本上说是为巩固和发展我国的教育事业服务的。因此,必须用法律的形式,对教育领域内各部门以及教育部门与社会其他部门之间的相互关系进行明确规定,确保对教育的组织和调控有法可依、有法必依、执法必严、违法必究,以形成一个合理的、符合经济和社会发展需要的教育结构。同时要建立一个完善的法律监督机制,对各种违法行为作出相应的法律制裁,保证不同级别、不同类别和不同形式的教育事业协调发展。

第一节 教育法的制定

一、教育立法的含义

法律的制定,又称立法,是指国家机关依据法定权限和程序制定、修改和废止法律、法规的活动。法律的制定是法治的前提和基础,"有法可依"就是指要有完善的立法。教育法的制定是国家法律制定活动的一部分,是依靠专门机构和制度所构成的国家立法体制来实现的。主要有立法权限、法律规范、立法程序和法规发布等主要内容。

这里的教育立法,是区别于一般教育政策制定的专门活动。立法是国家立法机关的专门活动,是指"国家机关依照其职权范围通过一定程序制定(包括修改或废止)法律规范的活动。既包括拥有立法权的国家机关的立法活动,也包括被授权的其他国家机关制定从属于法律的规范性法律文件的活动。"[①]教育立法的含义可

---

① 中国大百科全书出版社编辑部.中国大百科全书(法学卷)[M].北京:中国大百科全书出版社,1984:88.

以从立法的含义演绎而来。所谓教育立法,是指国家立法机关依照法律程序制定有关教育的法律的活动。结合我国社会主义制度的具体国情,我们还可以把教育立法较详细地表述为:由国家的立法机关和其他有关机关把全国各族人民关于国民教育的共同意志集中起来,按照社会主义原则和社会发展的需要,把有利于国家和社会的教育秩序,人们在教育活动中的权利、义务关系,用法的形式固定下来,使之具有在全社会一体遵行的效力,从而有效地保障教育事业的发展。

教育立法是在国家立法体制下运作的。国家立法体制又叫立法权体制。立法权是国家赋予的制定法律的权力,这是国家权力的一个重要组成部分,一般由宪法对行使立法权的国家机关以及立法权限的划分作出规定。我国宪法明确规定立法权属于人民,人民通过人民代表大会行使这一权力。结合我国宪法、立法对立法权限的规定,我们可以把教育立法权限的划分表述如下:

一是全国人民代表大会和全国人民代表大会常务委员会行使国家教育立法权。

二是国务院根据宪法和法律,行使制定教育行政法规的职权。

三是省、自治区、直辖市的人民代表大会和它们的常务委员会,在不同宪法、法律、行政法规相抵触的前提下,行使制定地方性教育法规的职权。

四是民族自治地方的人民代表大会依照当地民族的政治、经济和文化特点,行使制定相应的教育自治条例和单行条例的职权。

五是国务院各部、委员会,可以根据法律和国务院的行政法规、决定、命令,在本部门的权限范围内,行使制定教育规章的职权。

六是省、自治区、直辖市的人民政府,可以根据法律、行政法规和本省、自治区、直辖市的地方性法规,行使制定教育规章的职权。

上述对教育立法权限的划分,是对教育立法内涵的一个较具体的阐释。

二、教育立法的基本程序[①]

教育立法程序从属于国家的基本立法程序,是指有关国家机关制定教育法律法规的工作顺序、步骤和方法。教育立法包括权力机关的立法和行政机关的立法。因此,教育立法既有一般法律的立法程序,又有行政立法的基本程序。教育立法程序对于规范教育立法,提高教育立法质量和保障教育法律法规的顺利实施等具有重要意义。

立法既是一种决策活动,又是一项严肃复杂的工作,整个立法活动要经过一系

---

① 参见:公丕祥.教育法教程[M].北京:高等教育出版社,2000:94-98.

列的步骤和环节。世界各国由于国情不同,它们立法活动的具体步骤和环节自然也不尽相同。这里着重介绍我国全国人民代表大会及其常务委员会制定法律的程序。了解这一程序,可把握我国立法程序的基本情况。根据《宪法》《全国人民代表大会组织法》《全国人民代表大会议事规则》《全国人民代表大会常务委员会议事规则》等有关规定,我国立法的基本程序大体分为四个步骤,即提出立法议案、审议法律草案、通过法律草案、公布法律。这四个步骤是紧密联系的,环环相扣,缺一不可,不能颠倒。

(一) 立法议案的提出

立法议案的提出是立法的第一道程序,它标志着立法活动的正式开始。立法议案是指依法享有专门权限的机关或个人向立法机关提出的制定、废止、修改某项法律的正式提案。立法议案不同于议案。议案是各种议事提案的总称,立法议案是议案的一种,立法议案一经提出,立法机关就要列入议事日程,进行正式审议和讨论。立法议案也不同于法律草案。法律草案是指有关立法的倡议被列入议事日程后,提交审议的法律原型,其内容比较具体、系统、完整。立法议案也不同于一般的立法建议。立法建议是指任何机关、组织或公民提出的关于立法的意见、设想,对立法工作具有参考作用,但不能列入正式的立法程序。

立法议案的提出,关键是谁有权提出立法议案。一般来说,立法议案的提案权是法律赋予有关国家机关、组织和个人的一项专门权利。任何国家机关、组织和个人未经法律授权,就无权向立法机关提出立法议案。根据我国宪法和有关法律的规定,下列人员和组织有立法议案的提案权:

全国人民代表大会代表和全国人民代表大会常务委员会的组成人员。依照法律规定,全国人民代表大会代表30人以上或者一个代表团可以向全国人民代表大会提出立法议案。全国人民代表大会常务委员会委员10人以上可以向常务委员会提出立法议案。

全国人民代表大会主席团、全国人民代表大会常务委员会可以向全国人民代表大会提出立法议案。全国人民代表大会各专门委员会可以向全国人民代表大会或全国人民代表大会常务委员会提出立法议案。上述向全国人民代表大会提出立法议案的,由全国人民代表大会主席团来决定,向全国人民代表大会常务委员会提出立法议案的,由委员长决定是否将这一议案列入议程。

国务院、国家监察委员会、最高人民法院、最高人民检察院、中央军委可以向全国人民代表大会或全国人民代表大会常务委员会提出立法议案。我国很大一部分立法议案是由国务院提出来的。最高人民法院、最高人民检察院、中央军委提出与其职权范围有关的立法议案。

(二) 法律草案的审议

法律草案的审议是指立法机关对已经列入议事日程的法律草案正式进行审查和讨论。法律草案的审议,是立法程序中相当重要的一环,它可以保证立法质量,使立法更加科学、完备和成熟。审议法律草案,世界多数国家的法律规定,必须经过立法机关全体组成人员的讨论,并按一定的程序进行。在我国,对法律草案的审议,一般要经过两个阶段:一是由全国人民代表大会有关专门委员会进行审议,其中包括对法律草案的修改、补充;二是立法机关全体会议的审议。1983年3月全国人民代表大会常务委员会委员长会议决定,对法律草案的审议采取两步审议制度:第一步,先由提出法律草案的单位作说明,进行初步讨论,然后由常务委员会委员带回去研究,征求意见;第二步,再次会议时,由常务委员会委员汇集研究结果和征求的意见,再行研究、审议。

法律草案审议的内容主要有:立法动机是否正确合理;法律规范、条文是否合宪;立法时机是否恰当、成熟;立法精神是否科学、合理;权益调整是否全面、合理;法律规范体系是否协调;法律是否具有实效性;立法技术是否恰当、合理;语言逻辑是否准确;等等。

全国人民代表大会及其常务委员会审议法律草案的方法,一般可以分为调查了解、小组讨论、主席团会议和大会辩论。调查了解是指专门委员会在审议法律草案时,对一些专门问题作出调查。小组讨论包括各代表团、各专门委员会分别讨论的形式,也包括常务委员会分组和联组会议的形式。主席团会议一般就法律草案审议中的阶段性结果进行讨论并作出决定。大会辩论是全国人民代表大会的代表在大会的全体会议上、常务委员会委员在常务委员会议上就法律草案提出意见和看法。

(三) 法律草案的通过

法律草案的通过是指立法机关全体会议以表决方式决定法律草案能否成为正式法律的活动。法律草案的通过是立法的预期目的,但并非每一交付表决的法律草案都能获得通过,有些法律草案可能被否定,或需要修改后再复议。法律草案的通过,是全部立法程序中最具有决定意义的步骤。

法律草案的通过,世界上大多数国家规定,一般性法律草案以出席立法会议的全体议员或代表的过半数票为通过,宪法草案或宪法修正案则以出席立法会议的全体议员或代表的2/3以上或3/5以上的多数票为通过。在我国,按普遍程序,法律要经过全国人民代表大会或全国人民代表大会常务委员会法定人数的过半数通过。这里不是指出席会议的成员的过半数,更不是投票的过半数,而是全体代表或全体委员的过半数。对于宪法草案或宪法修正案则需经全国人大全体代表的2/3以上通过。通过法律草案的方式,有公开表决和秘密表决两种。前者是举手的方式,后者采取无记名投票方式。此外,利用电子仪器进行表决的方式逐渐为一些国家所采用。我国自1986年3月第六届全国人民代表大会常务委员会第15次会议开始采用了"计算机多功能会议事务信息处理系统"电脑表决器。

(四)法律的公布

法律的公布是指立法机关或国家元首将已经正式通过的法律,以一定的形式予以正式公布,以便全社会遵照执行。这是立法的最后一道程序,也是法律生效的关键步骤。只有向社会公布,法律才能在社会中产生实际的作用,才具有法律效力。凡未经正式公布的法律,都不能认为是具有法律效力的法律。

公布法律的方式由各国法律规定,一般都有法定正式出版物。关于公布的期限,各国规定也有所不同。我国法律经过全国人民代表大会及其常务委员会通过后,由中华人民共和国主席公布。我国没有对法律公布时间作出规定,一般是在会议结束后紧接着由国家主席公布。全国人民代表大会及其常务委员会通过的法律,以《全国人民代表大会常务委员会公报》为公布的正式刊物,同时《人民日报》和新华社予以发表。

公布法律的目的,一方面是使全体社会成员知晓什么可以做、什么应该做、什么不应该做;另一方面是使所有国家机关、企业事业组织、社会团体和其他社会组织了解各自的职责和权限的范围,能够真正做到依法办事。所以,法律的公布具有重要的意义。如果法律不公布,就不会有普遍约束力,也就得不到人们的普遍遵守,因而也不能成为法律。

三、教育行政立法的程序[①]

我国目前尚未制定统一的行政立法程序,但2001年11月16日中华人民共和国国务院令第321号公布了《行政法规制定程序条例》,并于2017年进行了修订,规定了行政法规的立项、起草、审查、决定、公布、解释。此外,一些省、自治区、直辖市也自行制定了发布地方政府规章的程序规则。这里,我们主要根据国务院《行政法规制定程序条例》和现行行政立法的实践经验,介绍一下我国教育行政立法的基本程序。

---

① 参见:公丕祥.教育法教程[M].北京:高等教育出版社,2000:98-100.

(一) 编制立法规划

行政立法和国家社会、经济、文化的发展一样,需要有计划地进行。我国的行政立法机关有很多,在中央、在地方都有。为了防止行政立法之间的互相重复、互相矛盾以及使地方、部门的行政立法能及时补充国务院行政立法的不足,就需要编制行政立法规划。行政立法规划分五年规划和年度规划。行政立法五年规划根据国民经济和社会发展五年计划所规定的各项基本任务编制。年度计划根据国民经济和社会发展年度计划所规定的具体任务制定。

国务院行政法规五年规划和年度计划由国务院法制机构编制,报国务院审定。国务院各部委的规章制定规划由相应部委的法制部门(条法局、司、处)编制,报相应部委首长审定。

地方政府的行政立法规划通常和地方人民代表大会常务委员会制定地方性法规的规划统一编制,以协调二者在立法上的分工。地方政府编制行政立法规划,一般由地方人民政府的职能机关和直属机构根据业务分工拟定本部门的立法规划草案,并按年度上报同级人民政府。地方人民政府的法制机构负责汇总部门规划草案,并统一编制地方行政立法规划草案,提请本级人民政府的常务会议审议批准。地方人民政府对于通过的立法规划负责组织实施。

(二) 起草

起草是指对列入规划、需要制定的行政法规和行政规章,由行政机关相应的主管部门分别草拟的活动。行政法规和行政规章的起草一般有两种:一是较为重要的行政法规和行政规章,其主要内容涉及几个部门业务的,由政府法制机构或主要部门负责,由有关部门参加的起草小组进行起草;二是行政法规和行政规章的主要内容不涉及其他部门业务的,则由主管部门负责起草。行政立法起草小组应当吸收有关学者、专家或社会团体的代表参加。

(三) 征求意见

行政立法过程中征求意见一般包括两个方面的内容:一是听取利害关系人的意见和有关学者、专家的意见,主要是指立法草案通过新闻媒体公布,然后通过一定形式征询和听取各方面公众的建议、意见或异议。二是广泛听取和征求行政机关和其他国家机关中有关部门的意见。既要征求本部门、本系统的意见,也要征求其他部门和系统的意见,又要听取地方机关的意见。对于涉及其他主管部门的业务或者与其他部门关系密切的规定,应当与有关部门协商一致;经充分协商不能取得一致意见的,应当在上报行政法规草案时专门提出并说明情况和理由,由上级机关出面协调和裁决。

(四)审查

审查是指行政法规和行政规章的草案拟定之后,送交政府主管机构进行审核的活动。审查职能一般由政府法制机构承担。审查的范围通常包括:立法的必要性和可能性;立法草案的具体内容是否符合宪法、法律和上级行政机关的行政立法;立法草案是否属于本机关的权限范围,是否有越权现象;立法草案是否与现行其他行政立法重复矛盾;立法程序是否符合相关的法律规定。法制部门对行政立法草案审查后,应向行政立法机关提出审查报告,与法规或规章草案一并提交行政立法机关审议。

(五)审议通过

审议通过是指行政法规、规章在起草、审查完毕后,交由行政立法机关的正式会议讨论、表决。国务院制定的行政法规由国务院常务会议审议通过,或者由国务院审批通过;各部委制定的规章应提交部委常务会议审议通过;地方政府制定的地方规章需要提交地方政府全体会议或常务会议审议通过。

(六)发布和备案

发布是行政法规和行政规章生效的必经程序和必备条件。国务院发布行政法规,由国务院总理签署发布令;经国务院批准,国务院各部门发布的行政法规,由各部门的主要领导人签署发布令。部门规章的发布一般由部门首长签署发布令。地方政府规章的发布,一般由省长、自治区主席、直辖市市长签署发布令。

备案是指将已经发布的行政法规、行政规章上报法定的机关备查的程序。行政法规在公布后的30日内由国务院办公厅报全国人民代表大会常务委员会备案。国务院部门规章、地方人民政府规章应当报国务院备案。规章应于发布之日起30日内报国务院备案。

四、教育立法的基本要求[①]

由法律规定的立法程序本身是对立法活动的一种严格要求,即程序化要求。教育立法活动除了要按照程序化要求进行之外,尚有一些其他基本要求应予把握

---

① 参见:张乐天.教育政策法规的理论与实践[M].上海:华东师范大学出版社,2009:74-75.

与遵循。

1. 任何教育法律都必须根据宪法制定

宪法是国家的根本大法,是母法。宪法规定着国家的社会制度、国家制度、国家机构、公民的基本权利和义务,也规定着国家教育事业发展的总政策与基本原则。宪法为我国各部门立法提供了法律依据。任何教育法律的制定都需要根据宪法,遵从宪法,以保证各种教育事业的发展在宪法规定的国家制度和国家结构中进行,保证各种教育法律赋予公民受教育的权利和义务与国家宪法赋予公民的权利和义务相一致。总之,各种教育法律的制定都不得与宪法的精神相背离,不得与宪法的任一条款相冲突。

2. 各种专项(单项)教育法规的制定

在依据宪法的同时,也必须依据《教育法》。《教育法》是国家教育的基本法,它是以宪法为基础制定的,主要规定着教育的基本性质、任务、基本制度和基本法律准则。《教育法》在国家教育法规体系中处于第一层次,是教育领域中的"母法"和"根本大法",起着统领与规范教育部门其他法律法规制定的作用。教育部门法规、专项法规及地方性法规的制定在依据国家宪法的同时,也必须依据《教育法》,必须与《教育法》的基本原则、基本精神相一致,从而保证国家各级各类教育事业的发展在《教育法》所规定的总体框架内,并沿着《教育法》指示的方向进行。

3. 教育法规的制定

需要参照其他相关法规的精神与原则,协调好教育法规与其他法规的关系。现代教育是一个开放的系统,与其他社会关系主体有着千丝万缕的联系。教育法规与其他相关法规之间存在着相互交叉、渗透、补充的关系。除《宪法》外,我国的《劳动法》《经济法》《国旗法》《兵役法》等,都与教育活动紧密相关。例如,有关教师劳动的问题也同样属于《劳动法》的调整范围。教育中侵权、违法行为的处理也需要依据《民法》与《刑法》的规定。所以,教育法规的制定不能孤立地进行,要参照相关法规的有关规定,吸取相关法规的成功经验与有益成果。教育法规与其他法规相重合或相交叉的条款,应保持法律的相通性与一致性。如有不协调或矛盾之处,则需按照法律程序对教育法规或其他相关法规进行修改与补充。

4. 教育法规的制定需要遵循民主化与科学化的原则

教育立法活动基本程序的规定实际上内含着教育法规制定的民主化与科学化的要求。按照法定的程序进行教育立法活动,在一定程度上恰恰是为了保障教育法规制度的科学化与民主化。从立法的准备活动到提出法律草案,从审议法律草案到通过与公布法律,教育立法的每一个步骤、每一个环节都蕴含着民主化、科学化的要求。在现代社会,尤其在我国社会主义制度下,任何法律都是人民权力的象征,都强烈而深刻地体现着人民的意志与利益。所以,任何立法活动的过程,也是充分表达人民意志、利益与愿望的过程。立法活动的这种性质决定了它必须且应该遵循民主化和科学化的原则。教育事业是国家事业的重要组成部分,是人民的事业。为教育事业立法,不管制定任何形式或类别的教育法律,其共同目的之一是更好地赋予广大人民教育权利,更好地保护或激发人民参与教育的积极性。同样,教育的立法活动也是全体人民教育意志与愿望的表现。总之,立法过程的民主化与科学化是制定教育法规的重要要求。

第二节 教育法的实施

立法的目的在于实施,在于运用法律来规范人们的行为,调整社会关系。因此,法律的制定和颁布仅仅是工作的开始,重要的是使法律的规定在社会的实际生活中得到实现。我们不仅应重视法律的制定,更应重视法律的实施。

一、法律实施概说[①]

所谓法律的实施,是指国家机关及其工作人员以及社会团体和广大公民在自己的实际活动中使法律规范得到实现。因此法律实施的过程就是法律在现实社会生活中的具体运用、贯彻和实现的过程,就是将法律中所设定的权利与义务关系转化为现实生活中的权利与义务关系,并进而将体现在法律中的国家意志转化为人们行为的过程。但是,法律作为一种意志,它本身并不能自动转化和自我实施。"徒法不能以自行",法律在社会生活中的实现,必须具备一定的方式。一般来说,法律规范可以分为禁止性规范、义务性规范和授权性规范。禁止性规范禁止人们作出一定的行为,要求人们抑制一定的行为。例如,《义务教育法》指出,任何组织和个人不得侵占、挪用义务教育经费,不得向学校非法收取或者摊派费用。其中,第二十九条规定:"教师应当尊重学生的人格,不得歧视学生,不得对学生实施体罚、变相体罚或者其他侮辱人格尊严的行为,不得侵犯学生合法权益。"同时该法律还用追究法律责任,给予法律制裁的方式去禁止人们作出这样的行为,这些规范就属于禁止性规范。义务性规范责成人们承担一定的积极行为。例如,《义务教育法》规定国家、社会、学校和家庭对于保障适龄儿童、少年接受义务教育权利的义务,就属

---

① 参见:教育部人事司.高等教育法规概论[M].北京:北京师范大学出版社,2000:119-120.

于义务性规范。授权性规范授予人们可以作出某种行为或要求他人作出或不作出某种行为的能力。例如,《高等学校自学考试暂行条例》第三条规定的我国公民参加高等学校自学考试的权利就属于授权性规定。以上三类法律规范在社会生活中的实现方式尽管不同,但一般来说,人们可以独立地遵守、执行和运用法律,而不需通过专门的国家机关来实现这些法律规范。然而,法律规范的实现还可以有另外的方式,即通过专门的国家机关的特定活动,使法律规范在社会生活中得到实现。例如,《教育法》中关于奖励和惩罚的规定,关于授予学位的规定等,都只有专门的国家机关和被授权的公职人员,才能以国家的名义,按照法定的职权,将法律规范适用于具体的人或组织。由此,法律的实施可以有两种方式,即法律的适用和法律的遵守。

二、教育法律的适用[①]

法律的适用是法律实施的一种基本方式。法律的适用有广义和狭义之分。广义的法律适用包括国家权力机关、国家行政机关和国家司法机关及其公职人员依照法定权限和程序,将法律运用于具体的人或组织的专门活动;狭义的法律适用专指国家司法机关依照法定的职权和程序,运用法律处理各种案件的专门活动。法律的适用不管从广义理解还是从狭义理解,都是指国家机关及其公职人员以国家的名义实施法律规范的活动。因此,法律的适用同一般的国家机关遵守法律、执行法律、运用法律不同,它具有强制性。适用法律的专门的国家机关可以是权力机关、行政机关、公安机关、检察机关和审判机关。教育法作为行政法,它的适用也是由以上国家机关来实现的,但教育法更多地牵涉到依法行使其管辖权的国家行政机关。

一般来说,当公民、社会团体和一般的国家机关在行使法律规定的权利和义务时,在需要取得有专门权限的国家机关的支持的情况下,必须由有专门权限的国家机关来适用法律。如公民有参加高等教育自学考试的权利,但如果没有高等教育自学考试机构来主持这项工作,确定开考专业、统筹安排考试、建立考籍管理档案等,那么公民就不可能实际取得通过自学考试而成才的权利;当公民、社会团体和一般的国家机关在相互关系中发生纠纷或争议,不可能自行解决时,须由有专门权限的国家机关来适用法律。又如《义务教育法实施细则》规定:"当事人对行政处罚决定不服的,可以依照法律、法规的规定申请复议;当事人对复议决定不服的,可以依照法律、法规的规定向人民法院提起诉讼;当事人在规定的期限内既不申请复

[①] 参见:张琦.高等教育法规概论[M].北京:首都师范大学出版社,2007:61-62.

议,也不向人民法院提起诉讼,又不履行处罚决定的,由作出处罚决定的国家机关申请人民法院强制执行,或者依法强制执行。"当公民、社会团体和一般的国家机关在其活动中发生各种违法行为时,必须由有专门权限的国家机关来适用法律,对违法行为进行制裁。教育法所规定的法律责任主要是行政法律责任,法律制裁也主要是行政处罚。这些都是由行政机关来实现的。但如果违法行为同时涉及民事范围或触犯了刑律,那么还要追究民事法律责任或刑事法律责任。

法律的适用是一种特殊的国家管理活动形式。适用法律的机关要以法律规范为根据来采取措施。因此,为了维护公民、社会团体、国家机关各个方面的权益,依法正确地、有效地适用法律就是法律适用机关及其公职人员的基本职责。

三、教育法律的遵守[①]

遵守法律是法律实施的基本形式。它是指公民、社会团体和国家机关都按照法律规定的要求去行为,它们的活动都是合法的行为,而不是违法的行为。

遵守法律是针对一切组织和个人而言的,我国宪法对守法的主体作了明确的规定:"一切国家机关和武装力量、各政党和各社会团体、各企业事业组织都必须遵守宪法和法律。一切违反宪法和法律的行为,必须予以追究。""任何公民享有宪法和法律规定的权利,同时必须履行宪法和法律规定的义务。""中华人民共和国公民必须遵守宪法和法律,保守国家秘密,爱护公共财产,遵守劳动纪律,遵守公共秩序,尊重社会公德。"从宪法的规定来看,守法的主体包括两个方面:一是一切国家机关、武装力量、政党和社会团体、企业事业组织,其中特别是国家机关及其公职人员,他们负担着各种社会公共事务,以贯彻执行国家统一意志和利益为原则,因此严格守法、执法是对他们的基本要求;二是所有公民,即一切社会关系的参加者,从国家领导人到每个普通老百姓。人民群众以主人翁的态度自觉遵守法律,贯彻法律,维护法律的尊严,发挥法律的威力,就能有效地保证法律的实施。

(一) 守法的内容

从守法的内容来看,这里所说的法是一个泛指的总称,它应当包括宪法、各部门法和组成各部门法的法律、条例、规定、规则、实施细则等等。

首先,应当遵守宪法和法律。宪法是国家的根本大法,是治国的总章程。它规定了国家的根本制度和根本任务,具有最高的法律效力和法律地位。法律是依据宪法制定的二级大法,是对某一社会关系基本制度、基本任务的确认。宪法和法律

[①] 参见:张琦.高等教育法规概论[M].北京:首都师范大学出版社,2007:62-63.

都是由最高权力机关制定的,因此,守法首先必须遵守宪法和法律。

其次,守法还要求遵守所有符合宪法和法律的其他国家机关制定的一切法规和其他规范性文件。如国务院的行政法规、决议、命令、规章;省、自治区、直辖市人民代表大会制定的地方性法规、地方各级人民政府发布的决议、命令等。这些法规和规范性文件都是依据宪法和法律,根据本地区、本部门的具体情况,为实施宪法和法律的需要而制定的,因此也应当遵守。

(二) 遵守教育法的意义

我国由于长期受封建社会和自然经济的影响,民众的法治观念比较淡薄,比较习惯于人治而不习惯于法治。社会缺乏依法办事的传统,而在已经很淡薄的法治观念中,又相对地重视刑法而轻视民法,行政法规则不被重视,教育法也属于被忽略之列。因此,加强守法宣传,对于教育法的实施是一件非常重要的事情,只有加强公民意识、法律意识、受教育权意识教育,加强法律的严密性、完备性、可操作性,加强法律的实效性和执法的严肃性,教育法才能真正发生法律效力,才能真正得到普遍的遵守。

第三节 教育法的监督

一、教育法监督的含义[①]

(一) 法治监督

法治监督在我国学术界有广义和狭义两种理解。广义的法治监督是指所有国家机关、社会组织和公民对各种法律活动的合法性所进行的监察和督导。狭义的法治监督是指有关的国家机关依照法定的权限和程序,对立法、司法和执法活动的合法性所进行的监察和督导,是国家机关的一种职能职权活动。在法的一般理论中,法治监督是指广义的,它由国家机关的监督和社会力量的监督有机结合形成统一的法律监督体系。

法治监督,是国家法治的重要内容,它既是法治的重要组成部分,又是实现法治不可缺少的手段和主要保障。加强法治监督具有重要的意义:(1)法治监督是现

---

① 参见:公丕祥.教育学教程[M].北京:高等教育出版社,2000:126-129.

代国家法治不可缺少的重要组成部分,也是实现法治的重要保障。法治监督既包括对法的制定的监督,又包括对法的实施的监督。法治监督是法治系统的自我调节、自我保护的机制。现代法治不仅包括立法、执法、司法和守法,还应包括法治监督。(2)法治监督是维护法治的统一和尊严的重要手段。维护法治的统一,就是保证法律在全国范围内的统一实施。维护法治的尊严,就是要树立法律的权威。法治的统一和尊严是法治存与废的关键,维护法治统一和尊严是国家法治的基本要求。任何组织和个人都不得违背国家的法治。而如何维护法治的统一和尊严呢?建立完备的法治监督机制是重要的、有效的措施之一。因为法治监督不仅能从立法上保障法律体系的和谐统一,而且能从法律的实施上保证法律的统一适用和遵守,从而维护法治的统一和尊严。(3)法治监督是保证执法机关及其工作人员依法办事、制约权力、抵制腐败和保护公民合法权益的重要措施。法治监督能够促使执法机关及其工作人员秉公执法,防止滥用法律、滥施法威,同时,能够对权力进行制约,预防和抵制腐败的发生。

(二) 教育法治监督

教育法治监督是指有关国家机关、社会组织和公民个人对教育立法、执法和守法等法律活动进行的监察和督导。从静态上讲,它是一种机制、制度,从动态上讲,它是一种行为、活动。教育法治监督是我国法治监督的重要方面,主要是对宪法有关教育的条款、教育法律、教育行政法规和教育规章在全国范围内的统一、正确适用和遵守实行的监督。我国目前基本上形成了一套广泛的教育法律监督系统。

近年来,我国一方面大量制定教育法律、法规;另一方面,也开始注重教育法治监督。《中国教育改革和发展纲要》提出:"加强教育法制建设,建立和完善执法监督系统,逐步走上依法治教的轨道。"完善和健全我国教育法治,其中很重要的一项工作就是教育法治监督。加强教育法治监督,对落实优先发展教育的战略地位,促进教育事业的发展,提高教育法律的质量和效果,全面推进依法治教具有重要的意义。

教育法治监督的构成要素主要包括三个方面,即教育法治监督的主体、客体和内容,亦即由谁来监督、监督谁和监督什么三个问题。这三个要素缺一不可,统一组成教育法治监督完整的概念,缺少其中任何一个要素都不能构成教育法治监督。

1. 教育法治监督的主体

教育法治监督的主体,是指行使教育法治监督权的实施者,它是解决由谁来监督的问题。根据宪法和有关法律的规定,教育法治监督的主体主要分为国家机关、社会组织和人民群众三类。(1) 国家机关。作为教育法治监督主体的国家机关,一般分为国家权力机关、国家行政机关、国家监察机关和国家司法机关。国家机关的法律监督权限和范围由宪法和法律加以规定。这类监督,都是依照一定的法定程序,以国家名义进行的,具有很强的国家强制力,被监督者必须接受监督,并作出相应的某种行为。这种监督,在一国法律监督体系中,居于核心地位,是具有法律效力的监督。但这四种国家机关在不同国家的法律监督体系中的地位和作用是不完全相同的。(2) 社会组织。作为教育法治监督主体的社会组织,主要包括政党、政治团体、群众组织等。这类监督与国家机关的法律监督不同,它本身不具有国家强制力,不能直接产生相应的法律后果。只有当来自这方面的监督意见被有关国家机关采纳以后,以国家的名义去处理时,才能获得法律效力,从而产生相应的法律后果。这类监督主体具有广泛的代表性,是整个教育法律监督体系中的一支重要力量。社会组织广泛的代表性使其监督具有一定的权威性,特别是执政党的监督,在教育法律监督体系中占有特殊的地位和权威,起着关键性的作用。(3) 人民群众。人民群众作为教育法治监督的主体,在不同社会制度下的地位和作用也有着很大的不同,这主要是由国家和法治的本质决定的。在我国,人民群众作为教育法治监督的真正主体,具有广泛的代表性。人民群众的监督,特别是对国家机关及其公职人员公务活动的监督,是人民群众管理国家教育的民主权利的重要体现,它能够直接反映人民群众的愿望和要求。

2. 教育法治监督的客体

教育法治监督的客体,是指教育法治监督权所指向的对象,即被监督者,是解决监督谁的问题。教育法治监督对象的范围比较广泛,主要包括以下几个方面:一是国家机关(主要指政府、教育行政部门和有关部门)及其工作人员;二是各级各类学校及其他教育机构;三是教师及其他教育工作者(包含教辅人员、管理人员);四是受教育者及其他参与教育活动的社会组织和公民。当然,教育法治监督客体的重点应是国家机关及其工作人员的各种公务活动。

3. 教育法治监督的内容

教育法治监督的内容,是指教育法治监督主体对监督对象的监督活动的内容。它有广义和狭义之分。从狭义上讲,教育法治监督的内容,是对国家机关及其工作人员的立法、司法和执法活动的合法性的监督,包括两个方面:(1) 对立法机关和行政机关制定教育法律规范性文件活动的合法性的监督。(2) 对国家行政机关、司法机关及其工作人员的教育执法和司法活动的合法性的监督。从广义上讲,教育法治监督的内容,包括四个方面:(1) 对国家机关制定教育法律规范性文件的合法性的监督,我们称为立法监督。(2) 对政府、教育行政部门、学校及其他教育机构及其工作人员,依照法定权限和程序,将教育法律、法规适用于各种具体的与教育有关的人和组织的专门活动的合法性的监督,我们称为执法监督。(3) 对国家司法机关解决教育教学活动中有关争议、纠纷活动的合法性的监督,我们称之为司法监督。(4) 对政府、教育行政部门、有关部门及其工作人员,学校及其他教育机构,教师和其他教育工作者,受教育者及其他社会组织和公民进行与教育教学有关的活动的合法性的监督,我们称之为守法监督。在我国,教育法治监督的客体应当是从广义上来讲的。

(三) 教育法治监督的意义[①]

教育法治监督是教育法治建设的重要组成部分,也是依法治教的重要保障,加强教育法治监督,意义重大。

1. 加强教育法治监督,有利于保障教育管理活动依法进行

教育管理活动是在政府、教育行政部门和学校等管理机关领导下,利用人、财、物、时间、信息等资源,充分发挥计划、组织、指挥、激励等职能,促使教育管理活动有效运行的过程。这种管理活动必须依法进行,否则就会阻碍教育事业的发展。而教育法律的实施如果缺乏权威的、有效的监督保障体系,也只能是一纸空文。因此,要加强教育法治监督,使政府、教育行政部门和其他有关部门能够依法管理,使各级各类学校及其他教育机构依法办学、依法治教,制止各种违反教育法律、法规的现象发生,从而最终保障教育管理活动依法顺利进行。

2. 加强教育法治监督,有利于维护学校、教师和受教育者的合法权益

教育的发展受到社会的政治、经济、文化条件的制约和影响,涉及各行各业、千家万户以及每个人的切身利益。在教育法律、法规的实施过程中,经常遇到来自各方面的阻力和干扰,如挪用教育经费、挤占学校场地、克扣教师工资、殴打教师等等。如果不排除这些阻力和干扰,学校、教师和受教育者的合法权益必将受到损害。而要维护学校、教师和受教育者的合法权益,保障学校的教学环境和教学秩序,排除各种非法阻力和干扰,光有教育立法是不行的,必须要加强教育法治监督,并加大力度,只有这样,才能使我国教育真正步入法治轨道。

3. 加强教育法治监督,有利于促进我国教育法治建设,有利于保障教育事业健康发展

党的十一届三中全会以来,我国教育立法取得了可喜的成绩,但在教育领域中,仍然存在有法不依、执法不严、违法不究的现象。出现这种现象,除了教育法律、法规本身缺乏一定的可操作性,某些教育执法人员无视法律等原因外,还有一个不可忽视的因素,那就是对教育法律活动缺乏强有力的监督。所以,教育法治建

---

① 参见:公丕祥.教育学教程[M].北京:高等教育出版社,2000:131-132.

设不仅包括立法、执法和守法,还应包括教育法治监督,这样才形成了一个完备的教育法治体系,才能真正做到依法治教,保障教育事业健康、有序的发展。

可见,教育法治监督对教育的依法管理,维护学校、教师和受教育者的合法权益,促进教育法治建设,保障教育事业的顺利发展等都具有重要的作用和意义。因此,必须加强教育法治监督,完善教育法治监督体系,建立具有中国特色的教育法治监督机制。

二、教育法监督的种类[①]

根据不同的标准,从不同的角度,可以把教育法治监督分为以下几种:

(一)国家监督和社会监督

根据教育法治监督主体的不同,可以分为国家监督和社会监督。国家监督是指国家机关对教育法律活动的监督,是教育法治监督的基本形式。国家监督又可分为权力机关的监督、行政机关的监督、监察机关的监督和司法机关的监督。社会监督是由各政党、各社会组织和公民等为主体的对教育法律活动的监督。社会监督又可分为社会组织的监督和人民群众的监督。社会监督是国家监督的社会基础,国家监督是社会监督的政治化和专门化。这种分类,是教育法治监督最基本的分类。

(二)内部监督和外部监督

根据教育法治监督主体和客体是否属于同一系统,可以分为内部监督和外部监督。内部监督是监督主体对自身组织系统内部教育工作合法性进行的监督。外部监督是监督客体自身组织系统外的国家机关和社会力量对本系统有关教育工作合法性的监督。

(三)事前监督和事后监督

根据教育法治监督主体对监督客体进行监督的阶段不同,可以分为事前监督和事后监督。事前监督是指监督主体对监督客体实施教育活动之前的监督,是预防性的监督,防患于未然。事后监督是指监督主体对监督客体实施教育活动之后的监督,是对其行为的合法性进行的监督,这种监督是经常性的、主要的。

---

① 参见:公丕祥.教育法教程[M].北京:高等教育出版社,2000:129-131.

(四) 纵向监督和横向监督

根据教育法治监督主、客体的地位和相互关系不同,可以分为纵向监督和横向监督。凡是具有上下级关系的监督称为纵向监督。凡是处于同一层次、不具有上下级关系的国家机关之间的监督称为横向监督。

另外,根据教育法治监督的内容不同,可分为教育立法监督和教育法律实施的监督;根据教育法治监督主体的监督性质和方法不同,可分为国家性的监督和非国家性的监督;根据教育法治监督的效力不同,可分为具有法律效力的监督和不具有法律效力的监督。

三、我国教育法的监督体系[①]

当前,我国教育法的监督体系主要由国家权力机关的法律监督、国家行政机关的行政监督、国家监察机关的监察监督、国家司法机关的司法监督、执政党和人民的社会监督组成。

(一) 国家权力机关的法律监督

国家权力机关是指全国人民代表大会和地方各级人民代表大会。全国人民代表大会具有国家立法权,它所行使的法律监督是最高层次的监督,主要表现为全国人大有权制定和修改教育基本法和其他基本法律;全国人大常委会有权制定和修改除教育基本法和其他基本法律以外的教育法律,有权撤销国务院制定的同宪法和法律相抵触的教育行政法规,有权撤销省级权力机关制定的同宪法、法律、行政法规相抵触的地方性教育法规。另外,地方各级人大及其常委会有权撤销本级人民政府制定的教育规章,有权改变和撤销下级人大制定的地方性教育法规、规范性文件等。

国家权力机关除了对教育法的实施进行立法性的法律监督外,还可以对教育法的实施和国家教育事业的发展进行工作性的监督,主要表现为全国人大及其常委会有权听取和审议国务院关于教育工作的报告,有权审查和批准国家教育实施方案和教育发展规划,审查和批准国家教育投入规划,审查和批准教育经费的预算和决算,监督并保证教育法的全面贯彻和实施。地方各级人大在本行政区内行使以上监督权。此外,各级人大及其常委会有权对政府教育行政部门、教育机构及其工作人员进行工作监督,有权对违法失职的国家工作人员向其主管机关要求查处,

---

[①] 参见:郑良信.教育法学通论[M].南宁:广西教育出版社,2000:59-64.

可以受理各种申诉,督促有关部门采取措施纠正错误,从而保证教育法的正确贯彻实施。

(二) 国家行政机关的行政监督

国家行政机关的行政监督是指各级政府部门及其所属的教育行政部门和有关职能部门对教育法实施情况的监督。其中,上级国家行政机关及其工作人员对下级国家行政机关及其工作人员的教育行政管理活动是否依教育法实施进行的监督是自上而下的监督,反之则是自下而上的监督。行政监督主要有各级政府的监督、教育行政部门的监督、行政监察和审计监督,及有关政府部门的监督。

1. 各级政府的监督

中央人民政府,即国务院是国家的最高行政机关。国务院有权根据宪法和法律发布有关教育工作的行政法规、命令和指示,制定教育事业的发展规划,领导和监督教育行政管理部门的工作,检查和督促教育法在全国的贯彻执行情况;有权改变和撤销其所属部委发布的指示、命令和规章,改变和撤销地方各级政府有关教育的不适当的决定和命令;有权对教育行政部门工作人员实行奖惩。各级地方政府可在本行政区域内行使相应的监督权。与此同时,下级政府也可以对上级政府的教育管理活动提出意见和建议。

2. 教育行政部门的监督

教育行政部门是政府的职能部门,负责组织领导教育工作,管理教育活动,同时对教育法的实施情况进行检查监督。国家教育行政机关有权根据宪法、教育法律、教育行政法规制定和颁布教育工作的规章、指示,制定教育行政措施和方案,负责组织、监督、检查教育事业计划的实施,贯彻国家教育方针,检查督促办学条件、教育教学质量。各地方教育行政部门负责本地区教育法的实施,有权根据地方政府及有关部委的指示,检查督促教育法的贯彻执行情况并及时报告,制定本地区本部门的教育工作的行政措施、方案,并组织实施。教育行政部门还可对学校的教育活动进行监督和指导,奖励教育管理和教书育人的先进模范工作者,查处违反教育法的单位和个人,从而保证教育事业的顺利发展。此外,教育督导制度也是对教育法实施进行监督的一种有效方式。

3. 审计监督

审计监督则是国家机关或政府授权从事审计工作的机构,通过审计方式对教育行政系统的财政法纪情况和教育机构的财政收支情况进行专门的检查和监督的活动。行政监察和审计监督都是保障教育法正确贯彻实施的有效的监督方式。

4. 有关政府部门的监督

有关政府部门主要是指计划、财政、劳动、人事、文化、体育、卫生、科技出版、金融等政府职能部门。以上这些政府职能部门在各自的工作范围和业务范围内，依法行使自身专门的行政职权和管理功能，从不同的方面对教育法的实施情况进行专项的检查和监督，查处各种违法违纪现象，从而保证教育法的全面贯彻和执行。这是对教育法实施进行监督的一个不可缺少的重要方面。

（三）国家监察机关的监察监督

国家监察机关的监察监督是指国家监察机关依法对教育活动中违反教育法或其他法律，损害教育主体合法权益的行为进行的监督、调查和处置活动。根据2018年3月20日第十三届全国人民代表大会第一次会议通过的《中华人民共和国监察法》第三条规定："各级监察委员会是行使国家监察职能的专责机关，依照本法对所有行使公权力的公职人员（以下称公职人员）进行监察，调查职务违法和职务犯罪，开展廉政建设和反腐败工作，维护宪法和法律的尊严。"第四条规定："监察委员会依照法律规定独立行使监察权，不受行政机关、社会团体和个人的干涉。中华人民共和国国家监察委员会是最高监察机关。国家监察委员会领导地方各级监察委员会的工作，上级监察委员会领导下级监察委员会的工作。"监察委员会依法履行监督、调查、处置职责：(1) 对公职人员开展廉政教育，对其依法履职、秉公用权、廉洁从政从业以及道德操守情况进行监督检查。(2) 对涉嫌贪污贿赂、滥用职权、玩忽职守、权力寻租、利益输送、徇私舞弊以及浪费国家资财等职务违法和职务犯罪进行调查。(3) 对违法的公职人员依法作出政务处分决定；对履行职责不力、失职失责的领导人员进行问责；对涉嫌职务犯罪的，将调查结果移送人民检察院依法审查、提起公诉；向监察对象所在单位提出监察建议。

（四）国家司法机关的司法监督

国家司法机关的司法监督是指国家检察机关和国家审判机关依法对教育活动中违反教育法或其他法律，损害教育主体合法权益的行为进行的监督和制裁的活动。

1. 国家检察机关的检察监督

国家检察机关是指各级人民检察院，它是行使国家检察权的国家法律监督机关。对教育法的检察监督，首先体现在对有关教育方面的案件的监督。人民检察院在国家司法机关系统内部对人民法院的审判活动，特别是对刑事案件的审判活动是否合法享有监督权是其主要职责之一。其次体现在对有关教育行政活动的监督。人民检察院对于各级人民政府及其工作人员在进行国家行政管理活动过程中是否坚持依法办事和廉洁奉公享有监督权是其又一重要职责。

人民检察院作为国家的法律监督机关充分行使其监督权,加强对教育法实施的监督,对于实现全面依法治教,促进我国教育事业的发展将发挥其无可取代的作用。

2. 国家审判机关的审判监督

国家审判机关是指各级人民法院,它是独立行使国家审判权的专门机关。对于教育法实施的审判监督,主要是通过各级人民法院审理教育刑事案件、教育民事案件、教育行政案件等对教育法的实施情况进行检查和监督。通过国家审判程序进行的审判监督,能及时以国家强制力解决各种教育违法事件,能有效地追究违法者的法律责任并给予法律制裁,从而维护教育法治和教育秩序,保护教育机构的合法权益,保护教师和学生的教育权利和受教育权利,保护广大师生的人身权利和其他权利,为教育法的正确贯彻和全面实施提供直接的法律保护和强大的法律威慑力。审判监督是我国教育法监督体系中极其重要的强有力的法治保障手段和监督方式。

(五) 执政党和人民的社会监督

执政党和人民的社会监督是指中国共产党和广大人民群众对教育法实施的监督。人民群众的监督又包含社会团体及其他社会组织、人民政协和民主党派、公民个人的监督等。

1. 中国共产党的监督

中国共产党是我们国家的执政党,是中国社会主义事业的领导核心。中国共产党不仅作出了"科教兴国"的战略决策,还明确提出了"百年大计,教育为本""国运兴衰,系于教育"的正确主张。党对教育事业的领导和监督,主要通过教育政策来实现。同时,还通过各种领导渠道和组织措施与党的纪律发挥对教育和教育法实施的强大具体的监督作用。

党对教育法实施的监督,主要通过对国家教育行政部门和教育机构中党员的监督,对各级党委执行教育方针、实施教育法的评估,对教育工作中的问题进行调查研究并提出建议,对教育领域中党员干部的工作进行考查或通过党的纪检部门对违纪党员进行处分,对教育行政干部的任免、奖惩问题向权力机关和行政机关提出建议等方法进行的。这是对教育法实施监督的一个十分重要的渠道。

2. 人民群众的监督

人民群众是国家的主人,宪法规定国家的一切权力属于人民。人民群众对教

育法实施的监督是人民行使当家做主权力的直接体现,具有重要的意义和作用。主要表现如下:

社会团体和其他社会组织的监督。在我国,工会、妇联、共青团、科协、文联、学联、法学会、律协等社会群众团体,都是具有广泛代表性的群众组织。其他社会组织,包括村民委员会、居民委员会等社区群众组织。这些组织通过自身的网络和各种社会联系的纽带,及时广泛地收集和了解各阶层、各部门群众的意愿,并采取批评、建议、控告、检举等形式对国家教育行政部门及其工作人员执行教育法的情况,对学校或其他教育机构执行和遵守教育法的情况,对与教育活动有关的社会组织和公民个人遵守教育法的情况进行监督。

人民政协和民主党派的监督。人民政协是以各民主党派为主要成员的具有广泛代表性的统一战线组织。民主党派是具有参政、议政权利的组织,在我国社会政治生活中占有重要地位。其成员多为特别关心教育的知识分子,在对教育法实施的监督中起着重要作用。各民主党派既可以通过政协,又可以单独对教育法的实施进行监督。政协会议通常与人民代表大会同时召开,政协委员可列席人大会议,有些政协委员或民主党派成员本身就是人大代表,可在听取政府报告和讨论之中,对政府和教育行政部门进行监督。政协委员或民主党派成员可以就教育问题进行视察,提出批评和建议,还可以把有关教育的问题反映给政府和教育行政部门,从而对教育法的实施进行多方面的监督。

公民个人的监督。《宪法》规定:"中华人民共和国公民对于任何国家机关和国家工作人员,有提出批评和建议的权利;对于任何国家机关和国家工作人员的违法失职行为,有向有关国家机关提出申诉、控告或者检举的权利"。因此,公民可以通过有关国家机关的信访机构,或报纸、刊物、广播、电视等舆论工具,运用批评、建议的方式对教育法的实施情况进行监督。对政府、教育行政部门、教育机构及其工作人员的违法失职行为,公民可以通过向权力机关、上级行政机关、监察机关、检察机关和审判机关提出申诉、检举、控告等方式对教育法的实施进行监督。公民个人的监督包括教师及其他教育工作者的监督,对促进教育法全面正确实施,推动教育事业的发展起着重要的作用。

第四章 教育法律责任与救济

遵守宪法和法律是《宪法》所规定的公民的基本义务。为了维护教育法律的严肃性和保证教育法的实施,《教育法》《义务教育法》等教育法律专章作出了"法律责任"的规定。法律责任是教育法律能够得以实施的保证,没有责任追究制度,法律可能会永远停留在纸上,难以走向现实。随着时代的进步和民主政治与法律制度的发展,法律在惩治违法侵权行为的同时,又承担起对合法权益受到侵害的当事人给予补救的社会保护功能,并使这种补救功能在刑事法律救济、民事法律救济和行政法律救济中得到越来越广泛的运用。教育法律救济虽然是法律救济的一个组成部分,但亦有其自身的特殊性。

第一节 教育法律责任概述

一、教育法律责任的含义[①]

教育法律责任,是指教育法律关系主体因实施了违反教育法的行为,依法应当承担的否定性的法律后果。教育法律责任是由违法行为和相应的法律后果两个要素构成的。违法行为是承担法律责任的前提,是指具有一定主体资格的公民或组织由于主观上的过错所实施的具有一定社会危害性的依照法律应当予以追究的行为,包括侵权行为、不履行义务行为、越权行为、滥用职权行为等。任何法律责任都是基于一定的违法行为而产生的,法律后果是承担法律责任的内容,其实质是国家对各种违法行为所作的法律上的否定性评价和谴责,是国家施加于违法者或责任者的一种强制性负担,是补救受到侵害的合法权益的一种法律手段,包括法律制裁、法律负担、强制性法律义务、法律不予承认或撤销、宣布行为无效等。

教育法律责任必须有明确的具体的法律规定,并以国家强制力作为保证。教

[①] 参见:郑良信.教育法学通论[M].南宁:广西教育出版社,2000:421-423.

育法律责任必须由司法机关或经法律授权的国家机关予以追究,其他任何组织和个人都无权行使这项职权。这就是法律责任与政治责任、纪律责任、道义责任明显的区别。教育法律责任有刑事责任、民事责任和行政责任。

当教育法律责任的承担方式是一种惩罚性措施时,就是教育法律制裁。所谓法律制裁,是指由特定的国家机关对违法者所应负的法律责任实施的惩罚性措施。法律制裁是否定性法律后果的一个部分。法律责任包括惩罚性责任和非惩罚性责任,只有承担惩罚性责任的方式才是法律制裁。一般而言,刑事法律责任都是惩罚性的,而民事法律责任和行政法律责任则兼有惩罚性与非惩罚性。教育法律制裁有刑事制裁、民事制裁和行政制裁。

概括地说,教育法律责任具有法律规定性、国家强制性、归责特定性和追究专权性的特点。法律规定性,是指对教育活动中的法律责任的追究必须有教育及相关法律法规的明文规定。国家强制性,是指对教育违法行为的追究具有国家强制力的保证和普遍的约束力。归责特定性,是指教育法律责任的承担者必须是在教育法律关系中实施了教育违法行为的特定当事人。追究专权性,是指追究教育法律责任只能是教育法律、法规授权的特定的国家机关或组织的专属权利。

二、教育法律责任主体[①]

教育法律责任主体,是指教育法律责任的承担者,即教育法律关系主体中的责任主体。根据教育法的规定,教育法律责任主体有:国家教育行政机关和其他国家机关,教育行政机关和其他行政机关的工作人员,实施教育教学活动的学校、校长和教师,就学学生及义务教育阶段适龄儿童、少年的父母或其他监护人,其他负有遵守教育法义务的公民和法人。

国家教育行政机关和其他国家机关,主要承担的是补救性法律责任,主要方式有:承认错误、赔礼道歉、恢复名誉、清除影响、履行职务、撤销违法决定、纠正不正当行为、返还权益、侵权赔偿等。此外,还有罚款、强行划拨赔偿金、接受司法建议、构成犯罪的追究刑事责任等强制性法律责任形式。

教育行政机关和其他行政机关的工作人员,承担的法律责任有制裁性和补救性两类。制裁性法律责任主要是接受各种行政处分,补救性法律责任是故意或者重大过失的责任人承担行政机关已赔偿的部分或全部赔偿费用的责任。

实施教育教学活动的学校、校长和教师,承担的法律责任各不相同。学校承担的法律责任主要有:通报批评、整顿、勒令停办停招、取缔、取消学校发放毕业证书

---

① 参见:郑良信.教育法学通论[M].南宁:广西教育出版社,2000:423-424.

和其他学业证书资格,宣布考试无效或取消举办考试资格、没收违法所得等。学校校长承担法律责任的形式主要有:撤销行政职务、行政处分、罚款、刑事制裁等。教师承担法律责任的形式有:撤销或取消教师资格、行政处分或者解聘、刑事制裁等。

学生及其家长或其他监护人。学生是教育法律关系的特殊主体,是处于未成年或成长阶段的教育对象,其承担教育法律责任的方式,主要是履行教育法规定的义务。学生家长或其他监护人的教育法律责任,主要是依法送子女或其他被监护人接受国家强制性教育,即义务教育。

其他负有遵守教育法义务的公民和法人,是指在具体的教育法律关系中承担一定义务的个人和组织。他们若具有违反教育经费管理规定、破坏学校正常教育教学秩序、非法侵害学校权益、侵犯教师和学生的合法权益等违法行为,则应依法承担刑事法律责任、民事法律责任、行政法律责任。

三、教育法律责任的构成要件[①]

所谓教育法律责任的构成要件,是指教育法律关系主体依法承担教育法律责任所必须具备的主客观条件。根据我国教育法律法规的有关规定,教育法律责任的构成要件主要有以下方面:

(一) 教育法律关系主体的行为必须违反教育法律法规

责任人有教育违法行为是其承担教育法律责任的前提。如果责任人的行为没有违反教育法律法规,而是违反其他法律法规,就不应追究其教育法律责任。教育违法行为的表现方式多种多样,主要包括侵权行为、不履行教育义务行为、越权行为、滥用职权行为等直接违反宪法、教育法律法规的作为和不作为。

(二) 存在着损害事实

所谓"存在着损害事实"是指教育法律关系主体的行为对受害方造成了客观存在的具体的损害后果,即有侵害教育管理、教学秩序及从事教育教学活动的公民、法人和其他组织的合法权益的客观事实存在。一般说来,损害事实必须是已经发生的和客观存在的事实,如损害必将发生,也视为已经发生的损害事实。损害的权益必须是受教育法律法规所保护的权益。损害事实的客观存在,是构成教育法律责任的基本前提条件。

[①] 参见:郑继伟.高等教育法规基础[M].杭州:浙江大学出版社,2001:32-33.

（三）行为人有过错

行为人有过错，是指行为人在主观上有违反教育法律法规的故意或过失的心理。故意是指行为人明知自己的行为会发生危害社会的后果，仍希望或放任这种危害后果发生所持的一种主观心态。例如，教师体罚学生，情节严重的。过失是指行为人应当预见自己的行为会发生社会危害后果，因疏忽大意而没有预见或已经预见却因过于自信而未避免危害后果发生的一种主观心态。在教育教学实践中，过失通常体现为对于可能发生的损害欠缺合理的注意或未尽职责，如学校应对全体教职员工和学生进行安全教育和制定应急防范措施而未做，对存在的安全隐患不加整改，造成严重后果的。

（四）违法行为与损害事实之间具有因果关系

即违法行为与损害事实之间存在着内在的、本质的必然联系。某一损害事实是由于行为人的某一教育违法行为直接引起的，两者之间存在着直接的因果关系。也就是说违法行为是导致损害事实发生的原因，损害事实是违法行为造成的必然结果，二者之间存在着直接的因果关系。

以上所述四个方面是教育法律责任构成的必备条件，缺一不可。根据以上内容可知，教育法律责任是由于教育法律关系主体出于主观上的故意或过失实施了违反教育法律法规的行为，并因此对受害方的合法权益造成某种客观存在的具体损害后果时，应当承担的一种法律责任。

四、教育法律责任的种类[①]

教育法律责任的种类，是指承担教育法律责任的主要方式的类别。教育法根据违法主体的法律地位和违法行为的性质，规定教育法律责任的种类有行政法律责任、民事法律责任、刑事法律责任三类。

（一）违反教育法的行政法律责任

教育行政法律责任，是指教育行政法律关系主体因违反了教育法律、法规的规定而应当依法承担的行政性的法律后果。在教育行政法律责任关系中，政府及其教育行政部门是管理方，具有依法进行教育管理活动，对下级单位行使领导和监督职责，以及调整相对人之间行政法律关系的职责。教育行政法律关系主体双方的

[①] 参见：郑良信.教育法学通论[M].南宁：广西教育出版社，2000：425-428.

行政管理行为和执行行为均不得违反教育法律、法规的规定,否则应当依法承担行政法律责任。根据教育法的规定,承担违反教育法的行政法律责任的方式有两类,即行政处分和行政处罚。

行政处分是指根据法律或国家机关、企业事业单位的规章制度,由国家机关或企业事业单位给予犯有违法失职行为或违反内部纪律的所属人员的一种制裁。行政处分具有纪律处分的性质,是责任人承担行政责任的比较通用的形式,它包括警告、记过、记大过、降级、撤职、开除等六种从轻至重的不同级别的制裁。

行政处罚是指国家行政机关依法对违反行政法律规范的组织或个人进行惩戒、制裁的具体行政行为。教育法涉及的行政处罚主要有警告、通报批评、清除不良影响、罚款、没收、责令停止营业、吊销营业执照和许可证、取消资格、责令限期清退或修复、责令赔偿、拘留等。

(二) 违反教育法的民事法律责任

教育民事法律责任,是指教育民事法律关系主体因违反了教育和民事法律规范而应当承担的民事性的法律后果。在教育民事法律关系中,法律关系主体处于平等的法律地位。《教育法》规定:"违反本法规定,侵犯教师、受教育者、学校或者其他教育机构的合法权益,造成损失、损害的,应当依法承担民事责任。"这就是说,教育民事法律责任的前提是违反《教育法》的规定,并造成了教师、学生、学校等合法权益的损失或损害,在此前提下,适用我国《民法》所规定的民事法律责任。这同一般民事主体承担民事违法的民事法律责任有着明显的区别,应当细心分辨。

民法是调整平等主体的公民之间、法人之间、公民和法人之间的财产关系和人身关系的法律规范的总称。民事责任则是当事人不履行民事义务或侵犯他人民事权利时所应承受的法律后果。教育民事法律责任是指教育法律关系主体违反教育法律规范,破坏了平等主体之间正常的财产关系或人身关系,即不履行民事义务或侵犯了他人民事权利,依照法律规定应当承担民事责任。民事责任有违约的民事责任和侵权的民事责任之分,侵权的民事责任又有一般侵权的民事责任,即过错民事责任和特殊侵权的民事责任,即无过错民事责任之分。在追究教育民事法律责任时,应注意教育法和民法双方不同规定的和谐统一。

承担教育民事法律责任的方式,应当以《民法总则》的规定为依据。《民法总则》第一百七十九条规定:"承担民事责任的方式主要有:(一) 停止侵害;(二) 排除妨碍;(三) 消除危险;(四) 返还财产;(五) 恢复原状;(六) 修理、重作、更换;(七) 继续履行;(八) 赔偿损失;(九) 支付违约金;(十) 消除影响、恢复名誉;(十一) 赔礼道歉。法律规定惩罚性赔偿的,依照其规定。本条规定的承担民事责任的方式,可以单独适用,也可以合并适用。"

(三) 违反教育法的刑事法律责任

教育刑事法律责任,是指教育法律关系主体实施了违反教育法和刑事法律规范所应承担的法律后果。追究教育刑事法律责任是对教育刑事犯罪的法律制裁。刑事制裁是国家对违法行为人追究法律责任的最严厉的责任形式。

一般而言,只有当违法行为人实施了《刑法》所禁止的行为,即实施了犯罪行为才能受到刑事制裁。教育刑事法律责任则是指违法行为人实施了违反教育法的行为,同时又触犯了刑律,构成犯罪的,依法追究刑事责任。

我国教育法对教育刑事法律责任作出了多处规定,大大加强了教育法的刚度,为排除犯罪行为对教育事业的侵犯和保证我国教育事业的健康发展提供了有力的保障。在教育活动中,凡是侵占、克扣、挪用教育经费,扰乱学校教育教学秩序,侵占或者破坏校舍、场地及其他财产,招生中徇私舞弊,侮辱、殴打教师和学生,体罚学生,玩忽职守致使校舍倒塌、造成师生死亡事故,情节严重,构成犯罪的,均可依法追究刑事责任。2015年8月29日第十二届全国人民代表大会常务委员会第十六次会议通过的《中华人民共和国刑法修正案(九)》中指出,在刑法第二百八十四条后增加一条,作为第二百八十四条之一:"在法律规定的国家考试中,组织作弊的,处三年以下有期徒刑或者拘役,并处或者单处罚金;情节严重的,处三年以上七年以下有期徒刑,并处罚金。为他人实施前款犯罪提供作弊器材或者其他帮助的,依照前款的规定处罚。为实施考试作弊行为,向他人非法出售或者提供第一款规定的考试的试题、答案的,依照第一款的规定处罚。代替他人或者让他人代替自己参加第一款规定的考试的,处拘役或者管制,并处或者单处罚金。"具体可见《最高人民法院、最高人民检察院关于办理组织考试作弊等刑事案件适用法律若干问题的解释》。

承担教育刑事法律责任的方式,应当以《刑法》的规定为依据。《刑法》关于刑罚的规定就是承担刑事责任的方式,《刑法》第三十二条规定:"刑罚分为主刑和附加刑。"第三十三条规定:"主刑的种类如下:(一)管制;(二)拘役;(三)有期徒刑;(四)无期徒刑;(五)死刑。"第三十四条规定:"附加刑的种类如下:(一)罚金;(二)剥夺政治权利;(三)没收财产。附加刑也可以独立使用。"人民法院在审理教育刑事案件时,以事实为依据,以法律为准绳,针对具体案情依法给予恰当的刑事制裁。

对教育违法行为追究的法律责任主要有行政法律责任、民事法律责任、刑事法律责任三种形式。但是,在实践中一个教育违法行为的法律责任形式并不限于一种,可以同时追究两种或三种法律责任。例如,某行政领导人员侮辱教师,情节特别严重,并造成严重后果的,可依法对责任人给予行政处分、经济赔偿、赔礼道歉、拘役等制裁,这就出现了行政责任、民事责任和刑事责任三种责任形式并用的情形。

第二节　教育法律救济概述

一、教育法律救济的含义

"有权利就必须有救济","没有救济的权利不是真正的权利"。法律救济对于保障学校、教师、学生的合法权益,对于监督政府依法治教有着重要的现实意义。教育法律救济,是指通过合法程序裁决教育活动中的纠纷时对受损害者的合法权益依法给予补救的法律保护制度。它是法律救济在教育活动中的具体实现。所谓法律救济,是指通过合法程序裁决社会活动中的一切纠纷时对受损害者的合法权益依法给予补救的普遍的法律保护制度。一般而言,法律主要以惩治违法侵权行为来实现其社会保护功能。随着时代的进步、民主政治与法律制度的发展,法律在惩治违法侵权行为的同时,又承担起对受到侵害的当事人的合法权益给予补救的社会保护功能,并使这种补救功能在刑事法律救济、民事法律救济和行政法律救济中得到越来越广泛的应用。教育法律救济虽然是法律救济的一个组成部分,但亦有其自身的特殊性。

教育法律救济的主要特征表现在:

1. 教育法律救济的直接依据是《教育法》

总体而言,法律救济制度的基础和依据是《宪法》和其所确立的国家的民主制度和法治原则。从宪法的法治原则来看,一切可以影响到他人权益的权力和权利均处在法律的控制和制约之下,社会生活中的任何违法侵权损害行为均应受到法律的矫正和追究,合法权益受到损害的当事人均应获得法律上的救济。教育法律救济则是在《宪法》原则的指导下,以《教育法》及其所确立的原则为直接依据。《教育法》对教育法律关系主体的权利和义务作出了明确的法律规定。任何违反教育法的规定,无论在教育行政法律关系中,还是在教育民事关系中,教育法律关系主体的合法权益受到非法侵犯时,均有权要求获得法律上的救济。

2. 教育法律救济的前提条件是教育纠纷

一般而言,法律救济制度正是为合理解决各种纠纷而建立的。有纠纷就要求建立解决纠纷的法律程序,只有使纠纷中受损害一方的合法权益获得法律上的公平救济才能使纠纷得以彻底解决,于是法律救济制度便应运而生。教育法律救济是对妥善解决教育法律纠纷而设立的法律保护制度。在教育行政活动中,行政机关在实施行政管理活动时,运用行政权力发生过错造成相对人的合法权益受到损害,即发生了教育行政纠纷。在教育民事活动中,主体一方实施了侵犯对方当事人的合法权益的行为,即发生了教育民事纠纷。以上教育纠纷的存在,构成了教育法律救济的前提条件。没有教育纠纷的存在,便不可能发生教育法律救济。

3. 教育法律救济的基本依据是损害事实

损害事实是指因损害方实施了违法行为而造成了受害方财产上或人身上实际的损失。若没有发生教育损害事实,教育法律救济就无从发生。即使发生了教育法律纠纷,但若并未因此造成实际上的损害,则为未出现损害事实,教育法律救济仍无从发生。如在教育行政法律关系中,只有当行政主体实施了教育行政侵权行为,并因此而造成相对人的实际损害时,才能行使教育行政法律救济手段,从法律上保证受害方的实际损害能得到公平补救。

4. 教育法律救济的根本目的是权利补救

从本质上看,教育法律救济是一种权利补救,是对教育主体合法权益的法律保护,是我国社会主义法制的基本功能。从实践上看,在教育行政法律关系中,教育法律救济只适用于相对人,而不适用于教育行政机关。因为教育行政机关是国家教育行政权力的行使者,有国家权力直接予以保护,不属于教育法律救济范畴。在教育行政诉讼中,法院为维护教育行政机关所作出的具体的行政行为的判决,并不属于教育法律救济,因为实施具体行政行为的教育行政机关并未受到实际损害。在教育民事法律关系中,教育法律救济适用于双方当事人,无论哪一方的合法权益受到对方的非法侵害,均可依法获得教育法律救济。

二、教育法律救济的意义与作用

(一)保护教育法律关系主体

通过教育法律救济可以保护教育法律关系主体,特别是教师、学生及学校在教育活动中的合法权益。教育法律关系主要表现为教师与学生、学生与学校、教师与学校、学校与教育行政部门等之间的关系。在这些关系中难免会出现相对人受侵害的现象。比如在教师与学生的关系中,学生易受侵害;在学校与教师的关系中,教师易受侵害;在教育行政部门和学校的关系中,学校易受到侵害。当教育法律关系主体的法定权益受到损害时,可以通过法定的方式和途径,请求有权机关以强制性的救济方式来帮助受损害者恢复并实现自己的权利。

(二) 维护教育法律的权威

通过教育法律救济可以维护教育法律的尊严。教育法律的权威性是教育法治化、规范化的起码要求。法律权威的维系不是靠强力威胁,而是靠民众的认同。取得民众认同的渠道在于公正的执法和司法。立法者仅靠诠释法律的公正性还不足以维系法律的权威性,教育行政机关及作为其授权组织的学校在行政和管理过程中的公正性是维护教育法律权威性的根本。

(三) 促进教育行政部门依法行政

法律救济制度在教育活动中具有预防和控制国家教育机关加强内部监督管理,增强国家工作人员的法制意识的作用。如果受害人能够明确自己的合法权利,寻求司法或行政救济,这自然就能够促进教育行政部门以及有权部门加强自我管理。

(四) 有利于推进教育法治建设

一个国家是否民主,是否实行法治,最重要的标志之一就是国家和政府是否和公民同样守法,是否能在违法后承担相应的法律责任。随着教育法律体系的完善,我国开始进入依法治教的阶段。在教育法制建设中,通过建立法律救济制度,加强各级权力机关对教育法实施的监督,同时通过建立和健全有关教育的调解、申诉等制度,以及运用行政复议、行政诉讼等多种法律救济手段,及时妥善地处理日益增多的教育法律纠纷,是促进教育法制建设的重要方面。

三、教育法律救济的途径

教育中的法律救济主要是通过三种方式来实现的。一是诉讼方式。凡是侵犯了相对人的合法权益,符合《民事诉讼法》《刑事诉讼法》《行政诉讼法》受案范围的,可以通过诉讼渠道来寻求司法救济。我国有关的教育法律对学校、教师和学生的诉讼渠道作了规定。二是行政方式。我国有关法律规定了行政申诉、行政复议和行政赔偿等形式的行政救济方式。行政申诉包括教育行政人员的一般申诉、教师申诉、学生申诉等。三是仲裁和调解等其他方式。主要指通过教育组织内部组织或机构以及其他民间渠道来实施法律救济。

(一) 教育申诉制度

1. 申诉制度的含义

申诉制度,是指相对人在其合法权益受到损害时,向国家有权机关申诉理由,请求处理或重新处理的制度。我国现行法律规定了多种申诉制度,大体上可分为两类,一类是诉讼性质的申诉制度,另一类是非诉讼性质的申诉制度。

诉讼性质的申诉制度。诉讼性质的申诉是指向司法机关提出的申诉。当事人对已经发生效力的判决、裁定不服,有权向上一级法院上诉。这类申诉又分为三种:刑事诉讼中的申诉、民事诉讼中的申诉和行政诉讼中的申诉。

非诉讼性质的申诉制度。非诉讼性质的申诉是指不以生效的判决、裁定为必要前提向司法机关以外机构提出的不服各种处分、处罚,要求改正的申诉。此类申诉的范围较广,包括向中国共产党各级纪律检查委员会的申诉,向政府监督部门的申诉,向国家权力机关即各级人民代表大会的申诉,向作出具体行政行为的上一级机关的申诉等。非诉讼性质的教育申诉比较多的是教师申诉和学生申诉。

2. 教师申诉制度

教师申诉制度是指教师对学校或其他教育机构及有关政府部门作出的处理不服,或对侵犯其权益的行为,依照《教师法》的规定,向主管的行政机关申诉理由,请求处理的权利救济制度。

教师申诉制度是一项专为教师制定的与教师教育教学等权利有关的法律救济制度。它具有如下特点:(1)教师申诉制度是一项正式的法律救济制度。(2)教师申诉制度是一项专门性的申诉制度。(3)教师申诉制度是一种非诉讼的行政性的申诉制度。

教师申诉制度是依据1993年颁布的《教师法》而确立的。其具体内容为:《教师法》第三十九条规定:"教师对学校或者其他教育机构侵犯其合法权益的,或者对学校或者其他教育机构作出的处理不服的,可以向教育行政部门提出申诉,教育行政部门应当在接到申诉的三十日内,作出处理。教师认为当地人民政府有关行政部门侵犯其根据本法规定享有的权利的,可以向同级人民政府或者上一级人民政府有关部门提出申诉,同级人民政府或者上一级人民政府有关部门应当作出处理。"

同时为了保障教师申诉权的行使,《教师法》第三十六条规定:"对依法提出申诉、控告、检举的教师进行打击报复的,由其所在单位或者上级机关责令改正;情节严重的,可以根据具体情况给予行政处分。国家工作人员对教师打击报复构成犯罪的,依照刑法有关规定追究刑事责任。"以上规定确立了教师申诉制度的法律地位,使其成为一项专门保护教师权益的法律制度。

3. 学生申诉制度

学生申诉制度是学生在接受教育的过程中,对学校给予的处分不服,或认为学校和教师侵犯了其合法权益而向有关部门提出要求重新作出处理的制度。它在性质上也具有法定性、专门性以及行政性的特点。

学生申诉制度建立的法律依据是《教育法》第四十三条有关学生申诉权的规定。该条第四款规定："对学校给予的处分不服向有关部门提出申诉,对学校、教师侵犯其人身权、财产权等合法权益,有权提出申诉或者依法提起诉讼。"根据此项规定,学生申诉的范围十分广泛,一般涉及学生的受教育权、公正评价权、隐私权、名誉权以及其他人身权及财产权受到学校或教师侵犯的行为。

提起学生申诉需要符合一定的条件。首先,提起申诉的人必须是不服学校处分或认为学校侵犯了其合法权益的学生本人,如果学生年龄较小,可由其监护人代为提出。其次,必须针对特定的被申诉人,包括作出不利处分的学校或侵犯了其合法权益的学校或教师。再次,提出申诉的事项必须在教育法律、法规等规定的受理范围之内。根据相关的法律规定,学生申诉的范围有以下几种:第一,学生对学校作出的各种违纪处分不服,如警告、严重警告、记过、留校察看,勒令退学、开除学籍等纪律处分及其他处分;第二,学校或教师侵犯学生人身权,如在教育管理中体罚或变相体罚学生,侵犯学生身体健康权,侮辱学生,侵犯学生人身自由权,随意剥夺学生荣誉称号侵犯学生荣誉权等行为;第三,学校或教师侵犯学生财产权,如违法乱收费、乱摊派,没收学生财物、罚款,强迫学生购买非必需教学物品或与教学无关的物品等;第四,学校或教师侵犯了学生通信自由与通信秘密权,对学生进行不公正评价,以及侵害学生受教育权等行为;第五,以上未列及的有关学生人身权、财产权受到侵害的其他行为,学生均可提出申诉。最后,提出申诉必须遵循一定的程序。

(二) 教育行政复议

1. 教育行政复议的含义

教育行政复议,是指教育行政机关或个人在行使教育行政职权时,与作为被管理对象的相对人就已生效的具体行政行为发生争议,根据相对人的申请,由该教育行政机关的上一级教育行政机关,对引起争议的具体教育行政行为进行复查并作出决定的一种法律制度。教育行政复议有如下特征:(1) 教育行政复议是一种特殊的行政行为。(2) 教育行政复议以具体行政行为为审查对象。(3) 教育行政复议不是终局决定。(4) 教育行政复议案件的审理不适用调解。(5) 教育行政复议以书面审理为主要方式。

2. 教育行政复议的受案范围

教育行政复议的受案范围,是指那些具体的教育行政行为引起的行政纠纷或争议可以通过行政复议的方式解决。根据《行政复议法》和有关的教育法律,有下列情形之一的,公民、法人或其他组织可以依法申请行政复议:(1) 对教育行政处罚行为不服的。在这里,教育行政处罚指行政机关依照法定权限和程序对违反行政法规的学校、教师、学生等给予行政制裁的具体行政行为。教育行政处罚可以根据不同标准进行分类,《行政处罚法》第八条明确列举的行政处罚有警告、罚款、没收违法所得、没收非法财物、责令停产停业、暂扣或者吊销许可证、暂扣或者吊销执照、行政拘留等决定。对于上述各种形式的行政处罚,教育行政管理相对人都可以申请行政复议。(2)对教育行政强制措施行为不服的。行政强制,是指行政机关依照法律、法规的规定,为限制教育行政相对人的人身自由及其财产权而采取的强制性措施。根据目前我国有关法律、法规的规定,教育行政强制措施可分为两大类:一类是限制人身自由的,如强制扣留、强制治疗、强制隔离等;另一类是为限制财产权而行使的,如查封、扣押、冻结、划拨、变价出售、强制销毁等。(3)不作为违法的。行政不作为是指行政机关依职责应为一定行为而不为。行政不作为是失职、渎职的一种表现。按照《行政复议法》的规定,行政不作为包括以下几种情况:第一,认为符合法定条件,申请行政机关颁发许可证、执照、资质证、资格证等证书,或者申请教育行政机关审批、登记有关事项,教育行政机关没有依法办理的。因不作为而申请行政复议,必须符合法定条件,具体包括:一是被申请的行政机关必须是法律、法规和规章规定的有权颁发资质证、资格证的教育行政机关;二是申请人必须在法定许可范围内申请许可;三是申请人必须具备相应的行为能力;四是申请须符合法定的形式要件。教育行政相对人认为符合法定条件申请行政机关颁发资格证等,行政机关如果明确拒绝颁发,或者对申请既不拒绝也不批准,在法定期限或合理期限内没有依法办理的,申请人可以申请行政复议。第二,申请行政机关依法发放抚恤金、社会保险金或者最低生活保障费,行政机关没有依法发放的。因此类不作为而申请行政复议应满足两个条件:一是抚恤金、社会保险金或者最低生活保障费必须是由法律、法规或规章所规定的。如果有关规定未要求教育行政机关发给上述费用,则不能申请行政复议。二是上述费用必须是法律、法规、规章规定由教育行政机关发给的。对依法应该由企业、事业单位发给的,企事业单位没有发给,不能申请行政复议。第三,申请行政机关履行保护人身权利、财产权利、受教育权利的法定职责,行政机关没有依法履行的。对于负有保护人身权利、财产权利、受教育权利的行政机关来说,没有依法履行保护人身权、财产权、受教育权利的法定职责是失职行为,受害人可以申请行政复议。应当指出,行政机关的职责是由法律、法规或规章规定的,不同的行政机关有着不同的职责,并不是所有的行政机关都负有保护人身权、财产权、受教育权的职责。如果向不负有保护人身权、财产权、受教育权的行政机关请求保护而被告知其改向有权机关提出请求,其不能申请行政复议。(4)对教育行政的侵权行为。教育行政相对人认为教育行政机关的具体行政行为侵犯其人身权、财产权时,可以依法定程序申请复议。(5)行政变更、中止和撤销。这里主要指对行政机关作出的有关许可证、执照、资质证、资格证等证书变更、中止、撤销的决定不服的。严格地说,这也是一种行政侵权行为。相对人只要对有关证书的变更、中止、撤销不服,均可以申请复议。例如,对"教师资格证书"的日期变更不服,教师可以要求相关教育行政机关予以更正,不予以更正的,教师可以向有关行政机关申请复议。(6)其他具体违法行为。行政管理相对人认为行政机关的其他具体行政行为侵犯其合法权益(人身权、财产权)的,均可以申请行政复议。值得特别注意的是,根据《行政复议法》的规定,不服行政机关作出的行政处分或者其他人事处理决定的,可以依照有关法律、行政法规的规定提出申诉;不服行政机关对民事纠纷作出的调解或其他处理的,可以依法申请仲裁或向人民法院提起诉讼。

3. 教育行政复议的程序

教育行政复议程序同一般行政复议一样,分为申请、受理、审理、决定和执行等几个步骤。

教育行政复议的申请,是指教育行政管理相对人向有管辖权的教育行政机关提交符合法定要求的复议申请书。申请行政复议应当在知道具体行政行为之日起60日内提出,法律、法规另有规定的除外。因不可抗力或者其他正当理由耽误法定申请期限的,申请期限自障碍消除之日起继续计算。申请复议应当符合下列条件:申请人是认为具体行政行为直接侵犯其合法权益的相对人;有明确的被申请人;有具体的复议请求和事实根据;属于申请复议范围;属于受理复议机关管辖以及法律、法规规定的其他条件。

教育行政复议的受理,是指复议机关对复议申请书作出的予以接受的处理。行政复议机关收到行政复议申请后,应当在5日内进行审查,对不符合《行政复议法》规定的行政复议申请,决定不予受理,并书面告知申请人;对符合《行政复议法》规定,但是不属于本机关受理的行政复议申请,应当告知申请人向有关行政复议机关提出。法律、法规规定应当先向行政复议机关申请行政复议、对行政复议决定不服再向人民法院提起行政诉讼的,行政复议机关决定不予受理或者受理后超过行政复议期限不作答复的,公民、法人或者其他组织可以自收到不予受理决定书之日起或者行政复议期满之日起15日内,依法向人民法院提起行政诉讼。提出行政复议申请,行政复议机关无正当理由不予受理的,上级行政机关应当责令其受理;必要时,上级行政机关也可以直接受理。

教育行政复议的审理,是指复议机关对复议申请及相关证据、材料依法进行审查。其具体步骤如下:行政复议机关负责法制工作的机构应当自行政复议申请受理之日起7日内,将行政复议申请书副本或者行政复议申请笔录复印件发送被申请人。被申请人应当自收到申请书副本或者申请笔录复印件之日起10日内,提出书面答复,并提交当初作出具体行政行为的证据、依据和其他有关材料。被申请人如不提出书面答复,提交当初作出具体行政行为的证据、依据和其他有关材料的,视为该具体行政行为没有证据、依据,决定撤销该具体行政行为。行政复议机关责令被申请人重新作出具体行政行为的,被申请人不得以同一事实和理由作出与原具体行政行为相同或者基本相同的具体行政行为。申请人可以查阅被申请人提出的书面答复,作出具体行政行为的证据、依据和其他有关材料,除涉及国家秘密、商业秘密或者个人隐私外,行政复议机关不得拒绝。在行政复议过程中,被申请人不得自行向申请人和其他有关组织或者个人收集证据。在行政复议决定作出前,申请人要求撤回行政复议申请的,经说明理由,可以撤回;撤回行政复议申请的,行政复议终止。

教育行政复议的决定,是指复议机关经过审理后根据事实和教育法的规定作出的处理。

行政复议机关负责法制工作的机构应当对被申请人作出的具体行政行为进行审查,提出意见,经行政复议机关的负责人同意或者集体讨论通过后,按照下列规定作出行政复议决定:(1)具体行政行为认定事实清楚,证据确凿,适用依据正确,程序合法,内容适当的,决定维持。(2)被申请人不履行法定职责的,决定其在一定期限内履行。(3)具体行政行为有下列情形之一的,决定撤销、变更或者确认该具体行政行为违法;决定撤销或者确认该具体行政行为违法的,可以责令被申请人在一定期限内重新作出具体行政行为,包括主要事实不清、证据不足的;适用依据错误的;违反法定程序的;超越或者滥用职权的;具体行政行为明显不当的。行政复议机关应当自受理申请之日起60日内作出行政复议决定;但法律规定的行政复议期限少于60日的除外。情况复杂,不能在规定期限内作出行政复议决定的,经行政复议机关的负责人批准,可以适当延长,并告知申请人和被申请人;但是延长期限最多不超过30日。行政复议机关作出行政复议决定,应当制作行政复议决定书,并加盖印章。

教育行政复议的执行,是指复议机关依法将复议决定书送达申请人和被申请人并应依照执行的程序。行政复议决定书一经送达,即发生法律效力,被申请人应当履行行政复议决定。被申请人不履行或者无正当理由拖延履行行政复议决定的,行政复议机关或者有关上级行政机关应当责令其限期履行。申请人逾期不起诉又不履行行政复议决定的,或者不履行最终裁决的行政复议决定的,按照下列规定分别处理:(1)维持具体行政行为的行政复议决定,由作出具体行政行为的行政机关依法强制执行,或者申请人民法院强制执行。(2)变更具体行政行为的行政复议决定,由行政复议机关依法强制执行,或者申请人民法院强制执行。

(三)教育行政诉讼

1. 教育行政诉讼的含义

行政诉讼有广义和狭义两种理解。广义的行政诉讼包括现代社会解决行政争议的两种救济方式,即行政复议和行政诉讼。狭义的行政诉讼不包括行政复议。本书采用狭义之说。教育行政诉讼是指教育行政相对人公民、法人或其他组织认为教育行政机关或其他行政机关所实施的具体行政行为侵犯其合法权益,可以依法向人民法院起诉,人民法院对被诉行为的合法性进行审查,并依法作出裁决,以保证教育行政的公正性和合理性,保护行政相对人的合法权益。

教育行政诉讼与教育行政复议有以下区别:(1) 性质不同。教育行政复议是由上一级行政机关对下一级行政机关所作的具体行政行为进行的审查,是一种行政行为,所有过程都是在行政系统内部进行。教育行政诉讼是人民法院对行政机关所作的具体行政行为实施的司法监督,属于司法行为。(2) 受理机关不同。教育行政复议的受理机关是作出具体行政行为的行政机关的上一级主管部门或所属的人民政府。教育行政诉讼的受理机关恒定为人民法院。(3) 审查力度不同。人民法院只审查具体行政行为的合法性而一般不审查其是否适当。复议机关不仅审查具体行政行为是否合法,而且还要审查其是否适当,因此,教育行政复议的审查力反要大于行政诉讼。(4) 受案范围不一致。人民法院所受理的教育行政案件,只是教育行政管理相对人认为行政机关的具体行政行为侵害其合法权益的案件。而复议机关所受理的教育行政案件既有行政违法的案件,也有行政不当的案件。

2. 教育行政诉讼的受案范围

教育行政诉讼的受案范围,又称人民法院主管范围,是指人民法院受理并审理教育行政争议的范围。这一范围就人民法院与教育行政机关的关系而言,是法院对教育行政机关的哪些行政行为拥有司法解释权;从行政管理相对人的角度而言,是指其对教育行政机关的哪些行政行为不服时可以向人民法院起诉,以寻求司法救济。教育行政诉讼受案范围是一个十分重要的问题,直接影响到行政诉讼制度整体功能的发挥。根据我国《行政诉讼法》第十二条和第十三条分别作出的规定,教育行政诉讼的受案范围分为两部分:一是人民法院受理案件的范围;二是人民法院不受理事项的范围。

《行政诉讼法》具体规定了人民法院的受案范围:(1) 对行政处罚不服的。行政处罚是国家行政机关或法律、法规授权的组织对实施了违反行政管理秩序行为的公民、法人或其他组织给予的行政制裁。它主要涉及公民、法人或其他组织的人身权、财产权。为切实保护相对人免受违法行政处罚的侵害,行政诉讼法明确规定行政处罚为可诉行为。《行政诉讼法》规定:"对行政拘留、暂扣或者吊销许可证和执照、责令停产停业、没收违法所得、没收非法财物、罚款、警告等行政处罚不服的",可以向人民法院提起行政诉讼。(2) 对行政强制措施不服的。行政强制措施是指主管行政机关依法在必要时采取强制手段,对相对人的人身或财产加以限制或处理,使其处于某种状态或履行某种义务的行为。《行政诉讼法》规定可以起诉的行政强制措施有两类:一类是对限制人身自由的强制措施不服的。这类强制措施有四种:收容审查,强制戒毒,扣留,其他。另一类是对查封、扣押、冻结财产的强制措施不服的。行政机关对负有金钱给付义务或物品给付义务的相对人,在其不履行义务时,可以查封、扣押、冻结其财产。(3)申请行政许可,行政机关拒绝或者在法定期限内不予答复,或者对行政机关作出的有关行政许可的其他决定不服的。(4)对行政机关作出的关于确认土地、矿藏、水流、森林、山岭、草原、荒地、滩涂、海域等自然资源的所有权或者使用权的决定不服的。(5)对征收、征用决定及其补偿决定不服的。(6)申请行政机关履行保护人身权、财产权等合法权益的法定职责,行政机关拒绝履行或者不予答复的。(7)认为行政机关侵犯其经营自主权或者农村土地承包经营权、农村土地经营权的。(8)认为行政机关滥用行政权力排除或者限制竞争的。(9)认为行政机关违法集资、摊派费用或者违法要求履行其他义务的。(10)认为行政机关没有依法支付抚恤金、最低生活保障待遇或者社会保险待遇的。(11)认为行政机关不依法履行、未按照约定履行或者违法变更、解除政府特许经营协议、土地房屋征收补偿协议等协议的。(12)认为行政机关侵犯其他人身权、财产权等合法权益的。

3. 教育行政诉讼不受案范围

根据《行政诉讼法》第十三条的规定,人民法院不受理的事项有四类:(1)国防、外交等国家行为。(2)行政法规、规章或行政机关制定发布的有普遍约束力的决定、命令。(3)行政机关对行政机关工作人员的奖惩、任免等决定。(4)法律规定由行政机关最终裁决的具体行政行为。

第三节 高校学生伤害事故问题概述

一、高校学生伤害事故的含义[①]

关于高校学生伤害事故的概念问题,不同学者有着不同的界定。有影响性的观点主要有:劳凯声教授认为,"学生人身伤害事故,简称学校事故。它是指在学校及其他教育机构内,以及虽在学校及其他教育机构之外,但是在学校及其他教育机构组织的活动中发生的,由于学校、教师的疏忽没有预见,或者已经预见而轻信能

---

① 参见:李宜江,张海峰.高校学生伤害事故的法律审思[J].黑龙江高教研究,2012(7):88-91.

够避免,从而导致学生人身伤害的事件。"① 褚宏启教授认为,"学校事故是指在学校里因过失行为所导致的人身伤害事故。具体而言,学校事故具有以下若干特征:学校事故产生于过失行为而非故意行为;学校事故的范围不只限于学生;导致学校事故发生的行为主体具有多样性;造成人身伤害是构成学校事故的必要条件。"② 两位学者关于学生伤害事故的界定,有三点共同之处,一是将学生人身伤害事故等同于学校事故;二是认为学生伤害事故是因行为人过失导致;三是指造成人身伤害的事故。而上述三点,对于学生伤害事故的理解存有不妥之处。对于学生伤害事故的界定应考虑以下五个方面:

第一,受害主体。《学生伤害事故处理办法》第三十七条规定:"本办法所称学校,是指国家或者社会力量举办的全日制的中小学(含特殊教育学校)、各类中等职业学校、高等学校。本办法所称学生是指在上述学校中全日制就读的受教育者。"据此可以理解,学生伤害事故中的学生是个广义的概念,包括各级各类学校中就读的全日制受教育者。具体到高校,高校学生伤害事故的主体,应是在普通高校就读的全日制学生③。一般以学籍为证,对于尚未取得学籍的新生来说,应以来校办理了报到手续为准。对于学校为尚未报到的新生举办夏令营等特殊活动而言,可以新生收到的录取通知书为准。

第二,加害主体。在高校学生伤害事故中,确定加害主体及其责任大小,对事故的处理至关重要。高等学校、教职员工、学生本人、其他学生、校外第三人、不可抗力等均可引发伤害事故发生。这些加害主体可能是单一的,也可能是复合的。总体而言,高校学生伤害事故中,加害主体主要是大学生、学校、教师及其他职工。此外,加害主体的主观心态应是故意或过失,而不仅限于过失。

第三,伤害时间。《学生伤害事故处理办法》第十三条规定:"下列情形下发生的造成学生人身损害后果的事故,学校行为并无不当的,不承担事故责任;事故责任应当按有关法律、法规或者其他有关规定认定:(一) 在学生自行上学、放学、返校、离校途中发生的;(二) 在学生自行外出或者擅自离校期间发生的;(三) 在放学后、节假日或者假期等学校工作时间以外,学生自行滞留学校或者自行到校发生的;(四) 其他在学校管理职责范围外发生的。"据此规定,凡是造成学生人身损害后果的伤害行为发生在学校教育管理职责时间范围内的即可认定。而不是有学者

---

① 劳凯声.中小学学生伤害事故及责任归结问题研究[J].北京师范大学学报(社会科学版),2004(2):14.

② 褚宏启.论学校事故及其法律责任[J].中国教育学刊,2000(1):44-48.

③ 至于在普通高校就读的非全日制学生,如函授学员、继续教育等,还有成人高等学校举办的一些学历和非学历教育,因其教育对象、教育时间的特殊性等,不在本书讨论之列。上述这些情形下,发生的学生伤害事故,可以结合成人教育或继续教育的特殊性,参考《学生伤害处理办法》处理。

认为的"伤害行为或结果只要有一项发生在学校对学生负有教育、管理、保护的时间范围之内即可认定。"[①]因为许多发生在学校教育管理职责时间范围内的伤害后果,其伤害行为并不发生在学校教育管理职责时间范围内。若是认定这样的事故为学生伤害事故,则扩大了学生伤害事故的外延。比如,学生在自行上学途中,被摩托车所撞,当时并没有不良反应,但是到了学校以后就有严重不良反应,这类事故就不能被认定为学生伤害事故。反之,伤害行为发生在学校教育管理职责时间范围内,伤害结果发生在非学校教育管理职责时间范围内,也应认定为学生伤害事故。简言之,对学生伤害事故的时间界定,应持行为说而非结果说,更不需要行为结果同时说。

第四,伤害空间。《学生伤害事故处理办法》第二条对学生伤害事故空间的界定是"在学校实施的教育教学活动或者学校组织的校外活动中,以及在学校负有管理责任的校舍、场地、其他教育教学设施、生活设施内"。该规定的精神可以理解为,学生伤害事故的空间是广义的校园,是学校行使教育教学权的地方,超越了有着围墙保护的狭义校园。

第五,受害权利的内容。传统有关学生伤害事故的定义,把学生伤害仅限于人身伤害,并没有包括精神伤害和财产损害。根据《侵权责任法》相关规定[②],学生伤害事故中,学生受到的伤害不应限于人身伤害,还包括财产损害和精神损害。

此外,高校学生伤害事故与学校事故应是两个不同的概念,学校事故是外延更广的概念,泛指在学校负有管理职责的时空内,发生的意外或突发事件。如教师罢课等与学生伤害事故相去甚远的事故。可见,高校学生伤害事故只是学校事故的一个方面,特指具备上述五个方面内涵的事故。鉴于此,高校学生伤害事故是指侵权行为发生在全日制高校负有教育、管理职责的时间与空间范围内,并对大学生人格权利构成侵害的事件。

二、高校学生伤害事故的预防与处理[③]

(一)高校学生伤害事故防范机制

1. 建立健全高校学生伤害事故防范立法和监督制度

随着我国社会主义依法治国的开展,高校必须确立依法治校的办学思路和治

[①] 刘娟.学生伤害事故的概念界定[J].社会科学论坛,2006(6下):75.

[②]《侵权责任法》第二条规定:"侵害民事权益,应当依照本法承担侵权责任。本法所称民事权益,包括生命权、健康权、姓名权、名誉权、荣誉权、肖像权、隐私权、婚姻自主权、监护权、所有权、用益物权、担保物权、著作权、专利权、商标专用权、发现权、股权、继承权等人身、财产权益。"第二十二条规定:"侵害他人人身权益,造成他人严重精神损害的,被侵权人可以请求精神损害赔偿。"

[③] 参见:谢军.高校学生伤害事故防范和处理机制[J].当代教育论坛(综合研究),2010(5):67-68.

校方略,把学校管理纳入科学化、规范化、法制化的轨道。我国现行的有关大学生人身伤害事故的法律是远远不够的,应加强立法工作,使大学生人身伤害事故的防范、处理和由此引起的民事纠纷有法可依,同时学校应建立健全各项规章制度,避免大学生伤害事故的发生。教育行政部门应加强对高校行使权利、履行义务和使用权力过程的监督和引导,完善高校安全工作的监督制度,督促高校提高安全防范意识,认真落实安全工作责任制。

2. 完善高校管理和责任体系

在防范管理方面,高校应结合本地和本校实际,制定各类重大突发事件和安全事故的工作预案,对组织领导、人员组成、生命财产救护、后勤物资保障、应急措施和重要信息的采集、发布等作出明确规定,做到有规划、有准备。在学生管理方面,高校应与学生及家长签订自律协议,进一步理顺学校和学生及家长间的法律关系。帮助学生树立更加明确的法规、校纪观念,充分鼓励学生自我管理、自我教育、自我服务,树立良好的安全观念。要建立安全工作责任制,成立安全治理领导机构和工作机构,使防范为主的原则落实到日常安全管理工作中。此外,也要建立和加强安全工作通报制度以及事故上报制度。

3. 加强大学生安全教育

根据《学生伤害事故处理办法》的规定,高校承担的是过错责任,即更多情况下,应由大学生或者行为人承担事故的后果。同时,损害赔偿仅是一种事后救济手段,因而要防范高校学生安全事故的发生,必须加强大学生的安全教育和心理健康教育,提高大学生的责任意识,防患于未然。

4. 完善学生意外保险和学生伤害责任保险制度

高校一旦发生学生伤害事故,往往会因事故责任及赔偿等问题与学生或家长发生纠纷,解决这一问题,可以借鉴国外借助保险制度分散学校风险的做法。目前,很多发达国家都推行赔偿责任的社会化,建立学校事故保险制度,如日本绝大多数学校都加入学校健康会,一旦出现学校事故,学校或教师负有赔偿责任时,即可要求学校健康会支付赔偿。《学生伤害事故处理办法》第三十一条对适用保险制度分散学生伤害事故风险已经有了相关规定:"学校有条件的,应当依据保险法的有关规定,参加学校责任保险。"

(二)高校学生伤害事故处理机制

1. 高校学生伤害事故的逐级报告制度

《学生伤害事故处理办法》第十六条规定:"发生学生伤害事故,情形严重的,学校应当及时向主管教育行政部门及有关部门报告;属于重大伤亡事故的,教育行政部门应当按照有关规定及时向同级人民政府和上一级教育行政部门报告。"第二十二条规定："事故处理结束,学校应当将事故处理结果书面报告主管的教育行政部门;重大伤亡事故的处理结果,学校主管的教育行政部门应当向同级人民政府和上一级教育行政部门报告。"这些规定明确了高校学生伤害事故发生后,学校应当及时向教育行政部门及有关部门报告的制度,其中既包括高校学生伤害事故及时上报制度,也包括高校学生伤害事故的总结通报制度。

2. 高校学生伤害事故的协商解决制度

协商解决制度是指在高校学生伤害事故发生后,学校、受害学生及家长、应承担责任的其他人、有利害关系的第三人等通过协商的方式,解决校园侵权赔偿等相关问题的制度。《学生伤害事故处理办法》第十八条规定："发生学生伤害事故,学校与受伤害学生或学生家长可以通过协商方式解决。"高校学生伤害事故的协商解决有利于缓和各方当事人的矛盾和冲突,有利于维护学校教育教学秩序,有利于节约司法资源,比较经济高效。但应注意的是,协商解决要建立在当事人自愿的基础上,并以事实为依据,以法律为准绳,且制作详细的协商协议书,得到各方当事人的确认后才是有效的。

3. 高校学生伤害事故的调解解决制度

调解是指高校学生伤害事故双方当事人在第三人主持下,通过劝说引导、说服教育、交流沟通和平等谈判,按照法律、法规和规章的规定,力求当事人在自愿的基础上达成协议解决争议。关于调解机构,《学生伤害事故处理办法》规定："双方自愿,可以书面请求主管教育行政部门进行调解。"然而,在实践中,学校之外的当事人往往对主管教育行政部门进行调解的公正性表示怀疑,从而拒绝通过这种方式调解。所以,除教育行政部门外,当事人只要自愿,也可以请求政府设立的学生安全事故调解机构,甚至是人民调解委员会等调解组织来调解。

4. 高校学生伤害事故的诉讼解决制度

对于高校学生伤害事故,如果协商、调解不成,或者协商、调解达成协议后一方当事人不履行或反悔的,双方可依法提起诉讼。高校在诉讼实务中要尤其注意搜集证据,在当前的司法环境下,高校在学生伤害事故中举证责任不明的现象还非常多,一些本应由其他当事人举证的方面,经常会通过各种方式强加于学校。如高校已对学生进行了相应的安全教育或已采取了必要的安全保护措施,学校不知道学生有不适应某种场合或者某种活动的特殊体质、异常心理状态,教师及其他职工并未擅离工作岗位且正确履行职责并无违反工作要求、操作规程……法院经常要求学校承担举证责任。如果学校对此能予以充分举证,就可能不承担或少承担民事责任;相反,就可能因此承担或多承担民事责任。当前,学校在民事诉讼中失利的经常性因素即在于学校缺乏证据观念,举证不能或不足所致。

三、高校学生伤害事故的责任归责原则[①]

(一) 侵权行为归责原则

目前学术界、司法界比较倾向于把中小学校对学生伤害事故应承担的民事责任界定为一般侵权责任。其具体的责任归责和伤害赔偿等问题由民事法律进行调整,主要由侵权行为法进行调整。当前看来,《侵权责任法》应是其适用的准绳。侵权行为归责原则,"就是确定侵权行为人侵权损害赔偿责任的一般准则。它是在损害事实已经发生的情况下,为确定侵权行为人对自己的行为所造成的损害是否需要承担民事赔偿责任的原则。""我国侵权责任归责原则体系是由过错责任原则、过错推定原则和无过错责任原则三个归责原则构成的。""公平责任原则不能作为一个独立的归责原则。可以将其作为一种责任形式。"[②]据此,结合《侵权责任法》的相关规定,学生伤害事故的侵权行为归责原则包括三种归责原则四种表现形式。即过错责任原则、过错推定原则、无过错责任原则和公平责任原则。

"过错责任原则是我国侵权行为法的基本归责原则,是主要的归责原则,调整一般侵权行为的责任归属问题。对此,没有任何不同意见。"[③]

过错推定原则调整的不是一般侵权行为,而是部分特殊侵权行为。过错责任原则实行"谁主张谁举证"的原则。但在过错推定原则下,对过错责任的认定,则实行"举证责任倒置"原则。受害人只需证明加害人实施了加害行为,造成了损害后果,加害行为与损害后果之间存在因果关系,无需对加害人的主观过错情况进行证明,就可推定加害人主观上有过错,应承担相应的责任。加害人为了免除其责任,应由自己证明其主观上无过错。过错推定原则不能任意运用,只有在符合法律明确规定的情形下才可适用。

无过错责任原则,是指当事人实施了加害行为,虽然其主观上无过错,但根据法律规定仍应承担责任的归责原则。《侵权责任法》第七条规定:"行为人损害他人民事权益,不论行为人有无过错,法律规定应当承担侵权责任的,依照其规定。"随着工业化的发展和危险事项的增多,加害人没有过错致人损害的情形时有发生,证明加害人的过错也越来越困难。为了实现社会公平和正义,更有效地保护受害人

---

① 参见:李宜江,柳丽娜.中小学生伤害事故归责原则新论:基于《侵权责任法》的分析[J].教学与管理,2011(4):34-35.

② 王利明,杨立新,王轶,等.民法学[M].2版.北京:法律出版社,2008:717.

③ 王利明,杨立新,王轶,等.民法学[M].2版.北京:法律出版社,2008:717.

的利益,无过错责任原则开始逐渐作为一种独立的归责原则在侵权行为法中得到运用。根据相关法律规定,实行无过错责任的主要情形有:(1)无民事行为能力人、限制民事行为能力人致人损害的,监护人承担无过错责任(《侵权责任法》第32条)。(2)用人单位的工作人员因执行工作任务致人损害的,用人单位承担无过错责任(《侵权责任法》第34条)。(3)提供个人劳务一方因劳务致人损害的,接受劳务一方承担无过错责任(《侵权责任法》第35条)。(4)因产品存在缺陷造成他人损害的,生产者和销售者承担的不是真正连带责任,为无过错责任。销售者具有过错的,承担最终责任;销售者无过错的,生产者承担最终责任(《侵权责任法》第41~43条)。(5)机动车与行人、非机动车驾驶人之间发生道路交通事故的,机动车一方承担无过错责任(《侵权责任法》第48条;《道路交通安全法》第76条)。(6)因环境污染致人损害的,污染者承担无过错责任(《侵权责任法》第65~68条)。(7)高度危险责任中,致从事高度危险作业者损害的,高度危险物品的经营者、占有人承担无过错责任(《侵权责任法》第69~77条)。(8)饲养的动物致人损害的,动物饲养人或者管理人承担无过错责任(但动物园承担过错推定责任)(《侵权责任法》第78~80条;第82~84条)。

无过错责任的适用应注意三个方面。其一,无过错责任原则的适用必须有法律的明确规定,不能由法官或当事人随意扩大适用;其二,适用无过错责任,受害人不需证明加害人的过错,加害人也不能通过证明自己无过错而免责,但原告应证明损害事实及其因果关系;其三,我国实行的是有条件的、相对的无过错责任原则,在出现某些法定的免责事由时,侵权人也可以全部或部分免除其民事责任。如《侵权责任法》第二十六条规定:"被侵权人对损害的发生也有过错的,可以减轻侵权人的责任。"第二十七条规定:"损害是因受害人故意造成的,行为人不承担责任。"第二十八条规定:"损害是因第三人造成的,第三人应当承担侵权责任。"第二十九条规定:"因不可抗力造成他人损害的,不承担责任。法律另有规定的,依照其规定。"

公平责任原则,是指损害双方的当事人对损害结果的发生都没有过错,但如果受害人的损失得不到补偿又显失公平的情况下由人民法院根据具体情况和公平的观念,要求当事人分担损害后果。《侵权责任法》第二十四条规定:"受害人和行为人对损害的发生都没有过错的,可以根据实际情况,由双方分担损失。"

（二）过错责任原则应是高校对在校具备限制民事行为能力[①]以上学生伤害事故责任归责的主要原则

《侵权责任法》第三十九条规定："限制民事行为能力人在学校或者其他教育机构学习、生活期间受到人身损害，学校或者其他教育机构未尽到教育、管理职责的，应当承担责任。"可见，高校对在校具备限制民事行为能力学生伤害事故的侵权责任承担限于未尽教育、管理职责。也即高校只有在教育、管理中存有过错，才是其承担侵权责任的前提。具备限制民事行为能力以上的受害学生及其监护人，要承担学校过错责任的举证责任。

过错责任的意义表现在，根据过错责任的要求，在一般侵权行为中，只要行为人尽到了应有的合理、谨慎的注意义务，即使发生了损害后果，也不能要求其承担责任。其目的在于引导人们行为的合理性。美国的法官认为："学区并非是学生绝对安全的保险人，它不对发生在学生身上的所有伤害都负有绝对的责任。"[②]"曹诗权的研究列举了德国、意大利、法国、美国、中国澳门及台湾地区的法律，证明过错责任原则是学校事故立法的普遍原则。"[③]学校是进行教育教学的场所，活动是教育教学的主要形式，也是培养学生素质的基本途径。离开活动，学生的素质几乎无从培养，学生（尤其是未成年学生）是在活动中接受教育，获得发展的。因此人们绝不可能也不应该为了学生的安全而限制或减少学校组织正当的教育教学活动。但正是在丰富多彩的活动中潜藏着各种形式的风险，可以说，只要学校开门办学、组织活动，学生就有受伤的风险。在这种情况下，由学校来承担全部责任会极大地抑制学校的正当活动。因此，学校主要应对自己的过错承担责任，而不能承担无限风险。[④]

[①] 根据《中华人民共和国民法总则》(2017年3月15日第十二届全国人民代表大会第五次会议通过）第十七、十八、十九、二十条规定，一般情况（不讨论心智发展的个别差异问题和十六至十八周岁的特殊群体），八周岁以下学生为无民事行为能力人；八至不满十八周岁学生为限制民事行为能力人；十八周岁以上学生为完全民事行为能力人。

[②] 劳凯声.中小学学生伤害事故及责任归结问题研究[J].北京师范大学学报（社会科学版），2004(2):13-23.

[③] 劳凯声.中小学学生伤害事故及责任归结问题研究[J].北京师范大学学报（社会科学版），2004(2):13-23.

[④] 参见：劳凯声.中小学学生伤害事故及责任归结问题研究[J].北京师范大学学报（社会科学版），2004(2):13-23.

(三)过错推定原则、无过错责任原则和公平责任原则只有在符合法律规定的情形下适用

《侵权责任法》第八十五、八十七、八十八、九十、九十一条,规定了适用过错推定责任的情形,若具备限制民事行为能力以上学生发生的伤害事故符合这些条款规定,也应适用过错推定原则。根据《侵权责任法》的相关规定,下列情形下发生的学生伤害事故,首先推定高校在教育、管理方面存有过错,除非高校能够有证据表明,自己已经尽到了教育、管理的职责,行为并无过错。此时,受害学生及其监护人,无需对学校的过错责任进行举证,只需证明受害结果与加害行为之间的因果关系即可。证明自己没有过错的责任,应由学校承担。学校在承担相关法律责任后,也可根据情况,对相关责任人或部门行使追偿权或者给予相应的纪律处分。

学校建筑物、构筑物或者其他设施及其搁置物、悬挂物发生脱落、坠落造成学生损害,学校不能证明自己在占有、管理和使用中没有过错的,应当承担侵权责任。学校赔偿后,有其他责任人的,有权向其他责任人追偿。

从学校建筑物中抛掷物品或者从建筑物上坠落的物品造成学生损害,难以确定具体侵权人的,除能够证明自己不是侵权人的外,由可能加害的建筑物使用人给予补偿。

学校堆放物倒塌造成学生损害,堆放人不能证明自己没有过错的,应当承担侵权责任。

因学校林木折断造成学生损害,林木的所有人或者管理人不能证明自己没有过错的,应当承担侵权责任。

在学校公共场所或者道路上挖坑、修缮安装地下设施等,没有设置明显标志和采取安全措施造成学生损害的,施工人应当承担侵权责任。窨井等地下设施造成学生损害,管理人不能证明尽到管理职责的,应当承担侵权责任。

对于学校在学生伤害事故的责任归责中是否适用无过错责任原则和公平责任原则,不同学者也有不同观点。如劳凯声教授反对适用无过错责任原则,没有讨论公平责任原则。[1]方益权教授赞成在法律明确列举的范围内适用无过错责任原则,但是反对适用公平责任原则。[2]如前所述,过错责任原则应是高校在学生伤害事故责任归责中的主要原则。但并不是说,这个责任归责原则就可以涵盖高校学生伤害事故责任归责的所有原则。这样既与法律规定不符,也与高校学生伤害事故的现实不符。我们以为,在高校学生伤害事故中,只要出现符合《侵权责任法》规定的

---

[1] 劳凯声.中小学学生伤害事故及责任归结问题研究[J].北京师范大学学报(社会科学版),2004(2):13-23.

[2] 方益权.学校在学生伤害事故中的归责原则探讨[J].教育评论,2004(1):40-44.

适用无过错责任原则和公平责任原则的情形,都应该适用;反之,则不适用。

具体而言,根据《侵权责任法》第四十一、六十五、六十九、七十二、七十三、七十四、七十八条的相关规定,高校在以下情形中,应该适用无过错责任原则:(1) 学校提供给学生的教育教学设施设备、食品、饮用水、药品等因产品质量问题导致学生伤害事故。如校舍装修中使用甲醛、放射性等超标的材料,订购的课桌椅甲醛等超标,化学实验器材不合格,体育设施不合格,食品和饮用水不符合国家质量和卫生标准,医务室提供的药品存在过期、伪劣等问题,致使发生学生伤害事故的,学校应承担产品责任,学校在承担责任后,可以依法向产品的制造者、销售者追偿。(2) 学校进行高度危险作业导致学生伤害事故。如学校对具有高度危险性的电力设施、化学物品未尽安全保管义务等所致学生伤害事故。(3) 由于学校原因产生环境污染导致学生伤害事故。如学校随意倾倒化学实验残液等污染环境导致学生伤害事故,学校在学生宿舍放置炭盆供学生取暖致使学生一氧化碳中毒等。(4)学校饲养的动物导致学生伤害事故。如学校饲养的看门狼犬将学生咬伤,学校用作生物实验的毒蛇外逃致使学生受到伤害等。①

根据《侵权责任法》第二十四条规定,对于某个损害事实,高校没有过错,受害学生也没有过错的情形下,可以适用公平责任原则。如体育课上,学生练习跳远动作摔伤,学校和学生都没有过错,对于学生的损害,可以根据实际情况,由学校和受害学生分担损失。"公平责任原则调整的范围过于狭小且不属于严格的侵权行为。在侵权行为法中视为侵权纠纷处理的一种特殊情况。在实践中双方都无过错的损害纠纷并非一律适用这个规则。"②因而,在中小学学生伤害事故处理的司法实践中,公平责任原则几乎未见。

高校学生伤害事故是个非常复杂的问题,对高校学生伤害事故的处理,应以事实为根据,法律为准绳,具体案情具体分析,实事求是地妥善处理,既不伤害高校和教育工作者的积极性,也能保护广大学生的合法权益,促使广大学生的身心健康发展。

---

① 方益权.学校在学生伤害事故中的归责原则探讨[J].教育评论,2004(1):40-44.
② 王利明,杨立新,王轶,等.民法学[M].2版.北京:法律出版社,2008:717-718.

第五章 《中华人民共和国教育法》解读

《中华人民共和国教育法》(以下简称《教育法》,其他国内法同),于1995年3月第八届全国人大三次会议通过,并于同年9月1日正式实施。自颁布以来,《教育法》经历了两次修订,分别是:根据2009年8月27日第十一届全国人民代表大会常务委员会第十次会议《关于修改部分法律的决定》第一次修正;根据2015年12月27日第十二届全国人民代表大会常务委员会第十八次会议《关于修改〈中华人民共和国教育法〉的决定》第二次修正。

《教育法》在我国法律体系中,处于国家基本法律地位,是国家调整、规范和保护教育改革与发展的基本法律,直接依据《宪法》制定。《教育法》在我国教育法律法规体系中,具有"母法"的地位。它在教育法规各形式层次中处于最高层次,其规定在教育领域具有最高法律效力。

《教育法》共有十章八十六条。包括总则、分则和附则三大部分。在分则中对我国教育的基本制度、学校及其他教育机构、教师和其他教育工作者、受教育者、教育与社会、教育投入与条件保障、教育对外交流与合作、法律责任等方面作了进一步的规定。

第一节 教育指导思想和基本原则

一、教育指导思想

教育指导思想是指贯穿于教育事业始终和各个方面,决定教育的性质、地位和方针的根本原则。我国的教育指导思想在《宪法》和《教育法》中都有明确的规定。《宪法》第十九条规定:"国家发展社会主义的教育事业,提高全国人民的科学文化水平。"《教育法》第三条规定:"国家坚持以马克思列宁主义、毛泽东思想和建设有中国特色社会主义理论为指导,遵循宪法确定的基本原则,发展社会主义的教育事业。"上述规定清楚地表明,我国的教育是社会主义性质的教育。这一规定还为我国教育事业优先发展的战略地位和使受教育者德、智、体、美等方面全面发展的教育方针提供了依据。我国的教育指导思想是产生于社会主义初级阶段的、社会主义性质的、以中国共产党的领导为核心的指导思想。它为我国教育事业的发展确定了方向,提供了保证。

我国现处于社会主义初级阶段,我们的教育事业是服务于社会主义初级阶段政治、经济、文化发展需要的教育事业。社会主义初级阶段的教育还不发达、不完善、不成熟,我国教育的指导思想就是产生在此基础之上。其基本特征是在坚持社会主义办学方向的同时,不断完善社会主义教育制度,实现教育为社会主义建设服务与为满足社会成员自身全面发展的需要相统一,建设有中国特色社会主义教育事业。

以什么样的思想为指导来办教育,是区分教育性质的原则问题。不论是历史上还是现代社会,不同社会制度的国家都以一定的思想和理论作为国家办教育的理论指导,并以此来规定国家教育的性质。我国的社会主义教育事业是以马克思列宁主义、毛泽东思想、邓小平理论、"三个代表"重要思想、科学发展观、习近平新时代中国特色社会主义思想作为指导思想的。这是因为,我国是社会主义国家,马克思主义是我国整个社会主义事业的理论指导,当然也就成为我国教育事业的理论指导。以毛泽东同志为主要代表的中国共产党人,把马克思列宁主义的基本原理同中国革命的具体实践结合起来,创立了毛泽东思想。毛泽东思想是被实践证明了的关于中国革命和建设的正确的理论原则和经验总结,是马克思列宁主义在中国的运用和发展。以邓小平同志为主要代表的中国共产党人,解放思想,实事求是,开辟了社会主义事业发展的新时期,逐步形成了建设中国特色社会主义的路线、方针、政策,阐明了在中国建设社会主义、巩固和发展社会主义的基本问题,创立了邓小平理论。以江泽民同志为主要代表的中国共产党人,在建设中国特色社会主义的伟大实践中,加深了对什么是社会主义、怎样建设社会主义和建设什么样的党、怎样建设党的认识,积累了治党治国新的宝贵经验,形成了"三个代表"重要思想。以胡锦涛同志为主要代表的中国共产党人,坚持以邓小平理论和"三个代表"重要思想为指导,根据新的发展要求,深刻认识和回答了实现什么样的发展、怎样发展等重大问题,形成了以人为本、全面协调可持续发展的科学发展观。党的十八大以来,以习近平同志为主要代表的中国共产党人,顺应时代发展,从理论和实践结合上系统回答了新时代坚持和发展什么样的中国特色社会主义、怎样坚持和发展中国特色社会主义这个重大时代课题,创立了习近平新时代中国特色社会主义思想。习近平新时代中国特色社会主义思想是对马克思列宁主义、毛泽东思想、邓小平理论、"三个代表"重要思想、科学发展观的继承和发展,是马克思主义中国化最新成果,是党和人民实践经验和集体智慧的结晶,是中国特色社会主义理论体系的重要组成部分,是全党全国人民为实现中华民族伟大复兴而奋斗的行动指南,必须长期坚持并不断发展。[①]

特别是改革开放以来,邓小平"三个面向"思想是开启中国特色社会主义教育发展道路的指导方针;"三个代表"重要思想和科学发展观推动了中国特色社会主义教育发展道路不断创新和全面协调可持续发展;习近平新时代中国特色社会主义思想开启了加快我国教育现代化和建设教育强国的新征程[②],开辟了中国特色社会主义教育发展道路新时代。

二、教育优先发展的战略地位

《教育法》第四条规定:"教育是社会主义现代化建设的基础,国家保障教育事业优先发展。"这一规定第一次从法律上确立了教育优先发展的战略地位。教育优先发展是指在整个社会发展中,国家保障教育事业处于战略领先的地位,这是由教育在社会主义现代化建设中的基础地位所决定的。在我国,教育优先发展战略地位的确立有其实践基础、理论依据和落实条件。

中国共产党十一届三中全会决定把党的工作重心转移到社会主义现代化建设上来,并且提出了实现四个现代化的宏伟目标。这为教育优先发展的战略地位打下了实践基础。此后,邓小平同志多次指出,实现现代化,科学技术是关键,基础在教育。邓小平的这些论述,为确立我国教育优先发展的战略地位奠定了思想基础。1982年,中共十二大正式把教育列为我国经济建设三大战略重点之一。1987年,中共十三大提出:"要把经济建设转移到依靠科技进步和提高劳动者素质的轨道上来","把发展科学技术和教育事业放在首位"。教育在社会主义现代化建设中的战略地位得以确立。1993年,《中国教育改革和发展纲要》提出要"真正树立社会主义建设必须依靠教育和'百年大计,教育为本'的思想"。"教育是社会主义现代化建设的基础,必须把教育摆在优先发展的战略地位。"这是教育优先发展战略地位的最初表述,也是对我国教育战略地位的完整表述。《中国教育改革和发展纲要》还指出:"当今世界政治风云变幻,国际竞争日趋激烈,科学技术发展迅速。而世界范围的经济竞争、综合国力竞争,实质上是科学技术的竞争和民族素质的竞争。从这个意义上讲,谁掌握了二十一世纪的教育,谁就能在二十一世纪的国际竞争中处于战略主动地位。"2010年,《国家中长期教育改革和发展纲要(2010—2020年)》提出:

---

① 中共中央宣传部.习近平新时代中国特色社会主义思想学习纲要[M].北京:学习出版社、人民出版社,2019.

② 刘复兴.开辟中国特色社会主义教育发展道路新时代[J].人民教育,2018(1):40-44.

"把教育摆在优先发展的战略地位。教育优先发展是党和国家提出并长期坚持的一项重大方针。各级党委和政府要把优先发展教育作为贯彻落实科学发展观的一项基本要求。"党的十八大以来,以习近平同志为核心的党中央高度重视教育事业,坚持把教育摆在优先发展的战略地位,对教育工作作出一系列重大决策部署,扎实实施教育惠民举措,人民群众获得感明显增强,促使教育为社会主义现代化建设提供有力的人力支持和知识贡献。2017年10月,习近平同志所作的党的十九大报告围绕"优先发展教育事业"作出新的全面部署,明确提出:"建设教育强国是中华民族伟大复兴的基础工程,必须把教育事业放在优先位置,深化教育改革,加快教育现代化,办好人民满意的教育。"继而,2018年9月,习近平总书记在全国教育大会上发布重要讲话,特别指出"要坚持把优先发展教育事业作为推动党和国家各项事业发展的重要先手棋"。2019年2月,《中国教育现代化2035》提出推进教育现代化的基本原则:"坚持党的领导、坚持中国特色、坚持优先发展、坚持服务人民、坚持改革创新、坚持依法治教、坚持统筹推进。"教育优先发展战略地位的确立,是以对教育在现代化建设中的作用的认识不断深化的过程为其实践基础,并结合社会主义市场经济的发展和国际竞争的知识化所作的科学选择,是实现教育现代化和教育强国的前提和保障。

三、我国的教育方针

我国的教育方针是:"教育必须为社会主义现代化建设服务、为人民服务,必须与生产劳动和社会实践相结合,培养德、智、体、美等方面全面发展的社会主义建设者和接班人。"这是《教育法》根据《宪法》的有关规定以法律条文的形式规定的我国现行的教育方针。

教育方针通常是指国家在一定历史时期,根据政治、经济发展的要求而制定的教育工作的总体方向和行动指针。教育方针是一国教育工作的战略方向,是各级各类学校培养人才的总体指导,是制定各项教育政策的基本依据。综观世界各国教育发展状况,教育方针的表述方式和法律地位各不相同。教育立法比较完善的国家,一般是将教育方针载于宪法或者教育基本法之中。作为统治阶级意志的教育方针,一旦通过立法程序上升为国家意志,就成为由国家强制力保证其实施的行为规范,使其对任何国家机关、社会团体及个人,特别是公职人员一律具有法律约束力和强制力。这样就可以保证教育方针得到全面贯彻。

将我国的教育方针载入教育基本法之中,赋予国家强制力的保护,对我国教育事业的发展具有重要意义。

教育方针是不同时代革命和建设事业对教育的要求的集中体现,是不同时代教育实践经验的高度总结。我国的教育方针亦随着形势的变化而变化和发展。

新中国成立初期,我国处于新民主主义向社会主义过渡的时期。为适应过渡时期经济和社会发展的需要,由《共同纲领》提出的教育方针是:"中华人民共和国的文化教育为新民主主义的,即民族的、科学的、大众的文化教育。人民政府的文化教育工作,应以提高人民的文化水平,培养国家建设人才,肃清封建的、买办的、法西斯主义的思想,发展为人民服务的思想为主要任务。"但它不是一个独立的教育方针,只是具有教育方针意义的教育指导思想。

1957年,毛泽东在《关于正确处理人民内部矛盾的问题》中首次提出了当时的教育方针,即"我们的教育方针应该使受教育者在德育、智育、体育几方面都得到发展,成为有社会主义觉悟的有文化的劳动者。"

1958年,中共中央、国务院发布《关于教育工作的指示》,明确提出了:"党的教育工作方针,是教育为无产阶级的政治服务,教育与生产劳动相结合。为实现这个方针,教育工作必须由党来领导。"

"文化大革命"期间,我国的教育事业受到了严重破坏,学校普遍停课闹"革命",高考被取消,党的教育方针被肆意歪曲,已无教育和教育方针可言。进入改革开放和社会主义现代化建设时期,以邓小平同志为主要代表的中国共产党人,在开辟中国特色社会主义道路的进程中,对新时期的教育方针进行了初步定位。1981年,党的十一届六中全会通过的《关于建国以来党的若干历史问题的决议》提出:"要加强和改善思想政治工作,用马克思主义世界观和共产主义道德教育人民和青年,坚持德、智、体全面发展,又红又专,知识分子与工人农民相结合,脑力劳动与体力劳动相结合的教育方针。"基于党的教育方针,1982年《中华人民共和国宪法》第四十六条对国家教育方针首次作出法律规定:"国家培养青年、少年、儿童在品德、智力、体质等方面全面发展。"

1983年,邓小平同志极具远见地指出:"教育要面向现代化,面向世界,面向未来。"1985年,《中共中央关于教育体制改革的决定》提出:"教育必须为社会主义建设服务,社会主义建设必须依靠教育。"1986年,《中华人民共和国义务教育法》规定:"义务教育必须贯彻国家的教育方针,实施素质教育,提高教育质量,使适龄儿童、少年在品德、智力、体质等方面全面发展,为培养有理想、有道德、有文化、有纪律的社会主义建设者和接班人奠定基础。"

以江泽民同志、胡锦涛同志为主要代表的中国共产党人,在建设中国特色社会主义的实践中,不断完善党和国家的教育方针,推动教育改革开放迈上一个个新的台阶,为加快社会主义现代化建设和促进人的全面发展提供了有力支持。1990年,党的十三届七中全会在关于"八五"计划的建议中提出:"继续贯彻教育必须为社会主义现代化服务,必须同生产劳动相结合,培养德、智、体全面发展的建设者和接班人的方针,进一步端正办学指导思想,把坚定正确的政治方向放在首位,全面提高教育者和被教育者思想政治水平和业务素质"。

中共中央、国务院1993年发布的《中国教育改革和发展纲要》重申:"各级各类学校要认真贯彻'教育必须为社会主义现代化建设服务,必须与生产劳动相结合,培养德、智、体全面发展的建设者和接班人'的方针"。1995年,《中华人民共和国教育法》第五条规定:"教育必须为社会主义现代化建设服务、为人民服务,必须与生产劳动和社会实践相结合,培养德、智、体、美等方面全面发展的社会主义事业的建设者和接班人。"这是以教育基本法形式确定的国家教育方针。

1999年,《中共中央国务院关于深化教育改革全面推进素质教育的决定》指出:"实施素质教育,就是全面贯彻党的教育方针,以提高国民素质为根本宗旨,以培养学生的创新精神和实践能力为重点,造就'有理想、有道德、有文化、有纪律'的,德、智、体、美等全面发展的社会主义事业建设者和接班人。"2002年,党的十六大报告提出:"全面贯彻党的教育方针,坚持教育为社会主义现代化建设服务,为人民服务,与生产劳动和社会实践相结合,培养德智体美全面发展的社会主义建设者和接班人。"这是关于党的教育方针的全面阐述,为2015年《中华人民共和国教育法》的修订提供了重要依据。

《教育法》第五条规定我国的教育方针是:"教育必须为社会主义现代化建设服务、为人民服务,必须与生产劳动和社会实践相结合,培养德、智、体、美等方面全面发展的社会主义建设者和接班人。"根据这一表述,它主要包括三个内容:一是在培养目标上,"百年大计,教育为本"。习近平总书记指出,培养什么人,是教育的首要问题。我国是中国共产党领导的社会主义国家,这就决定了我们的教育必须把培养社会主义建设者和接班人作为根本任务,培养一代又一代拥护中国共产党领导和我国社会主义制度、立志为中国特色社会主义奋斗终身的有用人才。这是教育工作的根本任务,也是教育现代化的方向目标。二是在服务面向上,中国共产党在革命、建设、改革的不同时期,都对教育服务的总体方向提出明确要求,面对实现"两个一百年"奋斗目标的伟大征程,习近平总书记明确要求,坚持把服务中华民族伟大复兴作为教育的重要使命,坚持教育为人民服务、为中国共产党治国理政服务、为巩固和发展中国特色社会主义制度服务、为改革开放和社会主义现代化建设服务。三是在培养途径上,教育与生产劳动和社会实践相结合,是马克思主义及其中国化理论的基本教育原理。习近平总书记强调把立德树人融入思想道德教育、文化知识教育、社会实践教育各环节,贯穿基础教育、职业教育、高等教育各领域,要求弘扬劳动精神,教育引导学生崇尚劳动、尊重劳动,懂得劳动最光荣、劳动最崇高、劳动最伟大、劳动最美丽的道理,长大后能够辛勤劳动、诚实劳动、创造性劳动。

从根本上说,我国现行的教育方针是一个不可分割的完整的有机统一整体。

在教育实践中,各级教育行政部门、各级各类学校和教育工作者都要完整全面地领会教育方针的精神实质,全面贯彻执行国家的教育方针。

四、教育基本原则①

教育基本原则是指发展一国教育事业所必须遵循的基本要求和指导规则。我国的教育基本原则是根据国家的教育方针和教育发展的客观规律制定的,并在不断总结我国社会主义教育实践经验和批判继承历史遗产及吸收外国教育有益经验的基础上丰富和发展起来的。目前我国教育基本原则有:思想道德教育原则、继承优秀文化成果原则、教育公共性原则、教育与宗教相分离原则、平等受教育机会原则、扶持特殊地区和人群教育原则、发展终身教育原则、鼓励教育科研原则、通用语言文字原则、奖励突出贡献原则等十项主要原则。《教育法》已将以上基本原则用法律条文的形式固定下来,使其成为教育活动必须遵守的教育基本原则的法律依据。

(一) 思想道德教育原则

《教育法》第六条规定了思想道德教育原则,表述为:"国家在受教育者中进行爱国主义、集体主义、中国特色社会主义的教育,进行理想、道德、纪律、法治、国防和民族团结的教育。"它规定了我国新时期思想道德教育工作的总体目标和基本内容,是站在历史的高度,以战略的眼光认识德育工作。青少年是国家和民族的未来,教育和培养好他们是社会主义建设事业的奠基工程,是全国人民的共同心愿和期望。今天学校培养出来的学生的思想道德和文化科学素质水平,直接关系到未来中国的发展水平和面貌,直接关系到党的基本路线和社会主义道路是否动摇。我们必须以培养具有国际视野和民族精神的人才眼光来认识德育工作,并把德育工作提高到一个新水平。

(二) 继承优秀文化成果原则

《教育法》第七条规定了继承优秀文化成果原则,表述为:"教育应当继承和弘扬中华民族优秀的历史文化传统,吸收人类文明发展的一切优秀成果。"

《宪法》序言第一自然段写道:"中国是世界上历史最悠久的国家之一。中国各族人民共同创造了光辉灿烂的文化,具有光荣的革命传统。"在中华民族源远流长、丰富多彩、博大精深的文化遗产中,很多优良的道德传统是我们极为丰富的思想宝库,其精华绵延数千年而不衰,成为中华民族凝聚力之所在,今天仍然显示出旺盛

---

① 参见:郑良信.教育法学通论[M].南宁:广西教育出版社,2000:115-124.

的生命力和积极的现实作用。认真研究和继承在我国历史上广为流传的优秀道德思想和行为准则,并赋予其新的时代内容,要把中华民族的优良道德传统与人民在社会主义建设实践中形成的新道德规范结合起来,提出具有中华民族特色、体现时代精神的价值标准和道德规范。

吸收人类文明的一切优秀成果,是继承和弘扬中华民族优秀历史文化传统的延伸和展开。人类文化本身是一个整体,具有不可分割的关联性。任何一个民族的文化都是人类文化的一部分,只有在人类文化整体的海洋中才能得到很好的发展。同时,应坚持洋为中用、古为今用,立足中国国情,有选择地学习各国优秀文化成果,并加以吸收和运用,使之与中华民族的优秀文化传统合为一体,成为我国人民奋发向上、团结奋进的深层的文化动因。

(三)教育公共性原则

《教育法》第八条第一款规定了教育公共性原则,表述为:"教育活动必须符合国家和社会公共利益。"

教育的公共性,是现代教育的特征。在现代社会以前,教育是一种私人性质的活动,即教育权掌握在私人手中,他们可以根据自己的意愿进行教育活动。人类进入现代社会以来,随着教育国家化运动的兴起,教育逐渐成为国家的责任。于是,国家就开始要求教育活动必须符合国家和社会的公共利益,即遵循教育的公共性原则。其含义是:教育是对全体国民进行的一种公共事业。

(四)教育与宗教相分离原则

《教育法》第八条第二款规定了教育与宗教相分离原则,表述为:"国家实行教育与宗教相分离。任何组织和个人不得利用宗教进行妨碍国家教育制度的活动。"

教育与宗教相分离原则是教育公共性质的一种体现,但又有其独立的含义。宗教问题既是历史问题又是现实问题,既是民族问题又是世界问题,既是信仰问题又是教育问题。我国对宗教问题作了合理的处理。《宪法》第三十六条规定:"中华人民共和国公民有宗教信仰自由。""国家保护正常的宗教活动。任何人不得利用宗教进行破坏社会秩序、损害公民身体健康、妨碍国家教育制度的活动。"这也是教育与宗教相分离的最高法律依据。我国教育与宗教相分离的含义是:在国民教育和公共教育中不允许宗教团体和个人办学进行宗教教育,不允许利用宗教进行妨碍国家教育制度的活动。教师在学校有权进行辩证唯物主义、无神论的教育和宣传,但不得强迫学生不信仰宗教,也不得歧视信仰宗教的学生。

(五) 平等受教育机会原则

《教育法》第九条规定了平等受教育机会原则,表述为:"中华人民共和国公民有受教育的权利和义务。公民不分民族、种族、性别、职业、财产状况、宗教信仰等,依法享有平等的受教育机会。"平等受教育机会原则的基本含义是,国家给每一个公民不受任何限制的均等的学习机会。具体而言有以下三层意思:一是公民享有不可剥夺的平等受教育权利;二是在义务教育阶段公民的就学机会、教育条件和教育效果平等;三是在义务教育阶段后公民的入学机会、竞争机会和成功机会均等。

(六) 扶持特殊地区和人群教育原则

《教育法》第十条规定了扶持特殊地区和人群教育原则,表述为:"国家根据各少数民族的特点和需要,帮助各少数民族地区发展教育事业。国家扶持边远贫困地区发展教育事业。国家扶持和发展残疾人教育事业。"该原则是对平等受教育机会原则具体实施的保障。

(七) 发展终身教育原则

《教育法》第十一条第一款规定了发展终身教育原则,表述为:"国家适应社会主义市场经济发展和社会进步的需要,推进教育改革,推动促进各级各类教育协调发展、衔接融通,完善现代国民教育体系,健全终身教育体系,提高教育现代化水平。"

20世纪70年代,终身教育已在全球产生了巨大的影响。作为世界教育发展的潮流,终身教育逐渐波及我国。我国社会主义市场经济的发展和社会全方位的进步,对终身教育的要求越来越明显。建立和完善终身教育体系,已是我国教育事业的题中应有之义。发展终身教育原则,要求对传统的、单一的、封闭的,分割化、阶段化、制度化的教育进行改革,优化教育结构,促进各级各类教育协调发展。不仅要使学制系统内的幼儿、初等、中等、高等教育协调发展,而且要使学制体系外的成人教育、扫盲教育、职业教育等各类教育互相沟通和衔接。

(八) 鼓励教育科研原则

《教育法》第十一条第三款规定了鼓励教育科研原则,表述为:"国家支持、鼓励和组织教育科学研究,推广教育科学研究成果,促进教育质量提高。"全面提高教育质量,推进教育改革,建立和完善终身教育体系,发挥教育的最大社会效益,最有效、最主要的途径莫过于开展教育科学研究。一般而言,教育科研的质量决定着教育的质量。目前,众多教育质量优秀的学校,都是重视教育科研并且教育科研成果卓著的学校。

(九)通用语言文字原则

《教育法》第十二条规定了通用语言文字原则,表述为:"国家通用语言文字为学校及其他教育机构的基本教育教学语言文字,学校及其他教育机构应当使用国家通用语言文字进行教育教学。民族自治地方以少数民族学生为主的学校及其他教育机构,从实际出发,使用国家通用语言文字和本民族或者当地民族通用的语言文字实施双语教育。国家采取措施,为少数民族学生为主的学校及其他教育机构实施双语教育提供条件和支持。"

(十)奖励突出贡献原则

《教育法》第十三条规定了奖励突出贡献原则,表述为:"国家对发展教育事业做出突出贡献的组织和个人,给予奖励。"奖励有突出贡献的教师是国家重视教育事业的表现。1998年,教育部专门出台了《教师和教育工作者奖励规定》;2016年以来,教育部、人力资源社会保障部持续向乡村学校从教30年的教师颁发荣誉证书。奖励突出贡献有利于提高教师及教育工作的社会地位,有利于调动广大教师的积极性并激发他们的使命感,有利于教师队伍建设的稳定和发展,有利于在全社会进一步形成尊师重教的良好风气。

第二节 教育基本制度

教育制度是指根据国家的性质所确立的教育目的、方针和开展教育活动的各种教育行政管理机构及各类教育机构的体系和运行规则的总和。就此而言,整部《教育法》就是关于中国教育制度宏观的、总体的法律规范,这是对教育制度的广义理解。狭义的教育制度是指有组织的教育和教学机构及各级教育行政组织机构的体系和运行规则。就此而言,《教育法》第二章所规定的学校教育制度、九年制义务教育制度、职业教育制度、继续教育制度、教育考试制度、学业证书制度、学位制度、扫除文盲教育制度、教育督导制度和教育评估制度等构成了我国教育基本制度。

一、学校教育制度

学校教育制度,通常称为学制或学校系统,是指一个国家各级各类学校的体系及其性质、任务、入学条件、学习年限及相互关系的总和。学校教育制度是一国教育制度的主体。近现代学校教育通常按照受教育者的不同年龄及其身心发展的不同阶段施以不同性质的教育。大多数国家都把教育分为初等教育、中等教育、高等教育几个不同的阶段,以适应受教育者身心发展的规律。

《教育法》第十七条规定了我国现行学校教育制度为"国家实行学前教育、初等教育、中等教育、高等教育的学校教育制度",它构成了担负着不同任务、不同层次而又互相衔接的学校教育系统。从教育的不同性质和目标指向来看,我国教育又有普通教育和职业教育之分。普通教育实施一般的文化科学知识教育,其任务是为社会培养劳动后备力量和为高一级学校输送合格新生。职业教育实施的是有明确职业目标的职业知识和技能教育,其主要任务是为就业做准备,并以一定的普通教育为基础。我国各级教育的性质、任务和实施机构如下:

1. 学前教育

学前教育是终身学习的开端,是国民教育体系的重要组成部分,是重要的社会公益事业。它是学校教育和终身教育的奠基阶段,教育对象为3~6岁的学龄前幼儿。学前教育实行保育和教育相结合原则,因为幼儿处于生理和心理发育未成熟阶段,无自我保护和生活自理能力,需要依赖成人的保护和照料。学前教育的教育内容是全面的、启蒙性的,可以相对划分为健康、语言、社会、科学、艺术等五个领域,也可作其他不同的划分。各领域的内容相互渗透,从不同的角度促进幼儿情感、态度、能力、知识、技能等方面的发展。实施学前教育的机构主要是幼儿园。有的小学附设学前班提供入学前的预备教育,其年限1~3年不等。我国《教育法》规定:"国家制定学前教育标准,加快普及学前教育,构建覆盖城乡,特别是农村的学前教育公共服务体系。各级人民政府应当采取措施,为适龄儿童接受学前教育提供条件和支持。"

2. 初等教育

初等教育又称小学教育,是国家学制系统中学校教育的第一阶段。其任务是对6~12周岁的儿童进行德、智、体、美、劳等方面全面发展的基础教育,培养他们具有初步的自我管理及分辨是非的能力,具有阅读、书写、表达、计算的基本知识和基本技能,具有初步的观察、思维、动手操作和学习的能力,养成良好的学习、锻炼身体和讲究卫生的习惯,发展较广泛的兴趣和健康的审美情趣,为接受高一级的教育做好准备。实施初等教育的机构为小学,学习年限一般为6年。

3. 中等教育

在初等教育基础上继续实施的中等普通教育和职业教育,在学校教育系统中有承上启下的作用。分为初级中等教育和高级中等教育两个阶段,学习年限各为3年,教育对象主要是12~18周岁的青少年。他们处在由少年向成年过渡的人生重要发展阶段,这一阶段的教育对受教育者的身心发展和个性与人格的形成具有十分重要的影响。中等教育的任务是培养青少年养成良好的品德和个性品质,具有辨别是非和自我教育的能力,掌握一定程度的文化科学技术知识和某些基本的劳动生产技能。实施普通中等教育的机构是普通初级中学和普通高级中学,主要担负为高一级学校输送合格新生以及培养劳动后备力量的任务。实施中等职业教育的机构是初等职业学校、职业高中、中等专业学校、技工学校等,这些学校既要进行必要的文化科学技术知识教育,还要开展一定的职业技能训练,担负培养初、中级专业技术人员的任务,为公民的劳动就业做准备。中等教育的数量和质量在很大程度上直接决定一个国家劳动者的素质,对其经济建设和社会发展有着重要作用。

4. 高等教育

高等教育是学校教育的最高阶段,包括高等专科教育、本科教育和研究生教育。高等教育的任务是培养高级专门人才,发展科学、技术和文化,它体现一个国家科学、技术、文化和教育的最高发展水平。高等专科教育的基本修业年限为2~3年,专科教育应当使学生掌握本专业必备的基础理论、专门知识,具有从事本专业实际工作的基本技能和初步能力。其实施机构主要有高等专科学校和高等职业学校。本科教育的基本修业年限为4~5年,本科教育应当使学生比较系统地掌握本学科、专业必需的基础理论、基本知识,掌握本专业必要的基本技能、方法和相关知识,具有从事本专业实际工作和研究工作的初步能力。其实施机构主要是大学和独立设置的学院。研究生教育是在本科教育基础上对知识领域的进一步加深和拓宽,并着重进行科学研究的训练,又分为硕士研究生和博士研究生两个层次。硕士研究生教育应当使学生掌握本学科坚实的基础理论、系统的专业知识,掌握相应的技能、方法和相关知识,具有从事本专业实际工作和科学研究工作的能力。硕士研究生的基本修业年限为2~3年。博士研究生教育应当使学生掌握本学科坚实宽广的基础理论、系统深入的专业知识、相应的技能和方法,具有独立从事本学科创造性科学研究工作和实际工作的能力。博士研究生的基本修业年限为3~4年。大学或独立学院中具有较高学术水平,并经有关机构批准的学科和专业可实施研究生教育。某些专门的科学研究机构经批准也可实施研究生教育或与大学联合培养研究生。高等学校根据实际需要,可以对本学校的修业年限作出调整。

我国现行的学校教育系统是一个既有阶段和阶层划分,又有教育性质和类型划分的复杂系统。此外,从教育时间来看,还有全日制、部分时间制和业余制之分;从教育形式来看,还有面授、函授、广播电视教育之分;从教育对象来看,还有学龄期教育、成人教育之分等。这里所说的学校系统是指整个学制系统的主体,即根据受教育者身心发展规律,以教育程度来划分的实施全日制教育的学校系统。由于我国学制系统存在复杂性和多样性,为了保证教育质量,培养合格人才,国家必须制定相应的规范和标准。各级各类学校及其他教育机构的设置要件、审批机构、审批办法、变更程序、教育形式的种类及确认、招生的指向和范围、修业年限、培养目标和质量标准,只有国务院或其授权的教育行政部门才有权规定。《教育法》为国家制定这些规范和标准提供了法律依据。

二、义务、职业、成人和扫盲教育制度

(一) 义务教育制度

义务教育是指国家根据法律规定对适龄儿童和少年实施的一定年限的、强迫的、普及的、免费的、属于基础阶段的学校教育。其目的是使儿童和少年接受必要的社会道德规范、文化基础知识、社会生活和生产经验的教育,使其成为合格的公民,为适应和参与社会生活做准备。公民接受一定的基础教育是促进个体社会化的必要途径,是社会健康发展的保证。义务教育具有强制性、普及性、公共性、免费性的特征。世界上大多数国家都设立了义务教育制度。

《教育法》第十九条对义务教育制度作了如下规定:"国家实行九年制义务教育制度。各级人民政府采取各种措施保障适龄儿童、少年就学。适龄儿童、少年的父母或者其他监护人以及有关的社会组织和个人有义务使适龄儿童、少年接受并完成规定年限的义务教育。"我国实行九年制义务教育是由我国经济和教育发展水平决定的,包括初等教育和初级中等教育,不论是采用"六三制""五四制",还是"九年一贯制",总年限为9年,即完成初中教育即可视为完成了九年制义务教育。为了保证义务教育的实施,各级人民政府在国务院的领导下,对本地区的义务教育全面负责,保障适龄儿童、少年就近入学,对残疾和弱智儿童、少年要实施特殊教育。实施义务教育,不收学费、杂费。国家建立义务教育经费保障机制,保证义务教育制度实施。社会各界都应支持和积极促进义务教育的发展。学校是实施义务教育的主体,必须贯彻国家的教育方针,努力提高教育质量,使儿童、少年在德、智、体、美、劳等方面全面发展。父母或其他监护人必须保证适龄子女或被监护人接受规定年

限的义务教育,否则将视为违法行为,应承担相应的法律责任,接受有关方面的批评教育,并由当地人民政府责令其送子女上学。

(二) 职业教育制

职业教育是指有明确的职业目标,实施有关的职业知识和职业技能的教育。职业教育制度是我国学制的重要组成部分,并与全日制普通教育互相联系、互相融合,构成一个统一的有机整体。《教育法》第二十条规定国家实行职业教育制度,这为建立和完善我国的职业教育制度提供了法律依据。

从我国当前生产力发展水平和社会需求的状况来看,在教育结构发展战略的选择上,应当大力发展职业教育。我国的职业教育包括职业学校教育、职业培训和职前培训。积极开展职业教育是培养大量应用人才和提高劳动者素质的一条根本出路。《教育法》第二十条第二款规定:"各级人民政府、有关行政部门和行业组织以及企业事业组织应当采取措施,发展并保障公民接受职业学校教育或者各种形式的职业培训。"以法律条文明确规定了各级人民政府、有关行政部门和行业组织以及企业事业组织的职责和义务,从而根据我国经济和社会发展的需要,逐步做到使新增劳动者基本上能够受到适应从业岗位需要的基本职业技术训练,在一些专门技术性要求较高的劳动岗位,为就业者能受到系统严格的职业教育提供了法律保障。各级政府应当贯彻统筹规划、积极发展的方针,充分利用当地的资源条件和产业优势,调动社会各界的力量,因地制宜地办好职业学校和培训机构,办好职业教育事业。

(三) 继续教育制度

继续教育是指对除了学制系统内正规全日制学校中的青少年学生之外的所有成年公民实施的各种类型和形式的教育。《教育法》第二十条规定国家实行继续教育制度。具体规定为:"国家鼓励发展多种形式的继续教育,使公民接受适当形式的政治、经济、文化、科学、技术、业务等方面的教育,促进不同类型学习成果的互认和衔接,推动全民终身学习。"可见,继续教育是构建终身教育体系的重要环节,其主要任务和内容包括很多方面:对没有受完初等、中等教育的劳动者进行基础教育,对已经就业或需要转换工作的人员进行岗位培训,提高在职人员的文化程度和专业水平,对专业技术人员进行大学后继续教育,对公民进行各种社会文化和生活知识教育等。

(四) 扫除文盲教育制度

扫除文盲是宪法规定的基本政策,对于提高我国全民文化素质,促进社会主义物质文明和精神文明建设具有重要作用。扫除文盲教育是指为使不识字或者识字较少的青少年和成年人获得初步的阅读、写字、计算能力而进行的最基础的文化教育。1993年修订的《扫除文盲工作条例》规定:"脱盲的标准是:农民识一千五百个汉字,企业和事业单位职工与城镇居民识二千个汉字;能够看懂浅显通俗的报刊、文章,能够记简单的账目,能够书写简单的应用文。"《教育法》第二十四条规定:"各级人民政府、基层群众性自治组织和企业事业组织应当采取各种措施,开展扫除文盲的教育工作。"这从法律上规定了政府和各类社会组织在扫盲教育工作中的责任。2002年,中共中央办公厅、国务院办公厅发布《关于"十五"期间扫除文盲工作的意见》。2011年,教育部印发《扫盲教育课程设置及教学材料编写指导纲要》,文件进一步明确,"扫除文盲是《宪法》明确规定的教育任务,是各级政府的责任"。地方各级人民政府应当加强对扫除文盲工作的领导,制定本地区的规划和措施,组织有关方面分工协作、具体实施,并按规定的要求完成扫除文盲的任务。

三、教育考试、学业证书和学位制度

(一) 国家教育考试制度

《教育法》第二十一条规定:"国家实行国家教育考试制度。"国家教育考试制度是指由国家批准实施教育考试的机构根据一定的考试目的,按照国务院教育行政部门所确定的考试内容、考试原则、考试程序,对受教育者的知识和能力进行测定和评价的活动规则。它是国家教育管理制度的重要组成部分,是检验受教育者是否达到国家规定的教育标准的重要手段。我国现行的国家教育考试主要有入学考试、学历考试和水平考试。入学考试是指按国家规定统一进行的进入高一级学校的考试,如高中入学考试、高等学校入学考试等。学历考试即学历认证考试,是指取得国家承认的学历的考试,如中等专业教育自学考试、高等教育自学考试等。水平考试是指对公民所达到的教育水平予以认定的考试,如普通高中毕业会考、外语水平考试等。

(二) 学业证书制度

《教育法》第二十二条规定:"国家实行学业证书制度。经国家批准设立或者认可的学校及其他教育机构按照国家有关规定,颁发学历证书或者其他学业证书。"学业证书是指颁发给受教育者的、表明其受教育程度及其达到的知识水平和能力的凭证。学业证书的发放是一种国家特许的权力,只有经过国家批准或认可的教育机构或教育考试机构才有资格颁发学业证书,这是对学业证书的权威性、严肃性和有效性的法律保证。学业证书制度是保证教育活动有序进行,保证教育质量稳定发展,维系国家人事管理制度和国家教育管理制度的一项重要教育制度,是国家教育制度有序化、正常化、规范化的重要表现。

我国的学业证书包括学历证书和非学历证书两大类。学历证书一般是指学制系统内的教育机构对完成学制系统内一定阶段学习任务的受教育者所颁发的学历凭证,有毕业证书、结业证书和肄业证书之分。毕业证书发给经正式注册取得学籍,完成教学计划规定的全部课程,考试成绩及格或修满学分,德育、体育考核合格,准予毕业的学生。此类证书有小学、初中、高中、中等专业、高等专科、大学本科、硕士研究生及博士研究生毕业证书等。结业证书发给完成高等教育教学计划规定的全部课程,但有一门以上课程不及格,未达到毕业标准者。对具有高等学校正式学籍,其学历已达一年以上的中途退学者,可发给肄业证书。此外,随着继续教育,尤其是成人高等教育的快速发展,凡参加电视大学、高等及中等教育自学考试、高等教育学历文凭考试,以及各级各类继续教育学习和考试合格者,可以发给相应的学业证书。

非学历证书是学制系统外的教育机构对完成一定阶段学习任务的受教育者颁发的学业凭证。主要有成人高等教育试行的《专业证书》及其他各种培训、学习计划完成后颁发的纪实性证书。

(三) 学位制度

《教育法》第二十三条规定:"国家实行学位制度。学位授予单位依法对达到一定学术水平或者专业技术水平的人员授予相应的学位,颁发学位证书。"学位是指国家或者国家授权的教育机构授予个人的,一种表明其所达到的学术或专业学历水平的终身的学术称号。国家实行学位制度对促进科学专门人才的成长,促进各门学科的学术水平的提高,促进科学技术和文化教育事业的发展有着重要作用。学位制度是世界上大多数国家在高等教育阶段通行的一种国家教育制度和学术管理制度。

我国学位制度的建立始于1981年《学位条例》(于2004年进行修订)的施行,国务院学位委员会是我国负责领导和管理全国学位授予工作的机构,其主任委员、副主任委员和委员由国务院任免。国务院学位委员会按学科设立若干评议组。高等学校及实施研究生教育的科学研究机构,必须按学科、专业进行申请,经国务院学位委员会学科评议组审核通过,报国务院批准公布,才能具有学位授予权。获得学位授予权的高等学校或科学研究机构称为学位授予单位。只有学位授予单位才具有学位授予权和颁发学位证书权。

我国的学位分为学士、硕士、博士三级。高等学校本科毕业生、研究生毕业生,成绩优良,达到规定学术水平者,可分别授予学士、硕士、博士学位。学位授予一般是按照学科门类来授予,《学位授予和人才培养学科目录(2011年)》规定了哲学、经济学、法学、教育学、文学、史学、理学、工学、农学、医学10个学科门类。后来增补了军事学(1990年)、管理学(1997年)、艺术学(2011年)。这样我国学科门类共有13个,一级学科110个。

我国的学位制度初建阶段,主要实行的是学术性学位,即主要培养的是学术型和研究型高层次人才。社会的发展对人才培养规格提出了多样化要求,特别是要加强高层次应用型人才的培养。20世纪80年代后期,我国学位制度有所改革,增设了"工商管理硕士""法律硕士""工程硕士""教育硕士"等应用性、实践性较强的专业学位,这有利于使我国高层次人才培养向多样化发展,适应社会主义现代化建设的多种需要。根据《学位授予和人才培养学科目录(2011年)》,目前我国已有39个专业硕士学位,其中拥有"教育博士""工程博士""兽医博士""临床医学博士""口腔医学博士"等5个专业博士学位。

四、教育督导和评估制度

教育督导是《教育法》规定的一项基本教育制度。《教育法》第二十五条规定:"国家实行教育督导制度和学校及其他教育机构教育评估制度。"

教育督导制度和教育评估制度是我国现代教育制度的重要组成部分。教育督导是政府对教育工作进行宏观管理的一种重要形式,是政府依法治教,对教育工作实行行政监督的有效手段。教育督导在督促落实教育法律法规和教育方针政策、规范办学行为、提高教育质量等方面发挥了重要作用。早在1991年,国家教委就颁布了《教育督导暂行规定》,对我国的教育督导制度作了全面规定。2012年,国务院颁布《教育督导条例》。2020年,中共中央办公厅、国务院办公厅联合颁布了《关于新时代教育督导体制机制改革的意见》。教育督导的任务是对下级人民政府的教育工作、下级教育行政部门和学校的工作进行监督、检查、评估、指导,保证国家有关教育的方针、政策、法规的贯彻执行和教育目标的实现。国务院设立教育督导委员会,由分管教育工作的国务院领导同志任主任,教育部部长和国务院协助分管教育工作的副秘书长任副主任。国务院教育督导委员会成员包括中央组织部、中央宣传部、国家发展改革委、教育部、科技部、工业和信息化部、国家民委、公安部、财政部、人力资源社会保障部、自然资源部、住房城乡建设部、农业农村部、国家卫生健康委、应急管理部、市场监管总局、体育总局、共青团中央等部门和单位有关负责同志,办公室设在教育部,承担日常工作。教育部设立总督学、副总督学,负责具体工作落实。各省(自治区、直辖市)结合实际,比照上述做法,强化地方各级政府的教育督导职能,理顺管理体制,健全机构设置,创新工作机制,充实教育督导力量,确保负责教育督导的机构独立行使职能。

国务院教育督导委员会每年组织一次综合督导,根据需要开展专项督导。国务院教育督导委员会办公室负责拟定教育督导规章制度和标准。各级教育督导机构要严格依照《教育督导条例》等法律法规,强化督政、督学、评估监测职能,加强对下一级政府履行教育职责的督导,重在发现问题、诊断问题、督促整改,确保党和国家的教育方针政策落地生根。

教育评估是指各级教育行政部门或经认可的社会组织对学校及其他教育机构的办学水平、办学条件、教育质量进行的综合或单项考核和评价,是政府对教育机构实施宏观管理的重要手段。目前,我国教育评估的类型主要包括合格评估、办学水平评估和选优评估。合格评估是国家和教育行政部门对新建学校的基本办学条件和基本教育质量鉴定认可的制度。一般在批准建校招生五年后或有第一届毕业生时进行。鉴定结论有合格、暂缓通过、不合格三种。办学水平评估是对已经鉴定合格的学校进行经常性评估,包括对整个学校办学水平的综合评估和学校中思想政治教育、专业(学科)、课程及其他教育工作的评估。选优评估是在办学水平评估的基础上,择优扶持,培养示范性学校,促进竞争、提高水平的评比选拔活动。

教育评估的目的是,督促学校认真贯彻有关教育的方针、政策、法律、法规,端正办学方向,遵循教育规律,深化教育改革,优化教育管理,督促政府及其教育行政部门改进对学校的领导,提高办学效益。

第三节 学校、教师与学生概述

一、学校及其他教育机构

学校及其他教育机构是有计划、有组织、有系统地进行教育教学活动的重要场所。教育教学活动必须通过不同类型的学校及其他教育机构来开展。学校及其他教育机构是《教育法》调整的重要对象。

(一)学校及其他教育机构的举办

法律意义上的学校及其他教育机构,是指经主管机关批准设立或登记注册的实施教育教学活动的社会机构,其中既包括学制系统以内以实施学历性教育为主的教育机构,如幼儿园,全日制小学、初中、高中、完全中学、中专、技校、职业高中、高等专科学校,高等职业学校,独立设置的学院、大学,具有颁发学历证书的成人高等学校等,又包括实施非学历教育的教育机构,如各种职业与技术培训机构、培训中心,以及实施扫盲教育的文化补习教育、干部继续教育、社会文化教育的各种机构。

依据《教育法》第二十六条规定:"国家制定教育发展规划,并举办学校及其他教育机构。国家鼓励企业事业组织、社会团体、其他社会组织及公民个人依法举办学校及其他教育机构。国家举办学校及其他教育机构,应当坚持勤俭节约的原则。以财政性经费、捐赠资产举办或者参与举办的学校及其他教育机构不得设立为营利性组织。"国家、企业事业组织、社会团体、其他社会组织和公民个人都可以成为学校及其他教育机构的举办主体,但是国家必须在学校及其他教育机构的举办上占据主导地位。国家举办学校是由现代社会的教育社会化性质决定的。《教育法》明确规定了国家在举办学校及其他教育机构方面的主要责任。各级政府应当根据经济和社会发展的需要,制定中长期教育发展规划和年度教育发展计划,并根据教育规划和计划的要求举办学校及其他教育机构。国家举办学校主要是通过国家财政拨款作为教育投入来实现的。国家还鼓励社会力量举办学校及其他教育机构,因为国家举办学校是从整体上承担社会教育活动,不能承担和满足全部公民受教育的要求。社会力量主要是指在我国境内注册并具有法人资格的企业事业组织、社会团体、其他社会组织和我国公民。由社会力量举办的学校及其他教育机构,其教育经费来源主要依靠社会组织和个人出资、捐资以及学费等。为保障教育的公益性,以国家财政性经费、捐赠资产举办或参与举办的各级各类学校和其他教育机构不得设立为营利性组织。非营利性组织不是说在教育运作过程中不能产生盈余,而是要求盈余部分要投入教育教学活动或学校的发展中去。学校及其他教育机构的举办主体是国家和社会力量,那么,设立学校及其他教育机构的基本条件和设置程序是怎样的?《教育法》第二十七条规定:"设立学校及其他教育机构,必须具备下列基本条件:(一)有组织机构和章程;(二)有合格的教师;(三)有符合规定标准的教学场所及设施、设备等;(四)有必备的办学资金和稳定的经费来源。"第二十八条规定:"学校及其他教育机构的设立、变更和终止,应当按照国家有关规定办理审核、批准、注册或者备案手续。"

(二) 学校及其他教育机构的权利

《教育法》第二十九条规定:"学校及其他教育机构行使下列权利:(一)按照章程自主管理;(二)组织实施教育教学活动;(三)招收学生或其他受教育者;(四)对受教育者进行学籍管理,实施奖励或者处分;(五)对受教育者颁发相应的学业证书;(六)聘任教师及其他职工,实施奖励或者处分;(七)管理、使用本单位的设施和经费;(八)拒绝任何组织和个人对教育教学活动的非法干涉;(九)法律、法规规定的其他权利。"

学校及其他教育机构作为一种社会组织,享有法律规定的一般权利。教育法规定的学校及其他教育机构的权利不同于民法上或行政法上的权利,它是学校及其他教育机构在法律上享有的,为实现其办学宗旨,独立自主地进行教育教学管理,实施教育教学活动的资格和能力,一般称为办学自主权。办学自主权是学校及其他教育机构专有的权利,是教育机构成为教育法律关系主体的前提。这种办学自主权具体有以下内容:

1. 按照章程自主管理

学校章程是指为保证学校工作正常进行,就办学宗旨、内部管理体制及各项重大原则制定的全面的规范性文件。我国《教育法》把"有组织机构和章程"列为设立学校必备的条件之一,把"按照章程自主管理"作为学校的权利之一。2011年11月28日,教育部令第31号发布了《高等学校章程制定暂行办法》,自2012年1月1日起施行。文件指出:"章程应当按照高等教育法的规定,载明以下内容:(一)学校的登记名称、简称、英文译名等,学校办学地点、住所地;(二)学校的机构性质、发展定位、培养目标、办学方向;(三)经审批机关核定的办学层次、规模;(四)学校的主要学科门类,以及设置和调整的原则、程序;(五)学校实施的全日制与非全日制、学历教育与非学历教育、远程教育、中外合作办学等不同教育形式的性质、目的、要求;(六)学校的领导体制、法定代表人,组织结构、决策机制、民主管理和监督机制,内设机构的组成、职责、管理体制;(七)学校经费的来源渠道、财产属性、使用原则和管理制度,接受捐赠的规则与办法;(八)学校的举办者,举办者对学校进行管理或考核的方式、标准等,学校负责人的产生与任命机制,举办者的投入与保障义务;(九)章程修改的启动、审议程序,以及章程解释权的归属;(十)学校的分立、合并及终止事由,校徽、校歌等学校标志物,学校与相关社会组织关系等学校认为必要的事项,以及本办法规定的需要在章程中规定的重大事项。"

2. 组织实施教育教学活动

组织实施教育教学活动是学校的职责和权利。教育教学活动是学校的中心工作,学校有权根据国家有关教学计划、教学大纲和课程标准等方面的规定,根据学校的章程自主组织学校教育教学活动。教育教学活动分为课堂教学和课外活动,其组织实施工作可以分为多个方面,主要包括教学管理、教师教学、学生学习和课外活动的组织等。

3. 招收学生或者其他受教育者

学校是为受教育者提供教育服务的机构,这种服务必须通过招收学生或受教育者来实现。学校根据自己的办学宗旨、培养目标、办学条件、办学能力和学校类型,根据有关的招生法律、规章和制度或政策,决定招生人数,制定本校的招生办法,发布招生广告,本着合理、公开、公平、科学的原则,进行招生工作。九年制义务教育实行的是免费教育,所有适龄儿童都能办理入学;义务教育后的教育则实行的是择优录取。

4. 对受教育者进行学籍管理,实施奖励或者处分

学校可以根据有关法规制定具体的学籍管理办法,还可以根据有关学生奖励、处分的规定制定奖励和处分办法。学校根据这些办法对受教育者进行具体的管理。学籍管理的基本内容有学生的政治思想、成绩与考核、升级、留级、降级、转学、休学、复学、退学、报到与注册、考勤、奖励与处分等。学籍管理的目的是通过规范化的方法对学生进行严格管理,以培养德、智、体、美、劳全面发展的人。学生奖励是指学校对受教育者在德、智、体等方面的优良表现,给予精神或物质上的表彰,比如颁发奖学金、给予"三好学生"称号。学生处分,又称学校纪律处分,是指学校依据教育法律或其内部管理制度,对违反学校纪律的学生给予一种校内惩戒或制裁。《普通高等学校学生管理规定》第五十一条规定:"对有违反法律法规、本规定以及学校纪律行为的学生,学校应当给予批评教育,并可视情节轻重,给予如下纪律处分:(一)警告;(二)严重警告;(三)记过;(四)留校察看;(五)开除学籍。"学校给予学生处分,应当坚持教育与惩戒相结合,与学生违法、违纪行为的性质和过错的严重程度相适应。学校对学生的处分,应当做到证据充分、依据明确、定性准确、程序正当、处分适当。

5. 对受教育者颁发相应的学业证书

学业证书是学校按照国家有关规定颁发的,证明学生文化程度和学历水平的证件,是学生经过学习并通过考试达到国家规定标准后获得的学业资格证明,受国家法律保护和认可。一般来说,学生在学校里学习一定时间,达到规定标准,就能够获得毕业证书或者学位证书。给受教育者颁发相应的学业证书,是学校的权利,也是学校的义务。学校有权根据国家有关学业问题管理的规定,对经考核成绩合格的受教育者,按照其类别颁发证书。如果学校在招生、考试、录取或者教学环节中不严格,降低对学生的要求,属于违法行为。《教育法》第八十二条规定:"学校或者其他教育机构违反本法规定,颁发学位证书、学历证书或者其他学业证书的,由教育行政部门或者其他有关行政部门宣布证书无效,责令收回或者予以没收;有违法所得的,没收违法所得;情节严重的,责令停止相关招生资格一年以上三年以下,

直至撤销招生资格、颁发证书资格;对直接负责的主管人员和其他直接责任人员,依法给予处分。"

6. 聘任教师及其他职工,实施奖励或者处分

教师是履行教育教学职责的专业人员,对教师的管理是纳入国家的人事管理制度中进行的,但国家对教师的管理又是由授权学校及其他教育机构来实施的。学校及其他教育机构有权根据国家有关教师和其他教职工管理的法规、规章和主管部门的规定,从本校的办学条件、能力和实际编制情况出发,自主决定聘任、解聘教师和其他职工,有权制定本机构教师及其他人员聘任办法,签订和解除聘任合同,有权对教职员工实施奖励和处分及其他具体管理活动。

7. 管理、使用本单位的设施和经费

学校及其他教育机构作为法人,依法享有法人财产权。同时,管理、使用本单位的设施和经费也被规定为一种办学自主权,这说明这一权利在办学过程中具有重要意义。学校及其他教育机构对其占有的场地、教室、宿舍、教学设备等设施,办学经费以及其他有关财产享有财产管理和使用权,必要时可对其所占有的财产进行处置或获得一定收益。但这项权利在行使时须有一定限制,否则会损害公共利益,影响正常教育活动,或造成国有资产流失。学校及其他教育机构用于教学、科研的资产不得随意转移使用目的,不得用作抵押或为他人担保。

8. 拒绝任何组织和个人对教育教学活动的非法干涉

为了维护学校及其他教育机构的正常教育教学秩序,必须有效制止来自任何方面的非法干涉。这种非法干涉在现实生活中形式多样,如强占校舍和场地、侵犯师生的人身安全、随意要求停课、对学校及其他教育机构乱摊派等。抵御非法干涉是一项重要权利。学校及其他教育机构对来自行政机关、企业事业组织、社会团体及个人等任何方面的非法干涉教育教学活动的行为,有权予以拒绝。

9. 法律法规规定的其他权利

以上是学校及其他教育机构的基本办学自主权。这些权利的实现有助于调动学校及其他教育机构的办学积极性,面向社会,依法自主办学。同时,也将促进政府及其教育主管部门转变职能,简政放权,加强宏观调控,把该管的事情管好。当然,学校及其他教育机构除享有上述权利之外,还享有现行法律、行政法规及地方性法规赋予的其他权利,以及即将制定的法律法规所确立的有关权利。

(三) 学校及其他教育机构的义务

权利和义务是一对相互依存的概念,享有权利,一般就相应地要承担某种义务,或者一方享有的权利,对他方而言就是义务。学校及其他教育机构享有权利的

同时也承担一定的义务。《教育法》第三十条规定:"学校及其他教育机构应当履行下列义务:(一)遵守法律、法规;(二)贯彻国家的教育方针,执行国家教育教学标准,保证教育教学质量;(三)维护受教育者、教师及其他职工的合法权益;(四)以适当方式为受教育者及其监护人了解受教育者的学业成绩及其他有关情况提供便利;(五)遵照国家有关规定收取费用并公开收费项目;(六)依法接受监督。"从《教育法》的规定我们可以看出,学校及其他教育机构应该履行以下义务:

1. 遵守法律、法规

这是对任何一个组织和个人的基本要求。对违反法律和法规的行为,学校要承担由此带来的法律后果。如某县黄家屯村村民黄某有一个男孩,由于幼时患病造成左脚跛瘸,致使行动不便。这个孩子到了入学年龄,其父黄某带他到黄家屯小学报名入学,学校认为他是残疾儿童,拒绝招收。为了使儿子能够入学,黄某又带领儿子到附近的另一所龙门镇小学报名,而龙门镇小学又以此儿童非所属学区为由,拒绝招收。在本案中,首先,黄家屯小学和龙门镇小学的行为不符合我国《宪法》有关规定。《宪法》第四十六条规定:"中华人民共和国公民有受教育的权利和义务。"这说明任何人都有受教育的权利。《宪法》第四十五条还规定:"国家和社会帮助安排盲、聋、哑和其他有残疾的公民的劳动、生活和教育。"其次,根据我国《残疾人保障法》第二十五条规定:"普通教育机构对具有接受普通教育能力的残疾人实施教育,并为其学习提供便利和帮助。普通小学、初级中等学校,必须招收能适应其学习生活的残疾儿童、少年入学;普通高级中等学校、中等职业学校和高等学校,必须招收符合国家规定的录取要求的残疾考生入学,不得因其残疾而拒绝招收;拒绝招收的,当事人或者其亲属、监护人可以要求有关部门处理,有关部门应当责令该学校招收。普通幼儿教育机构应当接收能适应其生活的残疾幼儿。"学校有义务遵守法律、法规,黄家屯小学和龙门镇小学拒绝招收残疾学生,属于违法失职行为,是不合法的。

2. 贯彻教育方针、教育教学标准,保证教育教学质量

在学校的教育教学活动中,学校有义务贯彻国家的教育方针,有义务按照国家教育教学标准,组织教育教学活动,以达到提高教育教学质量的目的。学校还应该对其组织的活动是否有利于学生的身心发展、是否能保证教育教学质量进行考虑,否则会造成恶劣的影响。如浙江省某市某镇吴村小学是一所由五个年级十个班构成的学校。当吴村小学的领导正在为挣钱来路发愁时,该村农民徐某来到了学校,原来他想租用一些学生为其老母送葬。校领导与徐某商定,徐某付给每个学生5元钱,并给学校50元作为报酬。这样,在徐某为母亲送葬那天,学校不顾学生的学习,将一个班级的学生"出租",停课为徐某母亲送葬,并委派两名教师带队。送葬

学生从上午八点一直忙到中午十二点,所得租金均被学校的教职工分掉。此案中,吴村小学的做法扰乱了学校正常的教学秩序,违反了国家和省、自治区、直辖市教育行政部门颁发的有关法规、制度,违反了学校"贯彻国家教育方针,执行国家教育教学标准,保证教育教学质量"的义务,属于违法行为。

3. 维护受教育者、教师及其他职工的合法权益

这项义务要求学校不但不能侵犯受教育者、教师和其他职工的合法权益,而且应维护受教育者、教师及其他职工的合法权益。对受教育者合法权益的保护应从学生入学开始,至学生毕业为止,对教职工合法权益的维护也应从招聘、工作待遇或解聘着手。学校的招生和培养,学校教职工的聘任和使用都要遵循公平和公正的原则,要坚决制止侵害教师和职工权益的行为。如一则关于"女教师因休产假被解聘"的案例。某中学一名女教师怀孕期间,学校为了照顾她,将其在一线的教学工作改为在政教处工作。这名女教师休满56天产假后,要求学校按照国家规定,批准其休满3个月的假期,学校领导商量后同意了她的请求。当该教师休满3个月假后来校上班时,学校领导以该教师过去的工作岗位已经安排了人,无法安排其工作为由,决定将其解聘。在此案例中,学校严重违反了女教师休产假的法定权利。学校在女教师休产假期间另外找教师填补岗位空缺,是学校职权范围内的事情,但单方面解聘女教师是没有法律依据的。

4. 为受教育者及其监护人了解情况提供便利

受教育者及其监护人对受教育者的学业成绩和其他情况有知情权,学校可以采取多种方式,如学业成绩报告单或书面通知、家长会、家访等,使受教育者及其家长了解受教育者的学业情况和其他方面的表现。受教育者及其家长或监护人了解受教育者的学业成绩及在校表现是实现公民平等受教育权和学生在校获得公正评价权利的必要条件之一,受到法律保护。学校及其他教育机构不得拒绝受教育者及其监护人了解受教育者的情况,这有助于受教育者进行自我教育和监护人对其监护对象进行教育。但是这种知情权是以不侵犯受教育者的隐私权和名誉权为前提的,学校应注意不得侵犯学生的隐私权和名誉权等合法权益,不得损害受教育者的身心健康。

5. 遵照国家有关规定收取费用并公开收费项目

教育部于2002年8月28日曾专门下发通知,要求高等学校招生收费工作必须严格执行《教育部、国家纪委、财政部关于2001年高等学校招生收费工作有关问题的通知》的规定,不得提高学费、住宿费标准,不得出台任何新的收费项目。招生期间,不得超过收费标准或另设新的收费项目,对增加招生计划录取的考生,要按已公布的本专业收费标准收费。学生进校后,也要按公示的项目和标准收费,不得收

取"转专业费"和其他费用。

6. 依法接受监督

为了保证教育事业的社会主义方向,贯彻国家教育方针,执行国家教育标准,学校必须接受来自权力机关、行政机关、司法机关的监督,以及来自执政党的监督和社会监督。学校及其他教育机构对于以上各种形式的监督,应当积极予以配合,不得拒绝,更不得妨碍监督检查工作的正常进行。

二、教师和其他教育工作者

教师和其他教育工作者是教育活动的重要主体;《教育法》的第四章"教师和其他教育工作者",专门对教师和其他教育工作者的各项制度和权利、义务作了原则规定。其具体全面的规范,以《教师法》为依据。《教师法》由九章四十三条组成,对教师的一般原则和基本职责、权利和义务、资格和任用、培养和培训、考核、待遇、奖励、法律责任等作了全面、具体的规定。①《教育法》和《教师法》的以上规定,对教师和其他教育工作者队伍的建设和发展,对教师和其他教育工作者合法权益的保护提供了法律依据。

(一) 教师及其职责

教师是履行教育教学职责的专业人员,承担教书育人,培养社会主义事业建设者和接班人、提高民族素质的使命。这是《教师法》对教师职责的规定,也是对教师概念的定义。此前,教师只是统指在学校从事教育教学工作的所有人员。对教师的概念应作两方面的理解。

1. 教师是履行教育教学职责的专业人员

履行教育教学职责的专业人员是确定教师概念内涵的本质特征。首先,履行教育教学职责是教师的职业特征。只有直接承担教育教学工作职责的人,才具备教师的最基本的条件。在学校及其他教育机构中担任行政管理、教育辅助、校办产业等方面工作而不直接承担教育教学工作的人员则不是教师。其次,教育教学专业人员是教师的身份特征。教师是从事教育教学专门职业活动的专业人员,即教师必须具备国家专门规定的从事教育教学活动的资格,符合特定的职业要求。一般而言,教师要达到符合规定的相应学历,要具备相应学科专业知识,要符合与其职业相称的其他规定等。临时在学校及其他教育机构讲授一些课程,或担任少量

---

① 关于这方面的内容,可详见本书第六章,为避免重复,本部分内容侧重于一般性地介绍教师和其他教育工作者的职责、地位等。

不固定教学任务的其他人员亦不是教师。

2. 教师是在学校及其他教育机构的执教人员

《教师法》第二条规定："本法适用于在各级各类学校和其他教育机构中专门从事教育教学工作的教师。"在学校及其他教育机构从事教育教学活动是确定教师概念外延的形式特征,这关系到广大教师的切身利益。即不论是在学校还是在其他教育机构从教的教师,不论是在公办学校、民办学校还是社会力量举办的学校从教的教师,都是我国《教育法》所指的教师,其合法权益都受我国《教育法》保护。

(二)教师的社会地位

"教师是履行教育教学职责的专业人员,承担教书育人,培养社会主义事业建设者和接班人、提高民族素质的使命。"这是我国《教育法》和《教师法》对教师重要社会地位的确认,它为建设一支素质优良的宏大的教师队伍,进而为培养和造就社会主义事业建设者和接班人提供了重要保证。教师的工作关系到经济的发展、社会的进步、国家和民族的振兴。教师在社会主义现代化建设中发挥着日益重要且不可替代的作用。使教师队伍成为社会最优秀人才的集合,是当今世界发展较快国家的共识和共同做法,也是我国教育法的目的所在。我国《教育法》从教师的使命、教师的素质、对教师的尊重几个方面为我国教师确定了重要的社会地位,并为教师的重要地位提供了法律保障。

(三)其他教育工作者

其他教育工作者是指学校及其他教育机构中的管理人员、教学辅助人员与其他专业技术人员。这是《教育法》对其他教育工作者范围的规定,也是对其他教育工作者的概念的定义。此前,对其他教育工作者没有明确的界定,而是笼统地称为教师。从法律上对教师和其他教育工作者进行明确界定,既有利于教师队伍的建设,又有利于加强管理人员队伍、教学辅助人员与其他专业技术人员队伍的建设。其他教育工作者又有管理人员、教学辅助人员与技术人员之分。

1. 对管理人员实行教育职员制度

《教育法》所规定的学校及其他教育机构的管理人员,主要是指学校及其他教育机构中的从事行政管理工作的人员,以及从事思想政治工作、党务工作和工会、共青团等工作的专职人员。《教育法》第三十六条规定："学校及其他教育机构中的管理人员,实行教育职员制度。"学校及其他教育机构中的管理人员,既不是教师或者专业技术人员,也不是国家公务员。但是,他们在管理学校各项工作中发挥着重要的作用。建设一支具有良好思想品德和业务素质的教育管理人员队伍,是适应我国教育事业发展的现实和长远的需要。《教育法》规定对管理人员实行教育职员制度，为教育管理人员队伍的建设提供了法律依据。实行教育职员制度，从法律上明确了管理人员的工作职责，并对有关晋升、聘任、考核、待遇、奖惩等进行规定。这将有利于充分发挥教育管理人员的积极性和创造性，激励管理人员提高管理水平及履行相应职责的能力；有利于建设一支德才兼备、高效优化的教育管理队伍，可以更好地完成学校及其他教育机构的教育教学任务。

2. 对教学辅助人员和技术人员实行专业技术职务聘任制度

《教育法》所规定的学校及其他教育机构的教学辅助人员和其他专业技术人员，主要是指实验、工程、图书等与教育教学活动有直接关系的教学辅助人员和会计、卫生、翻译等其他专业技术人员。《教育法》第三十六条第二款规定："学校及其他教育机构中的教学辅助人员和其他专业技术人员，实行专业技术职务聘任制度。"教学辅助人员和其他专业技术人员是学校及其他教育机构中不可缺少的组成部分，他们的工作与教育教学密切相关，是保证教育教学活动顺利进行的重要辅助力量。实行专业技术职务聘任制度，从法律上明确教学辅助人员和其他专业技术人员的地位、待遇和任用制度，有利于调动他们的工作积极性，有利于保护他们的合法权益，有利于建设一支良好尽职的教学辅助人员和其他专业技术人员的优秀队伍。

学校及其他教育机构中的教学辅助人员和其他专业技术人员的专业技术聘任制度，按照国务院1986年发布的《关于实行专业技术职务聘任制度的规定》执行，根据实际工作需要设置岗位，有明确的职责、任职条件和任期，具备规定的专门业务知识水平和技术水平。各级专业技术职务，经评审委员会评定符合相应任职条件的，由行政领导颁发专业技术人员聘书，双方依法签订聘用合约。

《教师法》第四十一条规定，其他教育工作者可以根据其工作特点，参照本法对教师的有关规定，享有相应的权利，承担相应的义务，并在聘任、培训、考核、奖励等方面参照对教师的规定执行。值得注意的是，对其他教育工作者"参照本法"的规定执行，不是指其他教育工作者与教师享有同样的权利和待遇，而是指在提高教师待遇时一并考虑其他教育工作者待遇的提高。国家正积极考虑制定有关其他教育工作者的具体规范。

三、学生

（一）学生的概念

"学生"与"受教育者"这两个概念的意义基本相同。学生指的是在学校读书的人,也泛指向其他人学习知识、技能的人。而受教育者就是接受教育的人,与广义的学生是同一概念。但法律意义上的"学生"与"受教育者",其含义略有不同。"学生"一般是指"在各级各类教育机构中的'受教育者',在法律上,这一范畴应包括所有在学校或其他教育机构中的'受教育者',在法律上,这一范畴应包括所有在学校或其他教育机构中登记注册并有教育档案或个人档案材料的人,但不包括未曾进入这种学校或教育机构的人。""受教育者"是指"依照法律法规尤其是教育法律法规的规定,与具体教育部门建立了具体的教育法律关系,围绕教育机构实施的有目的、有计划的教育教学活动,以学习者身份构成的社会群体。"显然,在法律意义上受教育者比学生的范围更广。

教育法从公民有受教育的权利和义务出发,认定学生是受教育者,其有受教育的权利和义务。我国《教育法》第九条规定:"中华人民共和国公民有受教育的权利和义务。公民不分民族、种族、性别、职业、财产状况、宗教信仰等,依法享有平等的受教育机会。"把"学生"作为"受教育者"是立足于教育,是每一个公民的基本权利与义务,着重强调的是社会中的每一个公民,在其一生的每个阶段都享有受教育的权利,在义务教育阶段既有受教育的权利又有受教育的义务。虽然受教育贯穿人的一生,但在教育法律意义上的"受教育者"指的是在正规教育机构中,正式登记注册并接受教育的学生,包括幼儿园学童、小学生、中学生、大学生、硕士研究生、博士研究生以及其他正式登记注册的学生,并不包括各种短期培训的学员。

(二) 学生的权利

学生作为普通公民,应该享有法律赋予普通公民的各项权利,履行法律赋予普通公民的各项义务。学生作为专门人员,应享有特有的权利,履行特有的义务。

参加教育教学计划安排的各种活动,使用教育教学设施、设备、图书资料。这项权利可以看作是学生参加教育活动并有使用教育资源的权利。受教育就要参加教学计划安排的各种课堂教学、课外活动,使用有关教学资源,不然就谈不上受教育。所以,参加教育活动并使用学校的教育资源是每一个在校学生的基本权利。我国《教育法》第四十三条第一款规定:学生有"参加教育教学计划安排的各种活动,使用教育教学设施、设备、图书资料"的权利。这一规定是保障学生受教育的前提和基础。

按照国家有关规定获得奖学金、贷学金、助学金。这项权利可以看作是学生享有国家给予的物质帮助的权利。为了使所有的人都有受教育的机会并鼓励学生勤奋学习,国家对一些特殊群体的学生进行经济或物质上的帮助。我国《教育法》第四十三条第二款规定:"按照国家有关规定获得奖学金、贷学金、助学金"。

在学业成绩和品行上获得公正评价,完成规定的学业后获得相应的学业证书、学位证书。这项权利可以看作是学生享有公正评价并获得相应资格证书的权利。公正评价就是对学生的学业成绩和思想品德进行实事求是、合情合理的判断。《教育法》第四十三条第三款规定:学生"在学业成绩和品行上获得公正评价,完成规定的学业后获得相应的学业证书、学位证书"。

对学校给予的处分不服向有关部门提出申诉,对学校、教师侵犯其人身权、财产权等合法权益,提出申诉或者依法提起诉讼。这项权利可以看作是学生享有申诉权。申诉权是指学生在受到学校处分或认为学校、教师侵犯其人身权、财产权时,向学校或主管部门申述理由、请求处理的一种自我保护方式和权利,情节严重时还可以对侵权者提起诉讼。这是公民申诉权和诉讼权在学生身上的具体体现。《教育法》第四十三条第四款规定:"对学校给予的处分不服向有关部门提出申诉,对学校、教师侵犯其人身权、财产权等合法权益,提出申诉或者依法提起诉讼。"这一权利是学生受教育权得以实现,其他有关权利不受侵犯的根本保障。

法律、法规规定的其他权利。这一方面是指学生作为普通公民享有法律、法规规定的相应权利,另一方面也是立法技术问题,是给相关法律、法规规定学生的权利留白。

(三) 对一些特殊学生群体受教育权的法律保护

1. 女子受教育权的法律保护

女子即女性公民,是女童或女孩、妇女等的统称,是生育抚养后代的直接承担者,在人类社会的延续和发展中具有不可代替的作用。由于受社会、历史、宗教、传统观念、性别差异等因素的影响,相比男子,女子的权利或权益较容易受到侵害,从而成为社会中相对脆弱的群体。尤其在受教育方面,女子不易得到与男子同等的受教育机会,而女子作为公民的平等受教育权利往往难以实现。为此,在走向民主与法制的现代社会,女子受教育权的问题必须得到关注。人类应当使女子的受教育权得到更多的法律保护。

我国《宪法》第三十三条规定:"中华人民共和国公民在法律面前一律平等。国家尊重和保障人权。任何公民享有宪法和法律规定的权利",认定女子作为公民享有和男子平等的权利,当然包括受教育的权利,这些权利应当得到保障和实现。可是由于受到传统观念和封建糟粕思想的影响,性别歧视现象依然存在,使女子受到不公平的待遇,挫伤了她们学习、工作的积极性,对社会产生不良影响。从入学机会、在校女童的巩固率和学业完成后的待遇(就业、报酬)等受教育情况的主要指标来看,与男子相比,女子明显低劣于男子。据有关调查统计材料,在未能入学和失学、辍学的适龄儿童中女童均占三分之二。不少单位在用人上把女性毕业生拒之门外或对她们提出过于苛刻的条件,对女子权益构成了实质上的损害和侵害。1990年,《世界全民教育宣言》声明:"首要任务就是要保证女童和妇女的受教育机会,改善其教育质量并清除一切阻碍她们积极参与教育的障碍。必须铲除教育中任何有关性别的陈规陋习。"为保障女子的合法权益,促进男女平等,充分发挥女子在社会主义现代化建设中的作用,全社会都有义务保障女子的合法权益。为此,我国制定了保障妇女权益的专门法律《妇女权益保障法》,并在《教育法》《义务教育法》《职业教育法》中都对女子受教育的权利作了法律规定。

2. 对家庭贫困学生受教育权的法律保护

每个学生都有平等受教育的机会,但并不是每一个学生都能够接受同样的教育。这有多方面的原因,其中一个重要原因是经济方面的,有些学生会因家庭经济困难而不能上学或辍学。为了保证家庭经济困难的学生也有平等受教育的机会,国家通过立法对这些学生进行了经济资助。我国《教育法》第三十八条规定:"国家、社会对符合入学条件、家庭经济困难的儿童、少年、青年,提供各种形式的资助。"在义务教育阶段,法律明确规定了"实施义务教育,不收学费、杂费",并且规定县级人民政府教育行政部门和乡镇人民政府组织和督促适龄儿童、少年入学,帮助解决适龄儿童、少年接受义务教育的困难,采取措施防止适龄儿童、少年辍学。我国《高等教育法》第五十四条中规定:"家庭经济困难的学生,可以申请补助或者减免学费。"

此外,国家政府鼓励各种社会力量以及个人自愿捐资助学,以不同方式帮助贫困学生接受教育。由全国青少年发展基金会等单位发起,并以设立助学金等形式,长期资助贫困地区品学兼优但因家庭经济困难而失学、辍学的学生,相继建立了社会力量和各界人士自愿救助贫困辍学少年、儿童和失学女童的"希望工程"与"春蕾计划"。它们为一些贫困乡村新盖、修缮小学校舍,购置教具、文具和书籍,使我国的失学少年、儿童重返校园,为贫困学生接受教育提供了保障。

3. 残疾人受教育权利的法律保护

残疾人是指盲、聋、哑及有明显身心残疾的人,是人类社会中特殊而困难的群体。他们的人数几乎占人类总数的5%,他们的受教育问题日益受到国际社会以及各个国家的重视。《世界人权宣言》宣告每一个儿童都有受教育的权利。《儿童权利宣言》明确提出低能儿童应当得到特别的医治、教育和照顾。此外,在联合国通过的《人人受教育世界宣言》《残疾者权利宣言》《智力落后者权利宣言》等文件中都强调肯定了残疾人的受教育权。"据统计,目前世界上已有132个国家和地区制定了关于残疾人受教育的法律。美国于1975年通过《全体残疾儿童受教育法》,其中规定国家为3至21岁的各类残疾人提供免费的适应其需要的特殊教育和相关服务。同年法国制定了《残疾人照顾方针》,规定了残疾儿童的预防、保健、教育、职业训练、生活保障、雇佣等均为国家应尽的义务"。[①]总之,给予残疾人平等的机会已成为各国的共识。

我国也制定了一系列法律法规来保障残疾人的受教育权。我国《宪法》第四十五条规定:"国家和社会帮助盲、聋、哑和其他有残疾的公民的劳动、生活和教育。"《义务教育法》对残疾人在义务教育阶段的受教育权利提供了法律保障。1991年5月实施的《残疾人保障法》以残疾人平等参与社会生活为宗旨,重申了残疾人的权利。该法第二十一条规定:"国家保障残疾人享有平等接受教育的权利。"同时规定了政府、社会和残疾人组织的责任。它从法律上体现了残疾人作为公民享有同其他公民平等的权利,并且作为特殊而困难的群体,国家必须特别扶助。《教育法》第三十九条也明确规定:"国家、社会、学校及其他教育机构应当根据残疾人身心特点和需要实施教育,并为其提供帮助和便利。"《职业教育法》第七条规定:"国家采取措施……扶持残疾人职业教育的发展。"第十五条规定:"残疾人职业教育除由残疾人教育机构实施外,各级各类职业学校和职业培训机构及其他教育机构应当按照国家有关政策接纳残疾学生。"《高等教育法》第九条规定:"高等学校必须招收符合国家规定的录取标准的残疾学生入学,不得因其残疾拒绝招收。"

(四) 学生权利的法律保护

对学生权利的法律保护,我国《未成年人保护法》已经有了较为详细的规定。该法对未成年人的法律保护分为家庭保护、学校保护、社会保护、司法保护,并对未成年人保护的法律责任也作了规定。

1. 家庭保护

家庭是每一个人最早的学校,家长是每一个人的第一任教师。保护未成年人的合法权益是父母或其他监护人的重要责任。我国《未成年人保护法》第二章"家庭保护"第十条规定:"父母或者其他监护人应当创造良好、和睦的家庭环境,依法履行对未成年人的监护职责和抚养义务。禁止对未成年人实施家庭暴力,禁止虐待、遗弃未成年人,禁止溺婴和其他残害婴儿的行为,不得歧视女性未成年人或者有残疾的未成年人。"

2. 学校保护

学校是未成年人或学生主要生活和学习的地方,不仅要保护未成年人或学生受教育的权利,同时还要保证其在学校的安全。我国《未成年人保护法》在第三章中对学校如何保护学生的权利作出了法律规定。第十八条规定:"学校应当尊重未

[①] 劳凯声,郑新蓉,等.规矩方圆:教育管理与法律[M].北京:中国铁道出版社,1997:169.

成年学生受教育的权利,关心、爱护学生,对品行有缺点、学习有困难的学生,应当耐心教育、帮助,不得歧视,不得违反法律和国家规定开除未成年学生。"

关于学校对学生的保护,有些方面还存在歧义,特别是有关学生在校受伤害的案件中,诉讼双方争议的焦点往往集中在学校有无对未成年学生的监护权问题上。过去,我国有关法律法规对此没有明确的界定,大都把学校看作"委托监护人",也就是家长把子女送到学校受教育,就自然把学生在学校的监护权委托给学校了,由学校对在校的学生进行监护。为了解决这一问题,教育部在2002年颁发的《学生伤害事故处理办法》第七条中规定:"学校对未成年学生不承担监护职责,但法律有规定的或者学校依法接受委托承担相应监护职责的情形除外。"这就明确了学校不是学生的监护人。

3. 社会保护

我国《未成年人保护法》第四章"社会保护"对未成年人的社会保护问题作出了规定。第一,政府以及一些公共组织必须承担保护未成年人的责任。该法第二十九条规定:"各级人民政府应当建立和改善适合未成年人文化生活需要的活动场所和设施";第三十条规定:"博物馆、纪念馆、科技馆、展览馆、美术馆、文化馆以及影剧院、体育场馆、动物园、公园等场所,应当按照有关规定对未成年人免费或者优惠开放。"第二,国家鼓励新闻、出版、信息产业、广播、电影、电视、文艺等单位和作家、艺术家、科学家以及其他公民,创作或者提供有利于未成年人健康成长的作品。禁止任何组织、个人制作或者向未成年人出售、出租或者以其他方式传播淫秽、暴力、凶杀、恐怖、赌博等毒害未成年人的图书、报刊、音像制品、电子出版物以及网络信息等。第三,小学校园周边不得设置营业性歌舞娱乐场所、互联网上网服务营业场所等不适宜未成年人活动的场所。营业性歌舞娱乐场所、互联网上网服务营业场所等不适宜未成年人活动的场所,不得允许未成年人进入,经营者应当在显著位置设置未成年人禁入标志;对难以判明是否已成年的,应当要求其出示身份证件。第四,生产、销售用于未成年人的食品、药品、玩具、用具和游乐设施等,应当符合国家标准或者行业标准,不得有害于未成年人的安全和健康;需要标明注意事项的,应当在显著位置标明。禁止向未成年人出售烟酒,经营者应当在显著位置设置不向未成年人出售烟酒的标志;对难以判明是否已成年的,应当要求其出示身份证件。任何人不得在中小学校、幼儿园、托儿所的教室、寝室、活动室和其他未成年人集中活动的场所吸烟、饮酒。第五,任何组织或者个人不得招用未满16周岁的未成年人,国家另有规定的除外。任何组织或者个人按照国家有关规定招用已满十六周岁未满十八周岁的未成年人的,应当执行国家在工种、劳动时间、劳动强度和保护措施等方面的规定,不得安排其从事过重、有毒、有害等危害未成年人身心健康的劳动或者危险作业。

4. 司法保护

教育不是万能的,难免有一些未成年人或学生会有违法犯罪的行为,但不能把这些少年犯和成人犯罪分子一样对待,对这些人要进行司法保护。我国《未成年人保护法》第五十四条规定:"对违法犯罪的未成年人,实行教育、感化、挽救的方针,坚持教育为主、惩罚为辅的原则。"

(五) 学生的义务

学生有权利也就必然有义务。学生的义务是指学生依照有关法律、法规的规定,对自身行为的约束和必须履行的责任,具体表现是必须作出一定行为或不得作出一定行为。学生因就读学校的类别和年龄的不同,所要履行的义务也有差别。我国《教育法》第四十四条规定:"受教育者应当履行下列义务:(一)遵守法律、法规;(二)遵守学生行为规范,尊敬师长,养成良好的思想品德和行为习惯;(三)努力学习,完成规定的学习任务;(四)遵守所在学校或者其他教育机构的管理制度。"这些义务是我国教育法对学生应尽义务的最基本要求。

1. 遵守法律、法规

这项义务可简称为"遵守法律法规的义务",此处的"法律、法规"是指宪法、法律、行政法规和依据法律、法规制定的规章。

学生作为国家公民的一员,遵守法律、法规是一项基本要求。《宪法》是我国的根本大法,是反映全国各族人民意志和根本利益的国家总章程。依据《宪法》制定的法律和依据法律制定的法规及相应的各部门规章,也是国家意志的体现,符合国家和人民的共同利益,是国家社会组织和公民一切活动的基本行为准则。我国《宪法》第三十三条规定:"中华人民共和国公民在法律面前一律平等","任何公民享有宪法和法律规定的权利,同时必须履行宪法和法律规定的义务。"任何公民都必须遵守法律、法规。遵守法律、法规是《宪法》赋予每个社会公民的义务,是合格公民的基本素养。学生作为公民,履行遵守法律、法规的义务是不可推卸的。

遵守法律、法规,对学生来说,还要强调另一层意思,就是要遵守有关教育的法律、法规和规章。我国已颁布、施行了《教育法》《学位条例》《义务教育法》《教师法》《职业教育法》《高等教育法》等有关教育的法律以及《扫除文盲工作条例》《高等教育自学考试暂行条例》《全国中小学勤工俭学暂行工作条例》《学校体育工作条例》《学校卫生工作条例》《残疾人教育条例》等教育行政法规;此外,国务院教育行政部门单独或与其他部委联合制定、施行了若干有关教育的规章,地方立法机构也依法制定了大量的地方性教育法规和规章,这些教育法律、法规和规章都涉及了学生的权利和义务。作为最广泛的教育法律关系主体,学生必须同教育者一起加以遵守,做到"知法、守法"。

2. 遵守学生行为规范,尊敬师长,养成良好的思想品德和行为习惯

学生在校必须遵守学生行为规范,这是学生必须履行的重要义务。学生行为规范特指教育部发布的《中小学生守则》《小学生日常行为规范(修订)》《中学生日常行为规范(修订)》《普通高等学校学生管理规定》。这些规章集中体现了国家对学生在政治、思想、品德、学习及行为等方面的基本要求。同时,学生要尊敬师长,这是对学生品德的重要要求。我国有尊师重教的传统,虽然"师尊生卑"是一个错误观念,但建立在民主和平等基础上的对教师的尊敬是必需的,也是良好的教学秩序所需要的。最后,学生要自觉养成良好的思想品德和行为习惯。要把学生行为规范的有关内容内化为良好的思想品德,外化为健康的行为习惯。

3. 努力学习,完成规定的学习任务

这项义务可简称为"努力完成学业的义务"。学习科学文化知识,完成规定的学业,以便使自己成为德、智、体等方面全面发展的社会主义事业的建设者和接班人,是学生的首要任务,也是学生区别于其他公民的一项主要义务。

学生"以学为主",学生进入学校就意味着他的主要任务是学习,意味着承担接受教育、完成学业的义务。对于义务教育阶段的学生来说,这种义务是强迫的,具有强制性;对于非义务教育阶段的学生来说,这是自愿入学在享用受教育权利的同时应承担的义务。履行完成学业的义务是学生享有获得学业证书及学位证书的权利的前提。任何一个教育阶段的学习任务都包括两种:一是结果性的或称终结性的,即某一教育阶段教育计划规定的,学生在该教育阶段结束时应完成的学习任务;二是过程性的,是学生为完成某一教育阶段的学业或总的学习任务而要完成的日常的、大量的、具体的学习任务。这两种性质的学习任务是相辅相成的,过程性的学习是量的积累,其目的和结果是质的提高。因此,学生对学习任务都应认真对待,为完成既定的学习目标而努力。

4. 遵守其所在学校或者其他教育机构的管理制度和规定

国有国法,校有校规。学生一旦进入某所学校或教育机构,就必须遵守该校或该教育机构的管理制度。每一所学校都有自己的学习管理制度。学习管理制度主要有教学管理制度、学籍管理制度、品德行为制度以及其他管理制度等。教学管理制度主要有教学作息制度、学习制度、班级管理制度等;学籍管理制度主要有注册、考试、升级、留级、转学、复学、休学、退学等制度,考勤记录、纪律教育、奖励处分以及学生毕业资格的审查等管理规定;品德行为制度主要是学习校训、学生日常行为规范等;其他制度有图书管理制度、校园管理制度、体育卫生制度。这些制度都是依据有关法律、法规和规章制定的,是学习正常运转的保证。学生有义务遵守这些制度。

第四节 教育发展与保障①

一、教育与社会

教育是在社会中运行的。教育是随着社会的发展变化而发展变化的,教育的运行离不开社会。另一方面,社会的发展离不开教育,这是由教育的功能所决定的。教育对社会文化、科学、经济等方面的发展都有不可磨灭的促进作用。

（一）社会对教育的支持与参与

人的发展是在一定的社会环境中实现的。社会对教育的支持与参与,可以促进人的发展。

第一,良好的社会环境是学生健康成长的需要。《教育法》第四十六条规定:"国家机关、军队、企业事业组织、社会团体及其他社会组织和个人,应当依法为儿童、少年、青年学生的身心健康成长创造良好的社会环境。"社会环境包括经过人改造过的自然、人与人之间的关系和社会意识形态三部分。人的身心发展与社会环境密切相关,因此社会各界都应为学生身心的健康成长创造良好的社会环境。国家机关、军队、企业事业组织、社会团体及其他社会组织和个人,要结合自身的特点,采取适当的形式,为儿童、少年、青年学生的身心健康成长创造良好的社会环境。

第二,社会各界要加强与学校的合作,支持学校的建设,参与学校的管理。社会参与教育的形式多种多样。社会各界在教学、科研、技术开发和推广方面与高校、中等职业学校合作。这两类学校具有相当的智力优势、人才优势、资料优势与学术交流优势。学校与社会各界的合作可以搞联合,也可以搞委托。可以联合培养人才,也可由学校接受社会的任务委托而单独立项完成。在技术开发和推广方面,学校也可以接受社会某一组织的委托为社会培养人才。在科研方面,社会各界与学校既可进行联合攻关,也可以进行相应的合作。这些,在《教育法》第四十七条中作了明确规定:"国家鼓励企业事业组织、社会团体及其他社会组织同高等学校、

---

① 参见:教育部人事司.高等教育法规概论[M].北京:北京师范大学出版社,2000:172-190.

中等职业学校在教学、科研、技术开发和推广等方面进行多种形式的合作。"

社会各界支持学校的建设。学校在建设与发展过程中离不开社会各界的支持。社会各界应在力所能及的范围内,在不同的方面依照各自的特点为学校提供物质的或经济的支持。"企业事业组织、社会团体及其他社会组织和个人,可以通过适当形式,支持学校的建设,参与学校管理。"这是《教育法》作出的规定。《中国教育现代化2035》也指出:"形成全社会共同参与的教育治理新格局","推动社会参与教育治理常态化,建立健全社会参与学校管理和教育评价监管机制","全方位协同推进教育现代化,形成全社会关心、支持和主动参与教育现代化建设的良好氛围"。

社会各界为学生实习与社会实践活动提供便利。《教育法》第四十八条规定:"国家机关、军队、企业事业组织及其他社会组织应当为学校组织的学生实习、社会实践活动提供帮助和便利。"学生实习、社会实践需要在广泛的社会场所中进行,因而必须有社会各界的广泛支持。社会应设法向学生提供实习与实践场所,提供相应的设施、交通以及人力、财力与其他物力的支持。学生实习和社会实践是整个教育过程中的一个十分重要的环节。社会各界应从培养人才的高度来对待它,尽可能为各级各类学校所组织的实习与社会实践提供帮助和便利。

社会公共文化设施对师生的优惠与公共传媒的教育职能。公共文化设施包括图书馆、博物馆、科技馆、文化馆、美术馆、体育馆(场)、历史文化古迹和革命纪念馆(地)等。这些公共文化设施向社会开放,人人都有享用的权利。它们对于传播社会文化、建设社会主义精神文明具有重要作用。为了配合学校做好对师生,特别是对学生的教育工作,公共文化设施应当对教师、学生实行优待,为学生接受教育提供便利。公共传媒是指书籍、报刊、广播、电视。广播、电视对于拓宽受众的知识面,强化或弱化受众的某种价值观念、传递信息等方面具有重要意义。广播、电视的教育作用是多方面的,既可以影响和促进受教育者的思想品德,也可以影响和促进受教育者文化和科学技术素质的提高。因此要积极发展广播电视教育和学校电化教育,使大多数学校能够直接收看教育电视节目。《教育法》第五十一条对此作出了规定:"图书馆、博物馆、科技馆、文化馆、美术馆、体育馆(场)等社会公共文化体育设施,以及历史文化古迹和革命纪念馆(地),应当对教师、学生实行优待,为受教育者接受教育提供便利。广播、电视台(站)应当开设教育节目,促进受教育者思想品德、文化和科学技术素质的提高。"

社会要建立和发展校外教育机构,开展校外教育工作。《教育法》第五十二条规定:"国家、社会建立和发展对未成年人进行校外教育的设施。学校及其他教育机构应当同基层群众性自治组织、企业事业组织、社会团体相互配合,加强对未成年人的校外教育工作。"校外教育机构、场所,是社会主义精神文明建设的重要阵地,主要是指少年之家、少年宫、少年儿童活动中心、少年科技站、各种业余体校、艺校以及各种校外教育活动站。社会各界都应加强对未成年人的校外教育工作,促进学生的全面发展。

(二) 学校及其他教育机构应积极参加社会公益活动

《教育法》第四十九条规定:"学校及其他教育机构在不影响正常教育教学活动的前提下,应当积极参加当地的社会公益活动。"社会公益活动是指带有自愿性质和义务性质的有益于社会公众并符合国家有关规定的社会活动。一般说来,公民个人和包括学校及其他教育机构在内的社会法人组织,都应该积极参加社会公益活动。对于学校及其他教育机构而言,积极参加社会公益活动更有其自身的必要性。因为现代社会的教育活动虽然已成为由学校及其他教育机构独立承担的专门活动,但是学校及其他教育机构的教育活动并没有包括社会所有的教育活动。参加社会公益活动是社会教育的一个内容,包括公益劳动、文化宣传、公众服务、社会调查、参观访问等。另外,还得注意一点,参加社会公益活动应以不影响正常教育教学活动为前提。

二、教育投入与条件保障

(一) 我国教育经费筹措体制

在新中国成立后很长一段时期内,教育经费在计划经济体制的指导下由中央财政戴帽下拨,再由地方财政部门予以管理,地方教育行政部门安排使用。改革开放后,由于教育事业的迅速发展,原有的教育投入体制难以与之相适应。自此以后便开始了教育经费筹措体制改革的探索。对于在探索中取得的成果,《教育法》予以确认和保障。

现在,国家建立以财政拨款为主、其他多种渠道筹措教育经费为辅的多元化投资体制,逐步增加对教育的投入,保证国家举办的学校教育经费的稳定来源。教育经费筹措的渠道主要有以下几方面:

第一,国家财政性教育经费支出,这是筹措教育经费的主要渠道。《教育法》第五十五条规定:"国家财政性教育经费支出占国民生产总值的比例应当随着国民经济的发展和财政收入的增长逐步提高。具体比例和实施步骤由国务院规定。全国各级财政支出总额中教育经费所占比例应当随着国民经济的发展逐步提高。"另外,各级人民政府教育财政拨款的增长应当高于财政经常性收入的增长,并使在校学生人数平均的教育费用逐步增长,保证教师工资和学生人均公用经费逐步增长(简称"三个增长")。

第二,城乡教育费附加。教育费附加是根据国务院有关规定,在全国城乡普遍征收的、主要用于实施义务教育的专项费用。《教育法》第五十八条第一款规定:"税务机关依法足额征收教育费附加,由教育行政部门统筹管理,主要用于实施义务教育。"教育费附加除铁道系统、中国人民银行总行、各专业银行总行、保险总公司随同营业税上缴中央,其余均就地上缴地方。

第三,校办产业、社会服务收入。开展勤工俭学、组织社会服务、兴办校办产业是多渠道筹措教育经费的重要途径。《教育法》第五十九条规定:"国家采取优惠措施,鼓励和扶持学校在不影响正常教育教学的前提下开展勤工俭学和社会服务,兴办校办产业。"

第四,社会力量捐资、集资。捐资助学是指境内企业、事业单位、社会团体及其他社会组织和个人,以及境外社会组织和个人,向教育机构捐资兴建校舍,购置仪器、设备、图书资料,设立教育基金会、奖学金以及其他以促进教育事业发展为目的的捐赠。《教育法》第六十条规定:"国家鼓励境内、境外社会组织和个人捐资助学。"

第五,运用金融、信贷手段融资。运用金融、信贷手段,融通教育资金,是对社会主义市场经济条件下开发支持教育事业发展的有效手段的新探索。《教育法》第六十二条规定:"国家鼓励运用金融、信贷手段,支持教育事业的发展。"

第六,设立教育专项资金。教育专项资金是指专门用于某项教育事业或活动的专用财政经费。自1983年起,中央设立扶持贫困地区普及九年义务教育的专项资金,同时地方财政也投入相应的配套资金。《教育法》第五十七条规定:"国务院及县级以上地方各级人民政府应当设立教育专项资金,重点扶持边远贫困地区、少数民族地区实施义务教育。"

第七,收取学杂费。《教育法》第三十条第五款规定:学校应"遵照国家有关规定收取费用并公开收费项目。"根据此项规定,各级各类学校可以按照中央和地方各级政府及有关部门的收费标准,适当收取学杂费。我国由国家举办的实施义务教育的学校,不收学费;非义务教育的学校可适当收取学费。杂费由学校酌情收取,取之于学生,用之于学生。

(二)教育经费的管理与监督

加快教育事业的发展,除了要继续加大教育投入外,还要加强对教育经费的管理,提高教育投资效益。《中国教育现代化2035》提出要优化教育经费使用结构,全面实施绩效管理,建立健全全覆盖、全过程、全方位的教育经费监管体系,全面提高经费使用效益。《教育法》第六十三条规定:"各级人民政府及其教育行政部门应当加强对学校及其他教育机构教育经费的监督管理,提高教育投资效益。"

为了确保国家财政性教育经费支出占国民生产总值比例随国民经济的发展和

财政收入的增长而逐步提高,一定要实行"各级人民政府的教育经费支出,按照事权和财权相统一的原则,在财政预算中单独列项。"在现行的国家预算体制中,列支的教育经费包括教育事业费、教育基建费,它们分属于财政预算支出的"文教卫生事业类"和"基本建设支出类"中的等级,各有不同的预算、拨款和管理渠道。实行教育经费单独列支,就是要逐步改革教育经费管理体制,在预算科目上提高教育经费的预算等级,将教育事业费、教育基建费合并,使之单独成为一个预算支出项目,由国家预算支出的第二次分配升格为第一次分配。

(三) 教育条件保障

在《教育法》第七章有关教育条件保障方面,主要规定了在城乡建设规划中应列入学校建设规划,保障学校建设与城市改造、发展同步进行。另外,对直接用于教育教学的教科书的出版,仪器、设备的生产和进口等问题均明确规定了国家的倾斜和优惠政策。此外还就县级以上人民政府在发展现代化教学手段方面的责任作了规定。

从城乡经济、社会发展规划和城乡人口状况,以及国家有关学校设置的总体布局要求出发,地方各级人民政府及其有关部门在制定城乡建设规划时,要统筹安排国家举办的各级各类学校的设置,将其纳入城乡建设总体规划。纳入城乡建设规划的学校,应与城乡建设同步进行。对学校建设用地及所需物资,应按照国家有关规定实行优先、优惠政策。对此,《教育法》第六十四条规定:"地方各级人民政府及其有关行政部门必须把学校的基本建设纳入城乡建设规划,统筹安排学校的基本建设用地及所需物资,按照国家有关规定实行优先、优惠政策。"

以教科书为主的教材建设,是教育事业中重要的基础性建设。教学用图书资料是教师教学和学生学习的重要参考资料和提高教学效果的重要手段,是教育教学活动的必要保证条件。教学仪器、设备是进行正常教学活动的重要物质手段,对完成教学任务、提高教学质量有着重要作用。为做好教材和教学用图书资料的出版发行工作,国家对教科书的出版发行实行低价、微利政策,并对一些发行量小的教科书在一定时期内实行补贴政策。教学仪器设备生产所需的原材料,要依照国家有关规定予以优惠供应。生产部门要努力降低生产成本和价格,保证质量合格。根据教育教学的需要,学校及其他教育机构从国外进口教学用图书资料和教学仪器设备,是改善办学条件、提高教学质量的措施之一。为保障教学的实际需要,国家对确需进口的教学用图书资料、教学仪器、设备的进口,实行优惠政策。有关这一点,《教育法》第六十五条作出了明确规定:"各级人民政府对教科书及教学用图书资料的出版发行,对教学仪器、设备的生产和供应,对用于学校教育教学和科学研究的图书资料、教学仪器、设备的进口,按照国家有关规定实行优先、优惠政策。"

为了实现教育现代化,国家鼓励学校及其他教育机构推广运用现代化教学方式。《教育法》第六十六条规定:"国家推进教育信息化,加快教育信息基础设施建设,利用信息技术促进优质教育资源普及共享,提高教育教学水平和教育管理水平。县级以上人民政府及有关部门应当发展教育信息技术和其他现代化教学方式,有关行政部门应当优先安排,给予扶持。"

三、教育对外交流与合作

(一) 教育对外交流与合作的基本原则

教育对外交流与合作是指我国和世界上各个国家和地区间与教育有关的交流与合作。主要形式有:(1) 人员交流。主要是互派留学生、教师、讲学专家和研究人员,从事学习和研究。互派教育代表团、组织进行访问和考察。(2) 物质交流。如图书、资料、教育设施的赠送、交换和转让。(3) 信息交流。如参加国际学术会议及利用现代国际通信网络进行的大量而快捷的信息采集与交换。(4) 开展国际教育合作项目。如提供财政支援开展教育发展项目,建立各种培训中心进行人员培训,进行合作研究、联合办学等。目前我国支持和鼓励教育对外交流与合作,是我国社会、政治、经济对外开放的需要;是对外宣传我国悠久历史和灿烂文化的需要;是作为我国外交工作的补充,并服务于国家的外交事业;能够充分借鉴世界发达国家发展教育的经验,为我国教育改革服务;能够促进我国科学技术的对外交流与合作,提高科技水平,并培养具有国际水平的优秀人才。

因此,《教育法》第六十七条规定:"国家鼓励开展教育对外交流与合作,支持学校及其他教育机构引进优质教育资源,依法开展中外合作办学,发展国际教育服务,培养国际化人才。教育对外交流与合作坚持独立自主、平等互利、相互尊重的原则,不得违反中国法律,不得损害国家主权、安全和社会公共利益。"独立自主的实质就是要维护国家主权,我国是独立的主权国家。在教育工作中,教育基本方针、教育基本制度、学校的课程结构、学位制度等,都反映了一个国家发展教育的价值取向,都是教育主权的各个方面,都应是独立自主的。我们发展社会主义教育事业,要学习和借鉴各国教育的优秀经验,同时反对强加于人的意识形态和价值取向。各国的历史不同,发展程度不一,但都有各自的特色和长处。因此在交流与合作中要相互尊重,互惠互利。我国是发展中国家,教育的许多方面离国际水平有一定差距,但也有自身的特色。因此在对外交流中既要虚心学习,也要不卑不亢;既要有选择地吸收他国经验,也要宣传我们的成就。最后,教育对外交流与合作应与我国有关的法律相一致。在对外交往中要遵守中国法律,遵守国家有关保密的规定,在有些问题上还应维护国家主权和社会公共利益。

(二)境内公民出国留学、研究、进行学术交流或者任教的有关规定

《教育法》第六十八条规定:"中国境内公民出国留学、研究、进行学术交流或者任教,依照国家有关规定办理。"

出国留学是指留居他国学习,一般指进行较系统的学习,包括为获得某种学位或某种教育程度毕业证而进行的较长期的学习,也包括相对短期的进修。我国对留学人员和留学工作的总方针是"支持留学、鼓励回国、来去自由"。对公派留学的原则是"按需派遣、保证质量、学用一致"。对于公派留学,我国自1996年开始全面推行改革办法。国家教委建立"国家留学基金管理委员会",公派出国留学人员以国家留学基金资助的方式选派。自费出国留学人员需提供可靠的经费保证,可自行联系国外高等学校、科研机构学习。

为了维护国家教育主权和保护自费留学人员的权益,国家规定国内外组织和个人不得擅自在中国境内招收自费出国留学生。

境内公民出国研究和学术交流,主要是指较短期的学术访问和考察、短期合作研究、短期讲学、参加国际学术会议等经常性的、较普遍的交流形式。国家鼓励和支持高等学校和科研机构开拓多种交流渠道,开展多种形式的学术交流。出国任教是指根据我国对外文化、教育交流协定选派教师出国长期(一年以上)任教或短期(不满一年)讲学。选派的教师应该能在思想品德、外语、业务水平等方面胜任出国教学工作。出国教师在国外工作期间应严格按照协议、合同、聘约的规定努力工作,遵守我国有关规定和所在国的法律,积极发展同各国人民的友谊。

(三)境外个人来华学习、研究、进行学术交流或者任教的有关规定

境外个人可以根据我国的规定进入中国高等学校及其他教育机构学习、研究、进行学术交流或者任教。教育交流的来华境外人员包括来华外国留学生、短期进修和学术交流人员以及受聘于中国教育机构进行讲学的外国专家。

按来华留学人员的教育程度和学习目标可分为大学生、硕士研究生、博士研究生、普通进修生和高级进修生。我国接受外国留学人员的渠道有三种:(1)根据中国政府和外国政府的双边交流协定,由外国政府派遣来华学习。(2)根据中国高等学校和外国高等学校所签订的校际交流协议进行留学生交换。(3)外国个人自费来华学习,可直接向希望入学的高等学校提出申请,入学手续按有关学校的规定办理。外国留学人员在中国境内学习,须遵守中国的法律、法规和所在学校的校纪校规,不得从事与其身份不符的活动,不得进行有损我国国家安全的活动。外国学者

来华进行研究和学术交流一般是通过校际交流的渠道,或通过有关的学术组织和团体按签订的协议进行。聘请外国专家、学者来我国高等教育机构任教,是提高我国高等教育的教学水平,加速学科建设,加快人才培养的有效措施。在聘请外国专家时要做到按需择优选聘,保证质量,用其所长。外籍专家、学者在我国不得从事与教学无关的社会工作,如采访、经商、咨询服务等活动,应当遵守我国的法律和履行签订的合同。同时,我国也保护外籍专家的合法权益。

(四)对外国教育证书的承认

个人获得国家承认的学位证书、学历证书及其他学业证书,既表明证书获得者所受教育程度和所达到的学业水平之外,同时也承认证书获得者享有相关的权益。这种权益包括继续接受高一级教育的资格,从事某种岗位工作或某种职业的资格,以及获得相应待遇的权利。一国对他国教育机构颁发的教育证书承认与否,是一国教育主权的体现。就此,我国《教育法》第七十条规定:"中国对境外教育机构颁发的学位证书、学历证书及其他学业证书的承认,依照中华人民共和国缔结或者加入的国际条约办理,或者按照国家有关规定办理。"

四、违反《教育法》的法律责任

《教育法》对各种违法行为的法律责任作出了明确的规定。下面简略予以介绍,本书第四章"教育法律责任"部分已作了更详细的说明。

(一)违反有关教育经费规定的法律责任

《教育法》第七十一条规定:"违反国家有关规定,不按照预算核拨教育经费的,由同级人民政府限期核拨;情节严重的,对直接负责的主管人员和其他直接责任人员,依法给予处分。违反国家财政制度、财务制度,挪用、克扣教育经费的,由上级机关责令限期归还被挪用、克扣的经费,并对直接负责的主管人员和其他直接责任人员,依法给予处分;构成犯罪的,依法追究刑事责任。"上述违法行为的主体,主要是指参与教育经费预算核拨的各级人民政府及其财政部门、教育行政机关及其负责人。根据《中华人民共和国预算法》的规定,教育事业经费支出属于预算支出。各级政府财政部门必须依照法律、行政法规和国务院财政部门的规定,及时、足额地拨付预算支出。不按照预算核拨教育经费,依照法律规定应承担相应的法律责任:第一,由同级人民政府限期核拨。第二,情节严重的,对直接负责的主管人员和其他直接责任人员依法给予行政处分。行政处分的对象只能是个人。行政处分有六种形式:警告、记过、记大过、降级、撤职和开除。挪用、克扣教育经费等违法行为的主体包括国家工作人员、集体经济组织工作人员、各级各类学校及其他教育机构的负责人以及其他经手、管理教育经费的人员。挪用行为主要是指有关单位和人员,利用核拨、收取、管理、使用、经手等工作或职务上的便利,将教育经费归个人或集体使用。克扣主要是指应当拨付、支付教育经费的单位和个人,能够核拨、支付却不足额核拨、支付教育经费的行为。对挪用、克扣教育经费构成犯罪的,要依照《刑法》承担刑事责任。

(二) 扰乱教育秩序、侵占学校财产的法律责任

《教育法》第七十二条规定:"结伙斗殴、寻衅滋事,扰乱学校及其他教育机构教育教学秩序或者破坏校舍、场地及其他财产的,由公安机关给予治安管理处罚;构成犯罪的,依法追究刑事责任。侵占学校及其他教育机构的校舍、场地及其他财产的,依法承担民事责任。"

结伙斗殴、寻衅滋事,扰乱学校及其他教育机构教育教学秩序的行为,是指有关人员或组织,在学校及其他教育机构内部或周围,寻衅滋生事端,结伙斗殴,围攻教师、学生或者调戏女学生,闯入教学场所,妨碍阻挠教师的教学活动以及在学校及其他教育机构周围架设高音喇叭或非法施工以及进行造坟哭坟、迷信活动等,致使学校及其他教育机构停学停课,使正常的教育教学活动无法开展或造成其他严重后果的情形。破坏校舍、场地及其他财产的行为主要是指偷窃、哄抢、勒索学校及其他教育机构的教学仪器、设施或其他物资,故意打、砸房屋校舍及其他财产的活动。这些违法行为,依照《治安管理处罚法》的有关规定处理。对情节严重、构成犯罪的,依照《刑法》规定,分别以扰乱社会秩序罪、故意毁坏公私财物罪论处。侵占学校及其他教育机构的校舍、场地及其他财产的行为,是一种民事侵权行为。《民法通则》规定:"侵占国家的、集体的财产或者他人财产的,应当返还财产,不能返还财产的,应当折价赔偿。"

(三) 使用危险房屋进行教学活动造成损失的法律责任

《教育法》第七十三条规定:"明知校舍或者教育教学设施有危险,而不采取措施,造成人员伤亡或者重大财产损失的,对直接负责的主管人员和其他直接责任人员,依法追究刑事责任。"使用危险房屋进行教育教学活动,违反了我国法律、法规的规定。《教育法》第二十七条第三款规定:设立学校及其他教育机构,必须"有符合规定标准的教学场所及设施、设备等"。明知校舍或者教育教学设施有危险,而不采取措施,造成人员伤亡或者重大财产损失负有直接责任的主管人员和其他直接

责任人员,根据主体的不同类别依据刑法的有关规定,分别追究其刑事责任。

(四) 违规向学校收取费用的法律责任

《教育法》第七十四条规定:"违反国家有关规定,向学校或者其他教育机构收取费用的,由政府责令退还所收费用;对直接负责的主管人员和其他直接责任人员,依法给予处分。"上述违法行为的主体,主要是指各级政府的教育行政部门、税务部门、财政部门等。一些地区和部门的单位,在国家法律、法规和有关收费管理规定之外,无依据或违反收费标准、范围、用途和程序的要求,向学校或者其他教育机构乱收费、乱罚款,以各种名义强行向学校或其他教育机构集资摊派或通过学校向学生家长征收税费。对这些违法行为,直接负责的主管人员和其他直接责任人员,应依法承担以下法律责任:其一,退还所收费用;其二,对主管人员和直接责任人员给予行政处分。

(五) 非法举办学校或其他教育机构的法律责任

《教育法》第七十五条规定:"违反国家有关规定,举办学校或者其他教育机构的,由教育行政部门或者其他有关行政部门予以撤销;有违法所得的,没收违法所得;对直接负责的主管人员和其他直接责任人员,依法给予处分。"

我国在教育机构的设置管理上,实行批准设立制度和登记注册制度。举办教育机构,须经主管机关的批准或者经主管机关登记注册,才能取得合法地位,并受到法律保护。非法举办学校或其他教育机构,应承担如下法律责任:其一,由教育行政部门或者其他有关行政部门予以撤销;其二,有违法所得的,没收违法所得;其三,对直接负责的主管人员和其他直接责任人员,依法给予处分。

(六) 违法招收学生的法律责任

《教育法》第七十六条规定:"学校或者其他教育机构违反国家有关规定招收学生的,由教育行政部门或者其他有关部门责令退回招收的学生,退还所收费用;对学校、其他教育机构给予警告,可以处违法所得五倍以下罚款;情节严重的,责令停止相关招生资格一年以上三年以下,直至撤销招生资格、吊销办学许可证;对直接负责的主管人员和其他直接责任人员,依法给予处分;构成犯罪的,依法追究刑事责任。"违反国家有关规定招收学生,主要是指学校及其他教育机构或其他社会组织和个人,违反国家有关办学和招生方面的规定,不按照国家的招生计划或者超出经批准的办学权限和范围,招收录取学生。对非法招收学生的学校及其他教育机构,应责令其清退招收的学生。对直接负责的主管人员和其他直接责任人员,视情节、后果和社会不良影响的程度,依法给予处分。

(七) 招生工作中徇私舞弊的法律责任

《教育法》第七十七条规定:"在招收学生工作中徇私舞弊的,由教育行政部门或者其他有关行政部门责令退回招收的人员;对直接负责的主管人员和其他直接责任人员,依法给予处分;构成犯罪的,依法追究刑事责任。"

所谓招生徇私舞弊,是指违法行为主体在招生工作中利用职务上的便利,明知违反国家有关招生工作的规定,为徇私情而采取欺骗、蒙混等舞弊行为招收学生。招收学生工作中出现的徇私舞弊行为,有下列情形之一,除对有关违法主体依法予以行政处分外,凡违反治安管理尚不够刑事处罚的,应按《治安管理处罚法》实施处罚;情节严重,构成犯罪的,由司法机关分别依照《刑法》有关条款规定追究行为人刑事责任:其一,泄露国家招生考试试题、参考答案、评分标准的;其二,利用职务上的便利,收受或索取贿赂、敲诈勒索财物或者贪污招生费用的;其三,伪造、编造、盗窃、毁灭公文、证件印章的。

(八) 学校及其他教育机构违法向受教育者收取费用的法律责任

《教育法》第七十八条规定:"学校及其他教育机构违反国家有关规定向受教育者收取费用的,由教育行政部门或者其他有关行政部门责令退还所收费用;对直接负责的主管人员和其他直接责任人员,依法给予处分。"

学校及其他教育机构违反国家有关收费范围、收费项目、收费标准以及有关收费事宜的审批、核准、备案以及收费的减、免等方面的规定,向受教育者违法或不合理收取费用,一经发现和查实,主管教育行政部门责令其向受教育者退还所收费用;对主管领导和直接责任人员视其情节和后果,由主管教育行政部门及其他有关部门予以相应的行政处分。

(九) 违反国家教育考试的法律责任

法律规定的国家考试,仅限于全国人民代表大会及其常务委员会制定的法律所规定的考试。主要包括:(1)普通高等学校招生考试、研究生招生考试、高等教育自学考试、成人高等学校招生考试等国家教育考试。(2)中央和地方公务员录用考试。(3)国家统一法律职业资格考试、国家教师资格考试、注册会计师全国统一考试、会计专业技术资格考试、资产评估师资格考试、医师资格考试、执业药师职业资格考试、注册建筑师考试、建造师执业资格考试等专业技术资格考试。(4)其他依照法律由中央或者地方主管部门以及行业组织的国家考试。上述考试涉及的特殊类型招生、特殊技能测试、面试等考试,也包括在内。

在国家教育考试中作弊,视具体情况对不同人员依法作出处理。对于考生来说,《教育法》第七十九条规定:"考生在国家教育考试中有下列行为之一的,由组织考试的教育考试机构工作人员在考试现场采取必要措施予以制止并终止其继续参加考试;组织考试的教育考试机构可以取消其相关考试资格或者考试成绩;情节严重的,由教育行政部门责令停止参加相关国家教育考试一年以上三年以下;构成违反治安管理行为的,由公安机关依法给予治安管理处罚;构成犯罪的,依法追究刑事责任:(一)非法获取考试试题或者答案的;(二)携带或者使用考试作弊器材、资料的;(三)抄袭他人答案的;(四)让他人代替自己参加考试的;(五)其他以不正当手段获得考试成绩的作弊行为。"

对于组织考试作弊者来说,《教育法》第八十条规定:"任何组织或者个人在国家教育考试中有下列行为之一,有违法所得的,由公安机关没收违法所得,并处违法所得一倍以上五倍以下罚款;情节严重的,处五日以上十五日以下拘留;构成犯罪的,依法追究刑事责任;属于国家机关工作人员的,还应当依法给予处分:(一)组织作弊的;(二)通过提供考试作弊器材等方式为作弊提供帮助或者便利的;(三)代替他人参加考试的;(四)在考试结束前泄露、传播考试试题或者答案的;(五)其他扰乱考试秩序的行为。"

对于教育行政部门和教育考试机构来说,举办国家教育考试,教育行政部门、教育考试机构疏于管理,造成考场秩序混乱、作弊情况严重的,对直接负责的主管人员和其他直接责任人员,依法给予处分;构成犯罪的,依法追究刑事责任。

(十)违法颁发教育证书的法律责任

《教育法》第八十二条规定:"学校或者其他教育机构违反本法规定,颁发学位证书、学历证书或者其他学业证书的,由教育行政部门或者其他有关行政部门宣布证书无效,责令收回或者予以没收;有违法所得的,没收违法所得;情节严重的,责令停止相关招生资格一年以上三年以下,直至撤销招生资格、颁发证书资格;对直接负责的主管人员和其他直接责任人员,依法给予处分。"

除以上规定以外的任何组织或者个人制造、销售、颁发假冒学位证书、学历证书或者其他学业证书,构成违反治安管理行为的,由公安机关依法给予治安管理处罚;构成犯罪的,依法追究刑事责任。同时,法律还规定了以作弊、剽窃、抄袭等欺诈行为或者其他不正当手段获得学位证书、学历证书或者其他学业证书的,由颁发机构撤销相关证书。购买、使用假冒学位证书、学历证书或者其他学业证书,构成违反治安管理行为的,由公安机关依法给予治安管理处罚。

(十一) 侵犯教师、受教育者、学校及其他教育机构合法权益的法律责任

《教育法》第八十三条规定:"违反本法规定,侵犯教师、受教育者、学校或者其他教育机构的合法权益,造成损失、损害的,应当依法承担民事责任。"违反本法规定,侵犯教师、受教育者、学校及其他教育机构的合法权益,主要有:侵犯教师、受教育者的生命健康权和人格权,包括姓名权、肖像权、名誉权和荣誉权;侵犯学校及其他教育机构的名称权、名誉权和荣誉权;侵占学校及其他教育机构的校舍、场地或者损害学校及其他教育机构、教师、受教育者的财产所有权;侵犯教师、受教育者、学校或其他教育机构的著作权、专利权、商标专用权、发现权、发明权或者其他科技成果权。

第六章 《中华人民共和国教师法》解读

《教师法》于1993年10月第八届全国人大常委会第四次会议通过,1993年10月31日中华人民共和国主席令第十五号公布,自1994年1月1日起施行。《教师法》的制定与颁布,是针对我国教师物质待遇较低,社会地位不高,自身素质有所下降的现实而进行的。它的颁行,标志着我国教师队伍建设走上了法制化的轨道。

《教师法》共九章四十三条。对教师的身份与地位、教师的权利和义务、教师的资格和任用、教师的培养和培训、教师的考核、教师的待遇、教师的奖励、法律责任等方面进行了较为详细的规定。

第一节 教师的权利和义务

一、教师的法律地位

教师的法律地位是指法律对教师职业的定位。《教师法》第三条规定:"教师是履行教育教学职责的专业人员,承担教书育人,培养社会主义事业建设者和接班人、提高民族素质的使命。教师应当忠诚于人民的教育事业。"这一规定揭示了教师法律地位的内涵。对此规定,可从以下三个方面来理解:

第一,教师的身份是专业人员。专业人员,即专门从事某种专业技术工作的人。按照劳凯声教授的看法,在众多有关专业标准的论述中,最重要的是,从事这一职业的人员是否必须运用专门的知识与技能,因而具有不可替代性;是否必须经过系统的专业教育和训练;在从事该职业时是否享有相当的独立自主权;是否具有为确保本专业的独特性而必需的专业团体和职业道德;是否具有为社会不特定人群服务的非营利观念。对于教师的身份,我国的《教师法》表述为"履行教育教学职责的专业人员"。这是国家在法律上对教师地位的一种认可,是教师的本质特征。[①]如同医生、律师一样,教师是一种从事专门职业活动的专业人员。

第二,教师的职业要求其履行教育教学职责。按《教师法》第二条的规定,只有直接承担教育教学任务的人,才具备教师的基本条件。因此,在学校中,只承担教育教学工作的人属于教师,既承担行政管理职务或其他专业职务,同时也履行教育教学职责的人,也属于教师。而在学校中未直接从事教育教学工作,未履行教学职责的行政管理人员、校办产业公司人员、教学辅助人员等,一般不能认定为教师,与教师的法律地位也不相同。

第三,教师的使命是"教书育人,培养社会主义事业建设者和接班人、提高民族素质。这也是《教师法》赋予教师的责任。它首先要求教师承担起对学生个体培养的责任,在教育教学过程中,既要向学生传授系统的科学文化知识,也要注意培养学生的思想道德情感。其次要求教师承担起提高整个民族素质的责任,为社会主义事业培育人才。

教师的法律地位就是通过立法确立的教师的职业地位。从广义上看,教师的法律地位应涵盖教师的政治地位、经济地位和职业声望等方面的内容。在国家公务员制度实施以前,教师与国家机关工作人员适用同一类人事管理制度,因此,教师的法律地位与公务员有很大的相似之处。它与其他许多职业一起并称为"国家工作人员"或"干部"。这是一个以国家编制为确认标准、依法从事国家公务的人员群体。这种过于笼统、缺乏科学分类、概念含义不清的职业分类不仅没有突出教师的职业特点,而且也使教师的社会地位处于一个较低的位置。

《教师法》明确规定:"教师是履行教育教学职责的专业人员"。由于教师"承担教书育人,培养社会主义事业建设者和接班人、提高民族素质的使命",因此,"全社会都应当尊重教师","教师的平均工资水平应当不低于或者高于国家公务员的平均工资水平,并逐步提高。"这就在法律上确立了教师作为一个专业人员所具有的政治地位、经济地位和职业声望,从而在一定程度上解决了教师的身份问题。

我国教师的政治地位是通过其享有的政治权利来体现的,并受有关法律的确认与保护。由于教师职业的特殊性,我国教师在其政治生活中扮演着两种不同的角色:一方面,教师是社会的普通公民,参与国家的政治生活是教师应有的权利。另一方面,教师作为履行教育教学职责的专业人员,有权参与学校的民主管理。但是,教师在享有自己政治权利的同时,也必须履行自己应尽的政治义务,如遵守宪法和有关的法律,遵循学校的规章制度。

我国教师的经济地位通过法律所规定的收入水平和其他物质待遇来体现。我国《教师法》第二十五条确立了教师工资水平的原则:"教师的平均工资水平应当不

[①] 劳凯声.教师职业的专业性和教师的专业权力[J].教育研究,2008(2):7-14.

低于或者高于国家公务员的平均工资水平,并逐步提高。建立正常晋级增薪制度,具体办法由国务院规定。"同时,《教师法》也对教师享有的教龄津贴、住房优惠、医疗和养老保险作出了明确的规定。把我国教师的经济待遇与公务员相比,主要是由于他们在履行自己的职责过程中都在为国家和社会承担重要的责任。因此,《教师法》所提出的教师收入水平的原则以及其他物质待遇的规定,使我国教师的经济地位有了很大的提高。

《教师法》的颁布确立了教师的职业声望。教师的职业声望是教师职业的声誉和名望的总称。它的形成与教师职业的专业化程度以及教师对社会所起的重要作用直接相关。教师在承担重大社会责任的基础上,以自己广博的专业知识和高度的责任感与奉献精神而树立起来的社会典范形象使教师具有较高的社会声望。所以,《教师法》规定"每年九月十日为教师节""全社会都应当尊重教师",这从法律上确立了教师较高的职业声望。

二、教师的权利和义务[①]

教师作为普通公民,其应该享有法律赋予普通公民的各项权利,履行各项义务。教师作为教育教学专业人员,其应享有特有的权利,履行特有的义务。《教育法》第三十二条规定:"教师享有法律规定的权利,履行法律规定的义务,忠诚于人民的教育事业。"《教师法》第二章第七条和第八条,专门规定了教师作为专业人员所享有的权利和应履行的义务。

(一) 教师的权利

第一,进行教育教学活动,开展教育教学改革和实验。这项权利可简称为教育教学权,是教师履行教育教学职责所具有的基本的职业权利。这项权利主要是指教师根据其职业特点,可以依据其所在学校的培养目标组织课堂教学;可在不违背课程计划、课程标准要求的前提下,确定自己的教学内容和进度;可针对学生的实际情况,在教育教学的形式、方法、内容、过程等方面进行设计、试验和改革完善。

第二,从事科学研究、学术交流,参加专业的学术团体,在学术活动中充分发表意见。这项权利可简称为科学研究权。这项权利主要是指教师在完成规定的教育教学任务的前提下,有权进行科学研究、技术开发、教育理论研究等创造性劳动;有

[①] 本部分内容主要参考:(1) 黄崴.教育法学[M].北京:高等教育出版社,2007:186-196.(2) 杨颖秀.教育法学[M].北京:中国人民大学出版社,2008:231-234.(3) 余雅风.新编教育法学[M].上海:华东师范大学出版社,2008:138-145.

权将研究成果发表;可以参加学术交流活动,依法成立或参加学术团体并在其中兼任工作;有自由发表学术观点的权利等。

第三,指导学生的学习和发展,评定学生的品行和学业成绩。这项权利可简称为指导评价权。这项权利主要是保障教师能够运用其专业知识和技能,以正确、科学的方式,促使学生全面发展。它包括教师有权根据学生的身心发展状况及特点,有针对性地指导学生学习;有权对学生的品德、学习、社会活动、文体活动、师生关系、同学关系等方面的表现作出客观评价,并通过平时考查及学期、学年、毕业考试和其他方式对学生的学业成绩作出客观的评价等。

第四,按时获取工资报酬,享受国家规定的福利待遇以及寒暑假期的带薪休假。这项权利可简称为获得报酬权。这项权利是指教师作为劳动者的一员,有权要求所在学校及教育主管部门按照法律及教师聘任合同的规定,按时足额地支付工资报酬、奖金津贴等收入;有权享受国家福利待遇;教师还享有寒暑假带薪休假的特殊权利。

第五,对学校教育教学、管理工作和教育行政部门的工作提出意见和建议,通过教职工代表大会或者其他形式,参与学校的民主管理。这项权利可简称为参与教育管理权。这项权利是指教师享有对学校及其他教育行政部门工作的批评权和建议权;享有通过教职工代表大会、工会等组织形式及其他适当方式,参与学校民主管理,讨论学校改革与发展等方面的重大问题的权利。

第六,参加进修或者其他方式的培训。这项权利可简称为进修培训权。这是教师享有的接受继续教育、不断获得充实和发展的权利,是教师要求职业上的提升和进步,要求自身发展和价值升华的体现。教师有权参与进修和接受其他多种形式的培训,不断更新知识,调整知识结构,提高自己的思想品德和业务素质,保障教育教学质量。教育行政部门、学校和其他教育机构应当采取多种形式,开辟多种渠道,保证教师进修培训权的顺利行使。

(二) 教师的义务

第一,遵守宪法、法律和职业道德,为人师表。教师作为中华人民共和国的公民,首先必须遵守宪法和法律。教师作为人类灵魂的工程师,承担培养下一代的重要使命,应当遵守职业道德,以高尚的品质和优良的情操来对学生的心灵产生潜移默化的影响,以敬业勤奋、诚实守信、遵纪守法、博学多才等品质,垂范学生。

第二,贯彻国家的教育方针,遵守规章制度,执行学校的教学计划,履行教师聘约,完成教育教学工作任务。教师职业与一般职业不同,教师工作的对象是人不是物,教师的工作关系到学生未来的发展。因此,教师履行教师聘约的责任比一般职业更为重要。教师应当遵守学校和教育主管部门制定的规章制度,执行学校根据国家规定的课程计划、课程标准而制订的具体教学计划,保障教育教学质量。

第三,对学生进行宪法所确定的基本原则的教育和爱国主义、民族团结的教育,法制教育以及思想品德、文化、科学技术教育,组织、带领学生开展有益的社会活动。教师的职责是"教书育人",对学生进行思想品德教育不仅仅是思想品德教师的任务,更是所有教师不可推卸的责任。教师应当结合自己教育教学业务的特点,把思想品德教育贯穿于整个教育教学活动的始终。

第四,关心、爱护全体学生,尊重学生人格,促进学生在品德、智力、体质等方面全面发展。热爱学生是由教育活动、教师职业特点及学生成长的特殊性所决定的。教师要关爱每个学生,尊重学生人格,与学生建立起良性互动的师生关系。

第五,制止有害于学生的行为或者其他侵犯学生合法权益的行为,批评和抵制有害于学生健康成长的现象。这项义务主要针对侵犯学生合法权益的行为,一是在学校工作中或教育教学相关活动中,教师侵犯其所管理学生的合法权益;二是社会上一些侵犯学生合法权益的现象。保护学生的合法权益和身心健康成长,是教师义不容辞的责任。教师不仅应对自己的言行要求严格,还应尽力为学生创造一个健康、安全的成长环境。

第六,不断提高思想政治觉悟和教育教学业务水平。教育教学既是专业性很强的工作,又是富有创造性和灵活性的工作。这就要求教师不断提高思想觉悟和业务水平,做到与时俱进。在当今知识经济时代,教师要想更好地工作,必须不断学习,加强自身道德修养,调整知识结构,掌握新知识和新技术,从而主动适应时代发展对自身提出的挑战。

教师的基本权利、义务基于教育活动而产生,由教育法律规范所设定,是一种职业特定的法律权利和职业特定的法律义务。它们之间是对立统一、相互依存的关系。教师既是权利的享有者,又是义务的承担者,为此,每位教师应正确行使自己的权利,严格履行自己的义务。

三、教师的权利与义务观[①]

权利和义务是法律关系的核心内容,是明确法律关系主体参加法律活动的重要保障。在实际教育教学工作中,每一位教师具体拥有怎样的权利义务观,则直接影响其义务的履行和权利的享有。

(一)权利与义务相互依存的对等观

对等观是指教师的权利和义务都是对等的。马克思曾说:"没有无义务的权

[①] 参见:柳丽娜.教师应有怎样的权利与义务观[J].教学与管理(理论版),2012(4):44-45.

利,也没有无权利的义务。"①因此,就不应存在只享有权利而不履行义务或只履行义务而不享有权利的教师。这在《教师法》的相关规定中就可发现:(1)《教师法》第七条第一款规定教师有进行教育教学活动,开展教育教学改革和实验的权利,同时第八条第二款规定教师负有贯彻国家的教育方针,遵守规章制度,执行学校的教学计划,履行教师聘约,完成教育教学工作任务的义务。这就说明,教师不是想教就教,不是想怎么教就怎么教,而是必须接受有关义务的约束。(2)《教师法》第七条第二款规定教师有从事科学研究、学术交流,参加专业的学术团体,在学术活动中充分发表意见的权利,同时第八条第三款规定教师负有对学生进行宪法所确定的基本原则的教育和爱国主义、民族团结的教育,法制教育以及思想品德、文化、科学技术教育,组织、带领学生开展有益的社会活动的义务。所以,教师根据自己的学术兴趣,从事某方面的学术研究是一回事,对于学生的宣传教育又是另一回事。这就是所谓的科学研究无禁区,课堂讲授有纪律。因为学生的可塑性较大,明辨是非的能力不够强,有些尚不成熟的学术观点不能简单传递给他们。(3)《教师法》第七条第三款规定教师有指导学生的学习和发展,评定学生的品行和学业成绩的权利,同时第八条第四款规定教师负有关心、爱护全体学生,尊重学生人格,促进学生在品德、智力、体质等方面全面发展的义务。在2001年启动的基础教育新课程改革中,非常强调对学生评价观的转变,即由原先侧重甄别、选拔的评价观转向侧重促进发展的评价观。所以,教师虽然拥有评价学生的权利,但这个权利的行使应以促进学生发展为限,而不是过早地、随意地给学生贴上形色各异的标签。(4)《教师法》第七条第六款规定教师有参加进修或者其他方式培训的权利,同时第八条第六款规定教师负有不断提高思想政治觉悟和教育教学业务水平的义务。这就说明,教师不但有自我发展、提高的权利,也有自我发展、提高的义务。正所谓"学而不厌,诲人不倦",方可为师矣。此外,《教育法》第三十二条明确规定:"教师享有法律规定的权利,履行法律规定的义务,忠诚于人民的教育事业。"教师的权利和义务是相辅相成的统一体。教育教学既是教师的权利,更是教师的义务,教师只有在履行了这一基本义务之后,才能享有相应的"职业权"。

　　权利与义务是对等的,是互为条件的,但在实际生活中却常常发生矛盾。这并不奇怪,因为理论和实际是存在矛盾的。理论上、逻辑上说权利和义务是相等的,原则上是一个人有什么样的权利就有什么样的义务,有什么样的义务就有什么样的权利。但在实际生活中,情况并不这么简单明了,"原则的"是应该的、理想的,"实际的"却离原则和理想还有相当距离。这不仅是因为事情有轻重缓急而有处理的先后,更因为社会制度的弊端和利害冲突而发生的权利与义务的关系失衡。②权

---

① 宋希仁.马克思论权利和义务[J].首都师范大学学报(社会科学版),2007(6):38-45.
② 宋希仁.马克思论权利和义务[J].首都师范大学学报(社会科学版),2007(6):38-45.

利与义务的这种"原则的"与"实际的"距离,应然与实然的矛盾,可以尝试通过教师权利与义务的位次观来解决。

(二) 义务第一、权利第二的位次观

位次观是指在具体的工作情境中,教师应该将自己的义务和权利如何加以排序的问题,即教师是应将自己的义务放第一位,权利放第二位,还是应将自己的权利放第一位,义务放第二位。

按照一般认识,在具体的工作情境中,管理者往往把被管理者的义务放在第一位,权利放在第二位;而被管理者往往把自己的权利放在第一位,义务放在第二位。由于管理者与被管理者之间不同的权利与义务位次观,往往会产生一些误会、矛盾,甚至是冲突。具体到学校领域,学校的管理者(如校长、中层管理干部等)往往会把普通教师的义务放在第一位,权利放在第二位。他们安排某位教师去做某事时,不是不考虑教师的权利问题或者说待遇问题,而是先考虑教师的义务问题,再考虑教师的权利问题。换句话说,学校管理者对于教师权利的尊重是建立在教师履行义务的基础之上。作为普通教师,往往会把自己的权利放在第一位,义务放在第二位。他们在去做某事时,不是不考虑自己的义务问题或者说职责问题,而是先考虑教师的权利问题,再考虑教师的义务问题。换句话说,教师对于自己义务的履行是建立在权利的尊重之上的。学校管理者与教师之间权利与义务位次观的错位,往往会带来不必要的矛盾。比如,校长安排某位老师去做某件事情,某位老师可能会问校长,做这件事情能有什么待遇。校长可能回答,事情都还没有做,谈什么待遇呢?事情做好了自然会有待遇。教师则认为,待遇没有事先说好,就不好去做事情。校长给一份钱,我就干一份活;给一份钱,我干两份活,那是奉献在明处。其实,校长和教师的权利与义务位次观,可以学习其他职业的"行规"。比如坐出租车,就是乘客先享有权利,由出租车司机将乘客送到指定的地点,然后乘客再履行义务,支付车资。出租车司机就是先履行义务,将乘客送到指定的地点,然后再享有权利,接受车资。出租车司机不用担心乘客到了目的地不给钱,乘客也不用担心事先未给钱,出租车司机不将自己送到指定地点(当然,别有用心的乘客或司机属于特例,不在讨论之列)。坐长途区间车则是另外一种"行规"。即乘客要先履行义务(买票,支付车资),然后才能享有权利(运输公司将其送到目的地)。运输公司是先享有权利(收钱),然后再履行自己的义务,将乘客送到既定的车站。

"人对权利的拥有是以他履行相应的义务为条件的"这一基本原则是权利和义务关系的核心。由于现实社会建设权利和义务关系体系的迫切性,特别是道德对权利、义务要求的特殊性,客观上要求主体在社会生活中处理权利与义务的关系时

应注重义务的践履。[①]鉴于此,教师正确的权利与义务位次观应是,将自己的义务放在第一位,权利放在第二位。凡是属于自己职责范围内的事情,不管待遇如何先去做好它,做好了再去申请自己应该享有的权利。眼睛不能只盯着教师的权利。作为学校管理者,正确的权利与义务位次观应是,将教师的权利放在第一位,义务放在第二位。凡是需要安排教师去做的事情,应该事先考虑好教师的回报问题,眼睛不能只盯着教师的义务。长此以往,就会像出租车或者长途运输公司那样形成良好的行规。否则,教师在尽几次义务,却没有获得相应的权利后,也就不再会相信学校管理者了,学校管理者从此也将会失去群众基础,将来的管理定会更加麻烦与复杂。

(三) 权利之于义务的相称、滞后、非物质的回报观

回报观是指教师在履行自己的义务之后,甚至是在为学校或学生发展作了奉献之后,该有怎样的回报观。即教师该怎样看待学校对自己付出的回报。

教师正确的回报观至少包括三个方面:一是相称观。即教师的付出与学校给予的回报是对称的、相称的。二是滞后观。即教师付出后,学校未必能及时给予相应的回报。有的甚至会拖延较长时间。三是非物质回报观。即教师的辛勤劳动并非都一定能给予物质回报,有的只能是精神鼓励,有的是在给予一定的物质奖励后,同时给予精神奖励。有的甚至连精神奖励也没有,可能只是为教师的自我发展创造一些更好的机会罢了(如优先推荐上公开课、外出进修、参加教研活动等)。

上述正确回报观的三个方面,教师尤其要注意的是滞后观和非物质回报观。从教师促进学生的发展来说,本身就是非常滞后的、非物质回报的。正所谓"十年树木,百年树人"。从教师促进学校的发展来说,也具有很强的滞后性,姑且不说许多老师具有高尚的情操,不计较个人得失,付出不图回报。就是对图回报的老师而言,只有学校发展好了,一荣俱荣,方能体现学校对教师的回报。尤其对于身处薄弱学校或者农村学校的教师而言,更是这样。因为那些学校本身的资源非常有限,对于老师的付出无法一一量化,也无法一一给予相称的回报。很多时候是滞后的回报,不足的回报,非物质回报。这些教师们要么是在高尚地工作着,要么是在凭着教师的一份责任感工作着,要么是凭着一份对教师职业的良心工作着。不论是哪种情形,他们都值得敬仰。"师德就道德的真正内涵而言是无法进行量化考核的,唯有在道德规范领域才可以实施量化考核;并且,这样的量化考核只便于实施道德惩罚而不便于实施道德奖励,从而消极地增进教师的集体道德,即它不能确保

---

① 王文东.论权利和义务关系的对等性和非对等性[J].首都师范大学学报(社会科学版),2007(5):49-56.

引导教师走向真正的道德,但至少可以防止教师集体的道德腐败。"[①]因此,教师只有树立合理的权利之于义务的回报观,方能将隐含于教师实践智慧之中的师德,在教育教学实践中不断展现出来。

教师正确的权利义务观不是一朝一夕形成的,需要在学校的教育教学实践中,在学生的交往互动中,不断形成。这个形成过程,既离不开学校良好环境、氛围的支持,更需要每一位教师转变工作理念与思路,加强教育法律法规学习,在权利与义务之间保持良好张力。

第二节 教师基本制度

教师基本法律制度,是指国家以立法的形式来规范教师队伍建设的所有法律法规制度的总称。教师基本法律制度通常由教师资格制度或许可制度、职务或职称制度、任用制度、培训进修制度、奖惩制度、申诉制度等组成。本书主要介绍教师资格制度、教师职务制度和教师聘任制度。

一、教师资格制度

(一)教师资格制度的主要内容

教师资格制度是国家对教师实行的特定的职业许可制度。教师资格是国家对专门从事教育教学人员的最基本要求,是公民获得教师岗位的法定前提条件。1995年,国务院颁布了《教师资格条例》;2000年9月,教育部颁布《〈教师资格条例〉实施办法》。我国全面实施教师资格制度工作正式启动。

我国教师资格制度主要包括以下几方面内容:

1. 教师资格的分类

《教师资格条例》第四条将我国教师资格分为七类:(1) 幼儿园教师资格。(2) 小学教师资格。(3) 初级中学教师资格。(4) 高级中学教师资格。(5) 中等职业学校教师资格。(6) 中等职业学校实习指导教师资格。(7) 高等学校教师资格。

2. 教师资格条件

我国《教师法》第十条规定:"中国公民凡遵守宪法和法律,热爱教育事业,具有良好的思想品德,具备本法规定的学历或者经国家教师资格考试合格,有教育教学

[①] 潘希武.师德量化考核的限度及其消极性[J].上海教育科研,2010(8):56-58.

能力,经认定合格的,可以取得教师资格。"这句话包含了教师资格的四个要件:

一是中国公民。中国公民是指具有中华人民共和国国籍的人。凡符合规定条件的中国公民均可取得教师资格。

二是具有良好的思想政治道德素质。教师的政治思想水平和道德修养是取得教师资格的一个重要条件。教师要教书育人,为人师表,必须具有良好的思想政治道德素质。

三是具有教育教学业务能力。教育教学能力是教师完成教育教学任务所必备的条件。教师应当具备掌握和运用教育心理学的能力、语言表达能力、课堂管理能力、提高教学水平的能力。

四是具备规定的学历或通过教师资格考试。《教师法》第十一条对此作了规定。取得教师资格应当具备相应的学历:取得幼儿园教师资格,应当具备幼儿师范学校毕业及其以上学历;取得小学教师资格,应当具备中等师范学校毕业及其以上学历;取得初级中学教师、初级职业学校文化、专业课教师资格,应当具备高等师范专科学校或者其他大学专科毕业及其以上学历;取得高级中学教师资格和中等专业学校、技工学校、职业高中文化课、专业课教师资格,应当具备高等师范院校本科或者其他大学本科毕业及其以上学历;取得中等专业学校、技工学校和职业高中学生实习指导教师资格应当具备的学历,由国务院教育行政部门规定;取得高等学校教师资格,应当具备研究生或者大学本科毕业学历;取得成人教育教师资格,应当按照成人教育的层次、类别,分别具备高等、中等学校毕业及其以上学历。不具备本法规定的教师资格学历的公民,申请获取教师资格,必须通过国家教师资格考试。国家教育资格考试制度由国务院规定。

3. 教师资格考试

参加教师资格考试合格是教师职业准入的前提条件。教师资格的合格与不合格,必须通过严格的考核来体现。教师资格考试是评价申请教师资格人员是否具备从事教师职业所必需的教育教学基本素质和能力的考试。根据《教师法》的规定:"不具备本法规定的教师资格学历的公民,申请获取教师资格,必须通过国家教师资格考试。"申请幼儿园、小学、初级中学、普通高级中学、中等职业学校教师和中等职业学校实习指导教师资格的人员须分别参加相应类别的教师资格考试。教师资格考试包括笔试和面试两部分。其中,笔试主要考查申请人从事教师职业所应具备的教育理念、职业道德、法律法规知识、科学文化素养、阅读理解、语言表达、逻辑推理和信息处理等基本能力;教育教学、学生指导和班级管理的基本知识;拟任教学科领域的基本知识,教学设计实施评价的知识和方法,运用所学知识分析和解决教育教学实际问题的能力。面试主要考查申请人的职业认知、心理素质、仪表仪态、言语表达、思维品质等教师基本素养和教学设计、教学实施、教学评价等教学基本技能。教师资格考试实行全国统一考试。考试坚持育人导向、能力导向、实践导向和专业化导向,坚持科学、公平、安全、规范的原则。

4. 教师资格的认定

具备《教师法》规定的四项基本要求的中国公民,并不意味着取得教师资格,还必须经过法定的程序和法定机构的认可才能取得教师资格,根据我国分级办学分级管理的原则,《教师法》第十三条规定:"中小学教师资格由县级以上地方人民政府教育行政部门认定。中等专业学校、技工学校的教师资格由县级以上地方人民政府教育行政部门组织有关主管部门认定。普通高等学校的教师资格由国务院或者省、自治区、直辖市教育行政部门或者由其委托的学校认定。"教师资格认定程序:一是提出申请。申请人应在每年规定的受理期限内提出申请,提交身份证明,学历证书或教师资格考试合格证明,教育行政部门或者受委托的高等学校指定的医院出具的体检证明,户籍所在地的街道办事处、乡人民政府或者工作单位、所毕业学校对其思想品德、有无犯罪记录等方面的鉴定及证明材料。二是资格审查。教育行政部门或者受委托的高等学校在接到公民的教师资格认定申请后,应当对申请人的条件进行审查。对符合认定条件的,应当在受理期限终止之日起30日内颁发相应的教师资格证书。对不符合认定条件的,应在受理期限终止之日起30日内将认定结论通知本人。对于非师范院校毕业生或者教师资格考试合格的公民申请教师资格的,应对其进行面试和试讲,考察其教育教学能力。根据实际情况和需要,可以要求申请人补修教育学、心理学课程。三是颁发证书。经认定合格后,由教育行政部门或者受委托的高等学校颁发国务院教育行政部门统一制作的教师资格证书,教师资格证书终身有效,全国通用,具有较高的权威性和稳定性。

5. 教师资格的限制与丧失

《教师法》第十四条规定:"受到剥夺政治权利或者故意犯罪受到有期徒刑以上刑事处罚的,不能取得教师资格;已经取得教师资格的,丧失教师资格。"《教师资格条例》第十九条还规定,有弄虚作假、骗取教师资格的或品行不良、侮辱学生,影响恶劣的,由县级以上人民政府教育行政部门撤销其教师资格。被撤销教师资格的,自撤销之日起5年内不得重新申请认定教师资格,其教师资格证书由县级以上人民政府教育行政部门收缴。《中小学教师资格考试暂行办法》第九条也规定:"被撤销教师资格的,5年内不得报名参加考试"。

6. 教师资格定期注册制度

为完善教师资格制度,健全教师管理机制,建设高素质专业化教师队伍,2013年8月,国家开始实行中小学教师资格定期注册。所谓教师资格定期注册,是对教师入职后从教资格的定期核查。中小学教师资格实行5年一周期的定期注册。定期注册不合格或逾期不注册的人员,不得从事教育教学工作。其对象主要是指公办普通中小学、中等职业学校和幼儿园在编在岗教师。民办中小学幼儿园由省级教育行政部门根据当地教师队伍建设的实际需要决定是否纳入定期注册范围。

注册分为首次注册、注册合格、暂缓注册、注册不合格等不同情况。《中小学教师资格定期注册暂行办法》第二章第七条、第八条、第九条、第十条分别规定了首次注册的条件、定期注册合格的条件、应暂缓注册的情形、注册不合格的情形。

取得教师资格,初次聘用为教师的,试用期满考核合格之日起60日内,申请首次注册。经首次注册后,每5年应申请一次定期注册。教师应当在定期注册有效期满前60日内,申请办理下一次教师资格定期注册。县级以上教育行政部门在受理注册申请终止之日起90个工作日内,对申请人提交的材料进行审核并给出注册结论。注册结论应提前进行公示。

二、教师职务制度

《教师法》规定:"国家实行教师职务制度"。所谓教师职务制度是指国家有关部门对学校教师的岗位设置、各岗位任职的条件和获得该岗位职务的程序等方面规定的总称。

教师职务制度是国家对教师岗位设置及各级岗位任职条件和取得该岗位的程序等内容的规定。教师职务是根据学校教学、科研等实际工作需要设置的,有明确职责、任职条件和任期并需要具备专门的业务知识和相应的学术技术水平才能担任的专业技术工作岗位。教师职务与工资待遇挂钩,并有数额限制。教师达不到任职要求或不能履行职务职责,完不成工作任务,就要被解聘、低聘或缓聘。考核教师是否符合相应的任职条件,不仅要考察教师的学术水平、工作能力和工作实绩,还要结合教师的思想政治表现、发展潜力、身体状况等因素。

1986年,我国开始建立了以中小学教师职务聘任制为主要内容的中小学教师职称制度。该制度对调动广大中小学教师的积极性、提高中小学教师队伍整体素质、促进基础教育事业发展发挥了积极作用。随着中小学人事制度改革的深入推进、素质教育的全面实施和教师队伍结构的不断优化,现行的中小学教师职称制度存在着等级设置不够合理、评价标准不够科学、评价机制不够完善、与事业单位岗位聘用制度不够衔接等问题。2015年8月28日,人力资源社会保障部、教育部印发《关于深化中小学教师职称制度改革的指导意见》,决定在全国范围内全面展开中小学教师职称制度改革。改革后的我国教师职务制度主要包括以下几方面内容:

1. 职务系列

我国教师职务系列主要包括:高等学校教师职务、中等专业学校教师职务、中小学教师职务系列等方面。每个系列又分若干职务。按照国家有关规定,高等学校教师职务设助教、讲师、副教授、教授;中等专业学校教师职务设教员、助教、讲师、高级讲师;普通中小学、职业中学、幼儿园、特殊教育学校、工读学校及省、市、县教研室和校外教育机构的教师职务设初级(包括员级和助理级)、中级、高级(包括副高级和正高级),名称依次为三级教师(员级)、二级教师(助理级)、一级教师(中级)、高级教师和正高级教师。

2. 任职条件

教师必须具备一定的任职条件,才能受聘担任相应的教师职务,从现行各教师职务的任职条件规定来看,一般包括以下几个方面:(1)具备各级各类学校相应的教师资格。(2)遵守宪法和法律,具有良好的思想政治素质和职业道德,为人师表,教书育人。(3)具备相应的教育教学水平、学术水平,具有教育科学理论的基础知识,能全面地、熟练地履行现职务的职责。(4)在做好本职工作的前提下,结合工作需要,努力进修,不断提高自身的教育教学和学术研究水平。(5)具备学历、学位要求。(6)身体健康,能正常工作。

3. 职务的评审

各级各类教师职务的获得一般由同行专家组成的教师职务评审组织根据现行教师职务试行条例规定的任职条件来评定。

三、教师聘任制度[①]

(一)教师聘任制的主要内容

教师资格只是从事教师工作的必备条件,而不是充分条件。具有教师资格,并不意味着一定会从事教育教学工作,只有被学校或者其他教育机构聘任后,才能成为教师。因此,所谓教师聘任制度是指学校和教师在双方平等自愿和确定双方的权利、义务和责任的基础上,由学校或教育行政部门根据教育教学需要设置工作岗位,聘请具有教师资格的公民担任教师职务的一项制度。实行教师聘任制,有利于教师队伍的公平竞争,优胜劣汰,从而产生职业的责任感和紧迫感,从根本上杜绝"平均主义"和"铁饭碗"等现象,大大激发教师的工作积极性。

---

① 参见:黄崴.教育法学[M].北京:高等教育出版社,2007:200-201.

1. 教师聘任制的基本特征

(1) 聘任是一种法律行为,它确立的是双方的法律关系。聘任制是在平等自愿的基础上,学校和教师之间确立的一种法律关系,它规定了双方享有的权利、应履行的义务和承担的责任。(2) 聘任合同具有法律效力,对双方均有约束力,聘任期间,无特殊理由不能辞聘或解聘,确需变动时,应提前与对方协商,双方达成一致协议后,方可变更或解除合同。双方一旦发生纠纷,也要依合同条款各自承担相应的责任。(3) 聘任制应体现按劳分配的原则。教师受聘后,根据聘任合同享受相应的经济待遇,如工资、福利、医疗保险和养老保险。教师职务发生变化后,其相应的待遇也应作相应的调整。

2. 教师聘任的形式

(1) 招聘。即学校面向社会公开择优选拔具有教师资格的所需教育教学人员。招聘具有公开、公正、直接、自愿、透明度高等优点,有利于发现和合理使用人才。按照国家的有关规定,招聘需要有组织、有领导地进行。(2) 续聘。一般是指在聘任合同期满后,学校与教师继续签订聘任合同。续聘一般是聘任双方在合同期内由于合作愉快、各自相互满意并都有需要的情况下,双方再签合同的一种聘任方式。(3) 解聘。主要是学校因某种原因不适宜继续聘任教师,双方解除聘任合同关系。由于聘任合同具有法律效力,学校在解除教师的聘任合同时,应有正当理由,否则应承担相应的法律责任。(4) 辞聘。主要是教师主动请求学校解除其与学校聘任合同关系的一种法定行为。由于聘任合同对双方具有法律效力和约束力,教师在聘期间不能随意撕毁聘任合同,如确实因特殊原因无法履行合同,应通过协商的方式,双方平等自愿地解除聘任合同,否则应承担相应的法律责任。

(二) 教师聘任制应追求契约的公正[①]

自教师聘任制实施以来,有关教师聘任制的研究与讨论非常多。这些研究与讨论多集中于教师聘任制实施的技术层面,而较少涉及教师聘任制的核心价值层面问题。在确认教师聘任制作为国家一项基本教师人事管理制度之合理性的前提下,我们有必要对此提出如下问题:以契约为核心内容的教师聘任制,如何保证其公正性?对于一个普遍适用的制度安排来说,理论上对这类问题予以阐述实属必要。

任何一项制度的设计与安排都内含着制度设计者所欲诉求的基本价值取向。就人类社会基本的价值追求而言,效率与公正是制度设计的最核心价值。教师聘任制作为国家实行的对教师的人事管理制度,其最初的价值追求在于效率。因而,

---

① 参见:周兴国. 论教师聘任制的契约公正[J]. 教育科学,2005(5):37-38.

当教师聘任制全面实施时,制度本身的公正性问题则在现实中越来越突显出来,并集中地反映在作为教师聘任制内核的教师与教育机构的聘任契约之中。

对教师实行聘任管理,其实质是政府或学校对教师实施的契约管理。何谓契约?尽管理解上存在分歧,但我们可以把它界定为"契约者各方基于某一基本原则而就某一活动领域双方各自的权利和义务所达成的相互承诺"。"相互承诺"意味着,当事人双方都承认,在一共同的事务领域,双方事实上能做些什么,不能做些什么,拥有什么权利,承担什么责任,以及规范行为后的各种结果。这包含着三层意思:一是契约以契约双方各自权利和义务的界分为内容。二是契约总是指向契约者双方共同的活动领域,并对此活动领域进行共同界定。三是相互承诺乃是基于意志行为的共同的意思表示。由此而论,契约管理是一种以契约为管理形式,以权利、义务和责任的分配为管理内容的人事治理方式。契约是一种公开的规范体系,每一个介入其中的人都知道这些契约规范对他以及他对规范活动的参与的结果是什么,同时也知道规范对他及别人提出了什么要求。

站在管理方的角度看,教师聘任制作为人事管理的契约之治,同样是对教育活动领域中教师的教育权利、教育义务、教育权力等进行分配。只是这种有关教育权利、义务和教育权力的分配,是以契约的方式表现出来。它明确规定"职务和地位及它们的权利、义务、权力、豁免等等。这些规范指定某些行为类型为允许的,另一些则为禁止的,并在违反出现时,给出某些惩罚和保护措施。"[1]然而,问题在于如何通过契约进行分配以及按照什么样的原则和标准进行分配;同时在这一过程中,教师是否能够表现契约形成所应有的意志行为?这是一个与"公正"的观念密切相关的问题。"契约公正"所表明的,是契约中所反映出来的、教师与政府或学校之间有关教育权利、义务和教育权力之分配的相互关系的合理状态。

教师契约所具有的合理状态,可通过两个方面的"利益"之实现表现出来。一方面,教师契约内含的权利和义务分配应该能够实现教育的公共利益(共同善)。教育是国家的公共事务,社会成员作为国家的公民,有权利也有义务参与国家的公共教育事务。国家对教师的教育权利和义务的分配,应该充分保证教育作为公共利益的有效实现。在聘任制下,公民个人对国家教育事务的参与权利,乃是在取得教师资格的前提下,通过公民个人与学校签订任用契约而获得。在此情况下,从理论上讲,不仅学校和政府拥有对公民个人参与权的决断权,同时公民个人也拥有对教育参与权以及对特定学校选择权的决断权。教师对契约中义务的承诺,即意味着对公共教育利益的认可与承诺。不能保证公共教育利益实现的教育契约,显然不具有公正性。另一方面,教育契约所内含的权利和义务之分配,也应该能够充分

---

[1] 约翰·罗尔斯.正义论[M].何怀宏,译.北京:中国社会科学出版社,1988:54.

实现教师个人的利益。如果教育契约不能够实现或不能够完全实现教师的利益，那么这样的教育契约就是不公正的。

教师聘任制的契约是否公正，直接影响到教师将成为一个什么样的人，从而影响到教师所施教的年轻一代。罗尔斯指出："社会的制度形式影响着社会的成员，并在很大程度上决定着他们想成为的那种个人，以及他们是的那种个人。"[1]因此，如果教师聘任制，就其契约的内容及形式而言是公正的，则直接使得处于教师聘任制下的教师，工作于一个公正的环境之中，从而创造一个能够培养公正教师的教育制度环境，使教师养成一种公正感和怀有一颗公正之心。教育者的这种公正感和公正之心对于受教育者来说，具有无形的教化意义。反之，制度的不公正，则可能使得教师获得不公正感和不公正之心。这种不公正感和不公正之心必然会在其教育教学活动中表现出来，从而对儿童道德感的获得产生消极影响。罗尔斯直言道，公正感获得的"最明显的特点是它们的表述都诉诸一种公正的制度背景"[2]。

第三节 教师专业发展的保障

一、教师的培养与培训[3]

教师培养，是指专门教育机构为各级各类学校教师的补充更新而进行的一种专业性学历教育。教师培训，是指专门教育机构为提高在职教师的思想政治素质和业务水平而进行的一种继续教育。我国现在的教师队伍无论是数量还是质量都远远不能适应教育发展的需要，特别是在经济文化落后的农村地区、少数民族地区和边疆地区。因此，加强教师的培养和培训显得尤为重要。《教育法》第三十四条规定："国家实行教师资格、职务、聘任制度，通过考核、奖励、培养和培训，提高教师素质，加强教师队伍建设。"在《教师法》第四章专门就教师的培养和培训作了规定。

（一）教师的培养

《教师法》规定："各级人民政府和有关部门应当办好师范教育，并采取措施，鼓励优秀青年进入各级师范学校学习。各级教师进修学校承担培训中小学教师的任

---

[1] 约翰·罗尔斯.正义论[M].何怀宏,译.北京:中国社会科学出版社,1988:93.
[2] 约翰·罗尔斯.正义论[M].何怀宏,译.北京:中国社会科学出版社,1988:87.
[3] 参见:教育部人事司.高等教育法规概论[M].北京:北京师范大学出版社,2000:204-205.

务。非师范学校应当承担培养和培训中小学教师的任务。各级师范学校学生享受专业奖学金。"

师范教育是教育工作的母机,其主要任务是培养师资。各级师范院校除了给学生传授思想品德、文化专业知识和训练身体健康之外,还对学生进行严格的教育专业训练,传授教育学、心理学知识,使学生毕业后成为一名合格的教师。按照培养师资任务的不同,师范院校可分为中等师范教育、高等专科师范教育、本科师范教育、研究生教育。中等师范教育[①],属于正规的学历教育,主要培养小学和幼儿园师资。学制为3年或4年,招收对象是初中毕业生或具有同等学力的社会青年和民办教师。高等师范专科教育,也是正规学历教育,主要培养初级中学师资,学制为3年,主要招收高中毕业生、部分中等师范毕业生及在职中小学教师。高等师范本科教育,主要培养完全中学或高级中学师资,学制4年,是正规学历教育,主要招收高中毕业生、部分优秀的中等师范毕业生及在职中小学教师。

非师范院校也应当承担培养中小学师资的任务。非师范院校毕业生成为教师后,要修教育专业课程,学习教育学、心理学知识。硕士研究生、博士研究生学制多为3年,研究生毕业后可以培养成为高等学校师资。各级师范学校学生享受专业奖学金。这是国家为了鼓励和支持青年学生接受师范教育、加快师资队伍建设而设置的专业奖学金。

(二) 教师的培训

《教师法》第十九条规定:"各级人民政府教育行政部门、学校主管部门和学校应当制定教师培训规划,对教师进行多种形式的思想政治、业务培训。"第二十条规定:"国家机关、企业事业单位和其他社会组织应当为教师的社会调查和社会实践提供方便,给予协助。"

教师培训具有补偿、更新知识的功能。教育培训主要是对那些已经具备合格学历和胜任教学的教师,组织他们学习新知识,学习和掌握新的教学理论和教学方法,不断提高政治思想和业务水平,培训一批各学科的带头人和教育教学专家。另外,对于农村中小学教师、短线学科的教师不具备国家规定学历,不胜任教育教学工作的,也要加强培训,提高他们的教育教学水平。

教师参加培训既是权利,也是义务。按照《教师法》的规定,教师享有"参加进

[①] 随着社会和教育的发展,中师学历已经显得偏低,实际上小学和幼儿园教师的学历已经逐步向专科层次过渡,有些发达地区已经要求具有本科学历。这样中等师范学校就面临着转型。师范教育已由原来的三级师范(中师、专师、本师)向二级师范(专师、本师)转型,并呈现出新的三级师范态势:专师、本师、硕师(尤其教育硕士发展较快)。中等师范学校或是升格为专科学校,或是转型为地区性的教师进修学校,或是转轨为普通中学,或是与其他高校合并等。

修和其他方式的培训"的权利,同时又负有"不断提高思想政治觉悟和教育教学业务水平"的义务。具体而言,教师培训有以下几种形式:其一,教材教学培训。这是帮助在职中小学教师掌握其所教学科的教材,使之能正确传授知识。其二,职后补偿性学历教育。教师进修学校和教育学院按国家规定的教学计划和课程,对不符合国家规定学历的教师进行补偿性学历教育,一般采取离职培训和函授培训的方式。其三,继续教育。国家对已经达到规定学历的中小学教师进行继续教育。其四,教师职务培训。这是对教师任职资格的培训。

二、教师的考核与待遇

(一)教师的考核

《教育法》第三十四条规定:"国家实行教师资格、职务、聘任制度,通过考核、奖励、培养和培训,提高教师素质,加强教师队伍建设。"《教师法》第五章专门就教师考核作出了规定。教师的考核是指各级各类学校和其他教育机构以《教育法》《教师法》为依据,按照关于教师考核规定的考核内容、原则、程序、方法,对教师进行考察和评价,以激励教师忠于职责,为教师的职务聘任、晋升工资、实施奖惩、培养培训等教师管理工作提供法律依据。

1. 教师考核的内容[①]

《教师法》第二十二条规定:"学校或者其他教育机构应当对教师的政治思想、业务水平、工作态度和工作成绩进行考核。"这就是说,教师考核的内容包括政治思想、业务水平、工作态度、工作成绩四个方面。

政治思想包括政治态度和职业道德两个方面。政治态度是指遵守宪法和法律,热爱祖国,拥护党的基本路线,努力学习马列主义、毛泽东思想、邓小平理论、"三个代表"重要思想和科学发展观。职业道德是指热爱教育事业,执行教育方针,教书育人;不断提高科学文化和教育理论水平;热爱、尊重、了解和严格要求学生,保护学生身心健康;热爱学校,团结协作,作风正派;衣着整洁、大方,举止端庄,语言文明。

业务水平是指与教师所任职务相应的专业知识水平和业务能力。专业知识水平包括学历水平、本专业基础理论和专业知识的广度与深度、教育教学理论水平、工作经验、相关学科知识水平、外语水平等。业务能力包括教育教学、科研、分析问题和解决问题、语言表达、改革创新、管理学生和实验等能力。

---

① 参见:郑良信.教育法学通论[M].南宁:广西教育出版社,2000:183-184.

工作态度是指教师在履行教育教学职责中所具备的工作积极性、事业心和责任感。它包括履行法律规定的教师义务,治学态度和忠于职责,完成教学计划和教学任务,关心学生和改进教学方法,业务学习和改革创新等方面。

工作成绩是指教师在本职岗位从事教育教学和科研活动中所取得的成果和业绩。它是教师政治思想、业务水平、工作态度的综合反映和教师工作的价值体现。它包括教师在一定期间完成的各种工作量,在传授知识和培养学生能力方面取得大家公认的教学效果,在培养学生德、智、体等方面得到全面发展所取得的教育效果,在教育教学和科学研究中取得的科研成果,以及各种教育教学论著成果等。

2. 教师考核的原则[①]

《教师法》第二十三条规定:"考核应当客观、公正、准确,充分听取教师本人、其他教师以及学生的意见。"这就是说,教师考核的原则是客观、公正、准确、民主。

客观是指考核要从实际出发,实事求是地对教师作出全面合理的评价。实事求是、一切尊重事实是邓小平理论的核心,是公正、准确和民主的前提,是作出有效考核的保证。任何来自个人好恶、主观印象、道听途说等脱离实际的评价都是错误的。

公正是指必须按照规定的、可以计量的统一标准和程序对教师进行实事求是的评价。考核的公正与否是教师考核工作成败的关键,是学校领导职业道德和工作水平的试金石。严格考核制度,对教师的考核公正不偏、一视同仁,是办好一所学校的基本准则之一。任何徇私情、拉关系、行报复等损害教师权益的行为都是国法、党纪和人类道德所不允许的。

准确是指在客观公正的基础上作出与实际相符合的评价。民主是指在考核的过程中应认真听取教师本人的意见和各方面的评价。以上四项原则是相互联系的统一整体,在教师考核中应当同时遵循,但其核心原则是客观公正。

《教师法》第二十四条规定:"教师考核结果是受聘任教、晋升工资、实施奖惩的依据。"对教师的考核不仅是给予客观、公正、准确的评价,同时还关系到教师受聘、晋升、奖惩等切身利益。因此,依法做好教师考核工作是学校及其他教育机构的一项重要工作。

(二) 教师的待遇[②]

教师的待遇主要包括教师的工资、津贴、住房、医疗、社保、退休等方面的内容。提高教师待遇,对于切实贯彻优先发展教育事业、尊师重教、尊重知识和尊重人才的方针,提高教师的经济、社会地位,具有很强的现实意义和深远的历史意义。《教

---

① 参见:郑良信.教育法学通论[M].南宁:广西教育出版社,2000:184-185.
② 参见:刘旺洪.教育法教程[M].南京:南京师范大学出版社,2006:83-85.

育法》第三十三条规定:"国家保护教师的合法权益,改善教师的工作条件和生活条件,提高教师的社会地位。教师的工资报酬、福利待遇,依照法律、法规的规定办理。"《教师法》第六章专门对教师的待遇作了明确规定。

1. 教师的工资待遇

教师通过进行教育教学的智力劳动所获得的工资报酬被称为工资待遇。教师的工资是以货币形式表现出来的劳动报酬,是教师工作和生活的物质基础。因此,保障教师能得到正常的晋级增薪、工资不被拖欠对教师的生活影响很大。一定的工资待遇体现了一定的经济地位,影响了某一行业及其职务的社会评价。为了扭转我国教师较长时间工资偏低的状况,《教师法》第二十五条规定:"教师的平均工资水平应当不低于或者高于国家公务员的平均工资水平,并逐步提高。建立正常晋级增薪制度,具体办法由国务院规定。"由此确立了教师工资应提高的幅度和可比的参照系,将教师的晋级增薪纳入规范化、法制化的轨道。之所以将教师的工资水平与国家公务员相比,是因为教师和国家公务员都具有为国家和社会负责的公共职责。在日本,教师被看成特殊的国家公务员。再者,教师是具有相应学位或学历的专门人才,用社会平均工资水平作参照系是不合理的。从发展的角度看,国家公务员的工资将有较高的水平,且能得到保障机制的支撑。教师工资以国家公务员作为参照,有利于教师平均工资水平的增长和稳定。正常的晋级增薪制度是指在一定的时间内对考核合格的人员给予定期增加工资的制度,凡正常履行工作职责、连续两年考核合格的人员,每两年晋升一个工资档次,其中考核优秀的人员可以提前或越级晋升。在严格考核的基础上,各级各类学校的教师可以定期晋升职务、增加工资和相应地增加津贴。这就从法律上保障了教师工资收入的稳定增加。

2. 教师的津贴待遇

《教师法》第二十六条规定:"中小学教师和职业学校教师享受教龄津贴和其他津贴,具体办法由国务院教育行政部门会同有关部门制定。"教师的教龄津贴是鼓励教师长期安心从事教育工作的一项措施。班主任津贴、特殊教育津贴、特级教师津贴、教师的其他津贴、政府津贴等其他的教师津贴,是对这些岗位的教师多付出劳动的一种补偿性报酬。考虑到我们国家存在地区发展不平衡问题,《教师法》还规定:"地方各级人民政府对教师以及具有中专以上学历的毕业生到少数民族地区和边远贫困地区从事教育教学工作的,应当予以补贴。"据此,各地都制定了相应的政策,设立了地方性补贴、边远艰苦地区津贴,规定所有到边远艰苦地区工作的各类学校毕业生,可以提前定级或直接定级,定级工资标准可高于同类人员1至2档。

3. 教师的住房待遇

教师住房是教师待遇的一个重要方面。《教师法》第二十八条规定:"地方各级人民政府和国务院有关部门,对城市教师住房的建设、租赁、出售实行优先、优惠","县、乡两级人民政府应当为农村中小学教师解决住房提供方便"。为了落实《教师法》的这些规定,国家把城市中小学教职工住宅建设纳入国家基建计划,启动了中小学教师"安居工程",不断加快教师住房建设的步伐,使得全国城镇教职工家庭人均住房面积超过了同期城镇居民的水平,中小学教师住房困难的问题,在一定程度上得到有效解决。与此同时,国家和地方政府加大了对高校教师住房建设的投入,使高校教师住房状况有了较大改善。要根本解决教师住房问题,地方政府和主管部门还需加强领导,多渠道筹集资金,使教职工住房社会化、商品化。总之,《教师法》将教师住房问题的规定写进法律条文,这就为教师住房问题的解决提供了有力的法律保障。

4. 教师的医疗保健待遇

教师医疗保健也是教师待遇中的一个十分重要的问题。《教师法》第二十九条对教师的医疗待遇问题作了三方面的规定:其一,明确规定教师的医疗同当地国家公务员享受同等的待遇。这样规定有利于解决教师的医疗费问题,从法律上保障了教师的就医与公务员一样具有可靠性。其二,规定定期对教师进行身体健康检查,因地制宜安排教师进行休养。这对于及时发现治疗及预防疾病,恢复教师的精力,防患于未然,具有重要的作用。其三,规定医疗机构应当对当地教师的就医提供便利。《教师法》的这些规定,对各地在医疗改革中考虑教师职业的特点制定具体的措施,为解决教师医疗问题提供了法律依据。

5. 教师的养老保险待遇

教师优厚的退休待遇是教师社会地位和作用的体现,国际上许多国家都有专门的法律保障退休教师享有优厚的退休待遇。《教师法》第三十条规定:"教师退休或者退职后,享受国家规定的退休或者退职待遇。县级以上地方人民政府可以适当提高长期从事教育教学工作的中小学退休教师的退休金比例。"这就从法律上保障了教师退休后的生活待遇,有利于稳定教师队伍,提高教师教书育人的积极性。据了解,湖北省自《教师法》颁布后,湖北省人民政府决定对教龄满30年的教师的退休费按100%计发。此后,北京、上海、河北、福建、江西、甘肃、宁夏、新疆、黑龙江等省、市、自治区,和宁波、哈尔滨等较大城市及其他地方的部分市、县,依据提高教师退休金的授权条款,先后规定了30年以上教龄的教师,可享受提高退休金比例的待遇。《教师法》这样规定不仅有利于照顾各地的不同情况,而且有利于配合国家退休制度的改革和养老保险制度的建立。根据国家关于社会保障制度改革的总体思路,各级各类学校教师将实行新的社会养老保险制度。为了保证退休教师不因物价变动而降低实际生活水平,并能与在职教师一样分享经济发展成果,退休人员应该在在职人员调整工资标准的同时,相应地增加离退休金。

三、违反《教师法》的法律责任[①]

(一) 侵犯教师权益的法律责任

1. 侮辱、殴打教师的法律责任

侮辱教师,是指公然贬低教师的人格,破坏教师的名誉。侮辱的方式可以归纳为三种:一是行为侮辱,即对被害人施以一定的行为而使其人格、名誉受到损害,如强制被害人作出损害其自身人格或名誉的行为举动;二是言词侮辱,即对被害人进行嘲笑、辱骂而使其人格、名誉受到损害;三是图文侮辱,即以漫画,大、小字报等图文形式对被害人进行侮辱。

殴打教师,是指以暴力方法侮辱教师,或故意非法伤害教师人身健康。在一般情况下,侮辱教师的行为会单独实施,而殴打教师的行为往往同侮辱教师的行为同时并存。侮辱、殴打教师是侵犯人身权利的违法行为。对于侮辱、殴打教师的,应根据不同情况,依法追究其相应的法律责任。

对于国家机关工作人员或者企业事业单位、社会团体等社会组织的人员侮辱、殴打教师的,应由其所在单位给予相应的行政处分。

对于违反《治安管理处罚法》殴打教师,造成轻微伤害的;公然侮辱教师,侵犯教师人身权利,尚不够刑事处罚的,依照该条例的规定,由公安机关处理。

对于侮辱、殴打教师,造成损害的,应当依照《民法通则》的规定,由人民法院追究其民事责任。其中造成人身伤害的,应当赔偿医疗费、护理费、误工损失费等;造成教师姓名权、肖像权、名誉权、荣誉权受到损害的,应当停止侵害,恢复名誉,消除影响,赔礼道歉,并应赔偿相应的精神损失费等。对于侮辱、殴打教师,情节严重,构成犯罪的,依法追究其刑事责任。

2. 打击报复教师的法律责任

打击报复教师,是指国家工作人员、学校和其他社会组织的负责人以及其他行使一定职权的人员,故意滥用自己的职权对依法提出申诉、控告、检举的教师实施报复陷害,致使其合法权益蒙受损害的违法行为。

违反《教师法》,打击报复教师,应承担法律责任的主体,主要包括学校领导人、教育行政部门工作人员及其他国家机关工作人员。

对于违反《教师法》,打击报复教师的人员,由所在单位或上级机关责令改正;情节严重的,可根据具体情况给予行政处分。

[①] 参见:公丕祥.教育法教程[M].北京:高等教育出版社,2000:225-228.

国家机关工作人员对教师打击报复构成犯罪的,依照《刑法》第一百四十六条的规定追究其刑事责任。

3. 拖欠教师工资的法律责任

拖欠教师工资,是指未按时、足额地支付教师的工资报酬,包括基础工资、岗位职务工资、资金、津贴和其他各种政府补贴等。这主要有两种情况:一是地方人民政府违反《教师法》的规定,拖欠教师工资;二是有关部门和有关负责人违反财政制度和财务制度,挪用国家财政用于教育的经费,而拖欠教师工资。这不仅侵害了教师获取劳动报酬的基本权利,影响了教师的生活来源及家庭,还严重影响了教师队伍的稳定和教育、教学的正常进行,损害了党和政府的威信。

违反《教师法》,拖欠教师工资的法律责任主体主要是地方人民政府或挪用教育经费的有关部门、有关责任人。

对于违反《教师法》,拖欠教师工资的责任主体应承担如下法律责任:

对于拖欠教师工资的责任主体,政府有关部门或是学校,包括公办学校、民办学校,均由地方人民政府责令其限期改正,当地政府拖欠的,由上一级人民政府责令其限期改正。

对于违反国家财政制度、财务制度,挪用国家财政用于教育的经费,拖欠教师工资的,由上级机关责令限期归还挪用的经费,并根据具体情况对直接责任人员给予行政处分;情节严重,构成犯罪的,追究其刑事责任。

(二) 教师违反教师法的法律责任

1. 教师违反《中华人民共和国教师法》的行为

故意不完成教育教学任务,给教育教学工作造成损失的行为。

体罚学生,经教育不改的行为。体罚学生,是指教师以暴力的方法或以暴力相威胁,或以其他强制手段,侵害学生身体健康的侵权行为。需要注意的是,现实当中教师难以把握实施必要惩戒与体罚的度。①

品行不良,影响恶劣的违法行为。指教师的人品或行为严重有悖于社会公德和教师的职业道德,严重有损为人师表的形象和身份,在社会上和学生中产生恶劣影响的行为。

---

① 2019年11月22日,教育部发布了《中小学教师实施教育惩戒规则(征求意见稿)》。其中指出了教师在教育教学管理、实施教育惩戒教育过程中,不得有下列行为:(1) 以击打、刺扎等方式,直接造成身体痛苦的体罚行为。(2) 超过正常限度的罚站、反复抄写,强制做不适的动作或者姿势等间接伤害身体、心理的变相体罚行为。(3) 辱骂或者以带有歧视、侮辱的言行贬损等侵犯学生人格尊严的行为。(4) 因个人或少数人违规违纪行为而惩罚全体学生。(5) 因个人情绪或者好恶,恣意实施或者选择性实施惩戒。(6) 其他侵害学生基本权利或者侮辱人格尊严的行为。

2. 教师违反《中华人民共和国教师法》应承担的法律责任

各级各类学校及其他教育机构的教师凡有上述三种违法行为之一的,按现行教师管理权限,由所在学校、其他教育机构或者教育部门分别给予行政处分或解聘。解聘包括解除岗位职务聘任合同,由学校或其他教育机构另行安排其他工作,也包括解除聘任合同,被解聘者另谋职业。

教师有上述三种违法行为中的后两种行为之一,情节严重构成犯罪的,追究其刑事责任。

教师有上述违法行为之一,对学校、其他教育机构和学生造成损失或损害的,还应当按照《中华人民共和国民法通则》中的有关规定赔偿损失,消除影响,恢复名誉。

第七章 《中华人民共和国高等教育法》解读

《高等教育法》由第九届全国人民代表大会常务委员会第四次会议于1998年8月29日通过,自1999年1月1日起施行;2015年12月27日第十二届全国人民代表大会常务委员会第十八次会议通过第一次修正,2018年12月29日第十三届全国人民代表大会常务委员会第七次会议通过第二次修正。《高等教育法》共八章六十九条,对我国高等教育的性质、方针和任务,高等教育的基本原则,高等教育管理体制,高等教育基本制度,高等学校的设立,高等学校的组织与活动,高等学校教师和其他教育工作者,高等学校学生,高等教育投入和条件保障等分别作出法律规定,为新时期我国高等教育的改革与发展提供了法律保障。

第一节 高等教育基本原则和基本制度

一、高等教育的性质、方针和任务

(一)高等教育的性质

我国《宪法》第十九条第一款规定:"国家发展社会主义的教育事业,提高全国人民的科学文化水平。"《高等教育法》第三条则规定:"国家坚持以马克思列宁主义、毛泽东思想、邓小平理论为指导,遵循宪法确定的基本原则,发展社会主义的高等教育事业。"上述规定清楚表明,我国的高等教育是社会主义性质的高等教育。

我国高等教育的社会主义性质,是由我国以公有制为主体的生产关系和社会主义国家的政治经济制度所决定的。社会主义性质主要表现为:(1)必须坚持以马克思列宁主义、毛泽东思想、邓小平理论、"三个代表"重要思想、科学发展观、习近平新时代中国特色社会主义思想为指导,这是我国教育,包括高等教育的基本指导思想。(2)必须遵循《宪法》确定的四项基本原则。第十三届全国人民代表大会第一次会议通过的《中华人民共和国宪法修正案》规定了我国公民必须遵守的基本原则:"中国各族人民将继续在中国共产党的领导下,在马克思列宁主义、毛泽东思想、邓小平理论、'三个代表'重要思想、科学发展观、习近平新时代中国特色社会主义思想指引下,坚持人民民主专政,坚持社会主义道路,坚持改革开放,不断完善社会主义的各项制度,发展社会主义市场经济,发展社会主义民主,健全社会主义法治,贯彻新发展理念,自力更生,艰苦奋斗,逐步实现工业、农业、国防和科学技术的现代化,推动物质文明、政治文明、精神文明、社会文明、生态文明协调发展,把我国建设成为富强民主文明和谐美丽的社会主义现代化强国,实现中华民族伟大复兴。"[1]上述这些基本原则是我国的立国之本,是我国高等教育坚持社会主义性质的根本保证。

我国《教育法》第四条第一款规定:"教育是社会主义现代化建设的基础,国家保障教育事业优先发展。"这一规定从法律上确定了我国教育的地位。高等教育作为我国教育领域中与社会经济发展联系最为紧密、直接的重要组成部分,是我国社会主义现代化建设的基础,是国家优先发展的战略领域。

(二) 高等教育的方针

教育方针是国家在一定历史时期,根据政治、经济发展的要求而规定的教育工作的总方向和行动指针,是国家制定教育政策的基本依据。

1995年,《教育法》根据《宪法》的有关规定和《中国教育改革和发展纲要》的精神,第一次通过立法完整地规定了我国的教育方针,使教育方针具有普遍的约束力和强制力,成为任何国家机关、社会团体和个人都必须遵守的总体规范,这对于保证教育方针的稳定性,促进我国教育事业的稳定发展具有非常重要的意义。

2015年12月27日第十二届全国人民代表大会常务委员会第十八次会议通过新修正的《教育法》第五条规定,新时期我国的教育方针是:"教育必须为社会主义现代化建设服务、为人民服务,必须与生产劳动和社会实践相结合,培养德、智、体、美等方面全面发展的社会主义事业建设者和接班人。"《高等教育法》重申:"高等教育必须贯彻国家的教育方针,为社会主义现代化建设服务、为人民服务,与生产劳动和社会实践相结合,使受教育者成为德、智、体、美等方面全面发展的社会主义建设者和接班人。"

我国高等教育的方针主要包括三个方面的内容:

高等教育必须为社会主义现代化建设服务、为人民服务,这是我国高等教育工

---

[1] 中央纪委国家监委网站.一图读懂《中华人民共和国宪法》修改对比一览表[EB/OL].(2018-03-12)[2020-04-21].http://www.ccdi.gov.cn/toutiao/201803/t20180309_165882.html.

作的总方向。社会主义现代化建设既包括物质文明建设,也包括精神文明、政治文明和生态文明建设;既包括经济基础的建设,也包括上层建筑和意识形态的建设。因此,高等教育要坚持为社会主义现代化建设服务,就必须坚持社会主义的办学方向,树立正确的办学思想,密切联系社会生产和生活实际,为我国政治、经济、文化等各个领域的现代化建设服务。为人民服务,是我国社会主义国家制度的本质要求和体现,也是我国社会主义教育制度的本质特征;高等教育为人民服务,必须不断满足人民群众日益增长的对高等教育高质量、多样化的需求。

高等教育必须与生产劳动和社会实践相结合,这是培养全面发展的社会主义事业建设者和接班人的根本途径。教育与生产劳动相结合是马克思主义关于人的全面发展学说的重要组成部分,它是人的全面发展的重要目标,也是实现人的全面发展的根本途径。高等教育要坚持与生产劳动和社会实践相结合,反映了随着我国生产力水平的提高、科学技术的发展、经济社会的不断进步,对人才质量提出更高要求,高等教育人才培养途径进一步拓展,这是由现代化社会需要和现代教育规律所决定的。在宏观上必须建立与我国国民经济和社会发展相适应的高等教育体系,在微观上要把教育与生产劳动和社会实践相结合的方针贯彻融入学校教育的全过程,在教育教学过程中坚持理论联系实际的原则,提高学生的劳动观念、劳动技能和社会适应能力,把学生培养成学用一致、学以致用的合格人才。

培养德、智、体、美等方面全面发展的社会主义事业的建设者和接班人,是我国教育的根本目标,也是我国高等教育的最终追求。我国高等教育所培养的人才必须坚持社会主义道路,成为社会主义事业的建设者和接班人;必须是全面发展的人。应具有良好的政治素质、思想素质和道德品质;掌握丰富的科学文化知识,提高学习知识、运用知识和创造知识的能力;形成健康的生理素质和心理素质;具有良好的审美素养和发现美、鉴赏美、创造美的能力。全面发展是我国教育方针对人才内涵的规定,是社会主义事业建设者和接班人应当具备的品质。

(三) 我国高等教育的任务

根据《高等教育法》第五条规定:"高等教育的任务是培养具有社会责任感、创新精神和实践能力的高级专门人才,发展科学技术文化,促进社会主义现代化建设。"我国高等教育的任务主要包含以下三个方面的内容:

1. 培养具有社会责任感、创新精神和实践能力的高级专门人才

高等教育作为传授高深知识、创新知识和推动知识应用的场所,所培养的人才是国家民族崛起的担当,是国家科技进步的基石,是国民经济和社会发展的栋梁。高等教育与普通教育不同,它肩负着国家民族命运兴盛存亡的重任,承担着为人类保存和传播文化的任务,还担当着创造和使用文化的使命。因此,它所培养的人才,必须具有强烈的社会责任感,不局限于掌握一定的科学文化知识,还必须是具有创新精神和实践能力的高级专门技术人才和管理人才,这是高等教育与其他层次教育在培养目标上的重要区别。

2. 发展科学技术文化

高等教育应为发展科技文化做出贡献。高等学校是国家高级人才最集中的区域,聚集了大批专家和学者,拥有良好的科研设备和条件,这使其在发展科技文化方面占据了得天独厚的优势。因此,高等学校不仅是培养人才的场所,而且是发展科技文化的基地。

3. 促进社会主义现代化建设

《高等教育法》将促进社会主义现代化建设列为高等教育的基本任务,一方面旨在强调高等教育要坚持社会主义方向,要将理论和实际结合起来,加强高等教育与现代化建设的联系;另一方面则强调高等教育要直接为推动社会经济建设作贡献。高等教育是我国社会主义事业的重要组成部分,为社会主义现代化建设服务是我国高等教育的基本功能,也是我国高等教育存在和发展的基本前提。高等教育为社会主义现代化建设服务具有多种方式,包括高层次人才培养、知识创新和科技服务等,既有直接服务也有间接服务。

二、高等教育基本原则

高等教育的基本原则是高等教育发展所必须遵循的基本要求和指导原理。我国高等教育的基本原则是根据我国教育方针和高等教育的客观规律制定的,它既是对我国高等教育实践经验的总结,也是在借鉴国外高等教育经验的基础上丰富和发展起来的。《高等教育法》将我国高等教育的若干基本原则以法律的形式固定下来,使其法制化、规范化。根据《高等教育法》第六条至十四条的规定,我国高等教育的基本原则可以概括为以下八个方面。

(一)积极发展高等教育的原则

我国高等教育在新中国成立以后,尤其是21世纪以来,得到了很大的发展,取得了不凡的成绩,但与新时期我国社会经济发展的客观需求相比,其发展规模和发展速度仍相对滞后,与世界许多国家相比还存在一定的差距。因此,国家必须根据经济建设和社会发展的新需要,制定积极的高等教育发展规划,采取多种形式积极发展高等教育事业,并鼓励企业事业组织、社会团体及其他社会组织、公民等力量依法举办高等学校,参与和支持高等教育事业的改革和发展,以加快我国高等教育的发展速度。

(二) 提高高等教育质量和效益的原则

发展高等教育,不仅要注重数量的增长,更要重视质量和效益的提高,避免出现不切实际的盲目发展。要坚持内涵式发展理念,使我国高等教育得以健康有序可持续发展。《高等教育法》第七条规定:"国家按照社会主义现代化建设和发展社会主义市场经济的需要,根据不同类型、不同层次高等学校的实际,推进高等教育体制改革和高等教育教学改革,优化高等教育结构和资源配置,提高高等教育的质量和效益。"

(三) 扶持和帮助少数民族发展高等教育原则

我国地域辽阔,民族众多,地区发展不平衡,而且教育基础也有不小的差别。尤其在少数民族聚居地区,教育条件较为艰苦,高等教育发展水平相对较低。但少数民族地区的高等教育发展不仅事关少数民族地区的发展,更关系到整个国家的民族团结、社会安定。因此国家对少数民族的高等教育事业持特殊扶持和帮助的原则。这一原则体现在两个方面,一是帮助和支持少数民族地区发展高等教育事业,二是为少数民族培养高级专门人才。

(四) 公民依法接受高等教育权利的原则

《教育法》第九条规定:"公民不分民族、种族、性别、职业、财产状况、宗教信仰等,依法享有平等的受教育机会。"根据这一原则,《高等教育法》第九条规定:"公民依法享有接受高等教育的权利。国家采取措施,帮助少数民族学生和经济困难的学生接受高等教育。高等学校必须招收符合国家规定的录取标准的残疾学生入学,不得因其残疾拒绝招收。"我国高等教育一方面要建立一个平等竞争的机制,使所有公民在争取入学机会和平时的学习过程中获得平等的权利;另一方面则要采取措施,帮助少数民族学生和经济困难的学生接受高等教育,以避免因家庭经济条件和社会地位等方面的差异对学生获得平等接受高等教育的机会产生影响。

(五) 保障高等学校科学研究、文学艺术创作和其他文化活动自由的原则

《高等教育法》第十条规定:"国家依法保障高等学校中的科学研究、文学艺术创作和其他文化活动的自由。在高等学校中从事科学研究、文学艺术创作和其他

文化活动,应当遵守法律。"高等学校以研究高深知识为己任,知识本身的专业性、自主性以及累积性和长期性决定了高等学校的学术活动要以学术价值为导向,任何高等学校的教师和研究人员都可以在不违反法律的条件下,自由进行科学研究、文学艺术创作和其他文化活动,自由发表自己的见解和主张,形成百家争鸣的学术氛围。

(六)高等学校面向社会、依法自主办学、实行民主管理的原则

随着社会主义市场经济体制的建立和完善,我国高等学校的外部关系发生了显著变化,高等学校与社会的联系越来越紧密。在这种环境下,高等学校要获得必要的生存和发展条件,就必须加强与社会的联系,满足社会各方面的需求。为此,我国《高等教育法》不仅在总则部分规定了高等学校依法自主办学这一基本原则,而且在第四章"高等学校的组织和活动"中具体规定了有关高等学校自主办学的权利,以及实行民主管理的方式和组织机构等问题。

(七)鼓励高等学校开展交流与协作的原则

这一原则主要包括两方面内容,一是鼓励高等学校之间、高等学校与科学研究机构以及企业事业组织之间开展协作,实行优势互补,提高教育资源的使用效益;二是鼓励和支持高等教育事业的国际交流与合作,这是世界各国高等教育的一条普遍原则。《高等教育法》第十二条第二款和第三十六条规定,高等学校依法自主开展与境外高等学校之间的教育、科学技术文化的交流与合作,包括缔结校际交流协议、互换人员(包括留学人员、讲学人员等)、科研合作、举办学术研讨会、合作办学、参加国际学术组织及其学术活动、学术考察等。《高等教育法》第五十一条规定:"高等学校应当为教师参加培训、开展科学研究和进行学术交流提供便利条件。"

(八)国家统一领导管理高等教育原则

国家统一领导管理高等教育原则,是指国务院统一领导和管理全国高等教育事业。省、自治区、直辖市人民政府统筹协调本行政区域内的高等教育事业,管理主要为地方培养人才和国务院授权管理的高等学校。国务院教育行政部门主管全国高等教育工作,管理由国务院确定的主要为全国培养人才的高等学校。国务院其他有关部门在国务院规定的职责范围内,负责有关的高等教育工作。

三、高等教育基本制度

高等教育基本制度,是指在高等教育活动中必须遵守的保证高等教育事业健康发展和有序运行的法定的具体管理机制和操作规则。[1]《高等教育法》第二章专门对高等教育基本制度作出了规定,概括起来主要包括三个方面的基本制度,即高等学校的学制、高等教育学业证书和学位制度、高等教育自学考试制度。

(一)高等学校的学制

学制,又称学校教育制度,是教育制度的主要组成部分,学制规定各级各类学校的性质、任务、入学条件、学习年限以及它们之间的关系与联系等。它不仅要符合教育的客观规律,而且要反映它所在国家的生产力发展水平和政治经济发展的要求。我国高等学校的学制主要规定各级各类高等学校的性质、任务、入学条件、学习年限以及它们之间的关系与联系,它的制定反映了我国当前生产力的发展水平和政治经济发展的要求。

1. 高等教育的类型及实施机构

《高等教育法》第十五条第一款规定:"高等教育包括学历教育和非学历教育。"所谓学历,是指学习的经历、历程,一般是指曾在哪些学校毕业、结业或肄业。在这些学校毕业、结业或肄业后,一般可获得毕业证书、结业证书或肄业证书一类的学历证明。因而学历教育就是在学习过程结束以后即可获得相应国家承认的毕业证书等学历证明的教育,而非学历教育则不能获得此类学历证明。高等学历教育分为专科教育、本科教育和研究生教育,而非学历教育没有这些层次划分。

高等教育由高等学校和其他高等教育机构实施。大学、独立设置的学院主要实施本科及本科以上的教育,其中,实施硕士研究生和博士研究生教育的大学或独立设置的学院,须经国务院及国务院教育行政部门批准。高等专科学校实施专科教育,经国务院教育行政部门批准,科学研究机构也可以承担研究生教育的任务。其他高等教育机构实施非学历教育。

2. 高等学历教育的学业标准

高等学历教育分为专科教育、本科教育和研究生教育,不同层次的学历教育具有不同的学业标准,《高等教育法》将这些学业标准以法律的形式确定下来。专科教育应当使学生掌握本专业必备的基础理论、专门知识,具有从事本专业实际工作的基本技能和初步能力。本科教育应当使学生比较系统地掌握本学科坚实的基础

---

[1] 郑良信.教育法学通论[M].南宁:广西教育出版社,2000:330.

理论、系统的专业知识,掌握相应的技能、方法和相关知识,具有从事本专业实际工作和研究工作的初步能力。硕士研究生教育应当使学生掌握本学科坚实的基础理论、系统的专业知识,掌握相应的技能、方法和相关知识,具有从事本专业实际工作和科学研究工作的能力。博士研究生教育应当使学生掌握本学科坚实、宽广的基础理论、系统深入的专业知识、相应的技能和方法,具有从事本学科创造性科学研究工作和实际工作的能力。

3. 高等学历教育的基本修业年限

根据《高等教育法》的规定,各个层次的高等学历教育的基本修业年限如下:专科教育的基本修业年限为二至三年,本科教育的基本修业年限为四至五年,硕士研究生教育的基本修业年限为二至三年,博士研究生教育的基本修业年限为三至四年。高等学校根据实际需要,可对本学校的修业年限作出调整。

4. 高等学历教育的入学条件

接受一定层次的高等学历教育需要具备相应的入学条件。由于高等学历教育在我国并不是人人都有资格接受的,因而国家对它的入学条件作了法律上的详细规定。这些规定具体如下:

高级中等教育毕业或者具有同等学力的,经考试合格,由实施相应学历教育的高等学校录取,取得专科生或者本科生入学资格。此处的"具有同等学力"是指没有取得高级中等教育毕业证书,但通过自学等方式达到了高级中等教育毕业的教育程度。①

---

① 在《高等教育法》颁布实施时,我国高等教育本专科入学考试基本只向接受普通高级中学毕业的学生开放。接受职业高中或者其他中等职业教育(如中专、中技、中师等)的学生在应届毕业时一般是不具有参加高考资格的。后来,随着高考报名资格的不断放宽,除了取消年龄限制外,对考生的身份限制也作了较大的放宽。凡是具有高级中等教育毕业证书的考生都可以社会考生的身份在当地的教育行政主管部门指定的报名点登记报名。这样关于同等学力与同等学历的问题就是一个可以细说的话题。同等学历与同等学力是两个不同的概念,但在实际中却经常容易混淆。同等学历是指接受了该层次的学历教育,只是类型有别而已,如普通高中毕业证书和职业高中毕业证书。同等学力,则指没有接受完整的该层次的学历教育,无法获得相应的学历证书。但是,其通过自学或者参加非学历教育的继续学习,已经获得与某一层级学历教育毕业生相当的学习能力。故而也可获得与某一层级学历教育毕业生相当的一些权利或资格。严格来说,当说同等学历学生可以参加高考,指的是具有普通高级中学毕业学历以外的其他高级中等教育学历的学生(如中职生、中技生、中师生等)。当说同等学力学生可以参加高考,指的是不具有任何高级中等教育学历的学生,但是其学习能力已经达到高级中等教育学历学生的水平(当然,其学力还是需要有一些客观的认定条件的。这一点在研究生教育阶段就表现得更加明显。如专科毕业考硕士研究生,有些学校规定需要工作一定年限、通过英语四级、公开发表一定数量或级别的学术论文等)。

本科毕业或者具有同等学力的,经考试合格,由实施相应学历教育的高等学校或者经批准承担研究生教育任务的科学研究机构录取,取得硕士研究生入学资格。此处的"具有同等学力"一般是指获得专科毕业证书,工作2年或2年以上,修完学士学位课程,并有达到学士学位论文水平的学术论文公开发表。此处所称的考试是指全国硕士研究生入学统一考试。

硕士研究生毕业或者具有同等学力的,经考试合格,由实施相应学历教育的高等学校或者经批准承担研究生教育任务的科学研究机构录取,取得博士研究生入学资格。此处的"具有同等学力"一般是指获得学士学位后,工作6年或6年以上,修完全部硕士学位课程,并有一定科研成果,有在本专业学术刊物上公开发表的、达到硕士学位论文水平的学术论文。此处所称的考试是指各实施博士研究生学历教育的高等学校或者经批准承担博士研究生教育任务的科学研究机构自行设置的博士生入学考试。

除上述规定条件外,《高等教育法》还特别规定:"允许特定学科和专业的本科毕业生直接取得博士研究生入学资格,具体办法由国务院教育行政部门规定。"

(二)高等教育学业证书制度和学位制度

我国实行高等教育学业证书制度,《高等教育法》第二十条规定:"接受高等学历教育的学生,由所在高等学校或者经批准承担研究生教育任务的科学研究机构根据其修业年限、学业成绩等,按照国家有关规定,发给相应的学历证书或者其他学业证书。接受非学历高等教育的学生,由所在高等学校或者其他高等教育机构发给相应的结业证书。结业证书应当载明修业年限和学业内容。"

有关学业证书制度的具体内容,参见本书第五章第二节有关教育基本制度的学业证书制度部分。

我国实行学位制度,《高等教育法》第二十二条规定:"国家实行学位制度。学位分为学士、硕士和博士。公民通过接受高等教育或者自学,其学业水平达到国家规定的学位标准,可以向学位授予单位申请授予相应的学位。"

有关学业证书制度的类型等,参见本书第五章第二节有关教育基本制度的学位证书制度部分。此处仅阐释学位的申请与授予。

按照《中华人民共和国学位条例》的规定,凡是拥护中国共产党的领导、拥护社会主义制度,具有一定学术水平的公民,都可以申请相应的学位。其中,对于非学位授予单位应届毕业的研究生,由原单位推荐,可以就近向学位授予单位申请学位;在我国学习的外国留学生和从事研究工作的学者,可以向学位授予单位申请学位。

授予学位是一件严肃的大事,有权授予学位的只能是由国务院授权的高等学校和科学研究机构。经授权的学位授予单位,应设立学位评定委员会,并组织有关学科的学位论文答辩委员会。学位论文答辩委员会必须有外单位的有关专家参加。学位论文答辩委员会负责审查硕士和博士学位论文,组织答辩,并以不记名投票的方式,作出是否授予学位的决议。学位评定委员会负责审查通过学士学位获得者的名单;负责对学位论文答辩委员会报请授予硕士学位和博士学位的决议,作出是否批准的决定。在学位评定委员会作出授予学位的决定后,学位授予单位授予学位获得者相应的学位。

(三)高等教育自学考试制度

高等教育自学考试制度是我国自己创建的一种高等教育制度。它自1981年开始酝酿建立,经过三十多年的发展,已经为国家培养出了一大批的本、专科人才,在社会上赢得了较高的声誉,成为人们接受高等教育的一种灵活、开放的新形式,同时也节省了教育投资,为国家造就和选拔人才开辟了广阔的道路。

按照《高等教育自学考试暂行条例》的界定:"高等教育自学考试,是对自学者进行以学历考试为主的高等教育国家考试,是个人自学、社会助学和国家考试相结合的高等教育形式。"根据这个界定,高等教育自学考试具有如下特征:

1. 以学历考试为主

高等教育自学考试主要是学历考试,应考者根据自己选报的专业,参加该专业计划规定的课程考试,全部通过者并参加相应的实践性环节考核(如本科段的毕业论文撰写与答辩,专科段的专业技能考核与有关总结等)即获得相应本科及专科毕业证书,只通过某一单科课程者可获单科合格证书。除此以外,高等教育自学考试已扩展到中专和职教的考试、专业合格证书的考试、成人高等学校监督指导性的考试以及其他社会需要的考试。

2. 属于国家教育考试

高等教育自学考试属于国家教育考试,其工作由国务院教育行政部门领导下的全国高等教育自学考试指导委员会负责。其开考专业、主考学校、考生的学籍管理、考试程序、证书的颁发等都是由国家和省级高等教育自学考试委员会确定的,具有公正性和严肃性,而且通过高等教育自学考试获得的相应证书,在全国范围内都具有统一的效力。

3. 个人自学、社会助学和国家考试相结合

高等教育自学考试,自学是基础和关键,这是高等教育自学考试的基本特点。但由于培养人才也是国家进行社会主义现代化建设的需要,因而也得到国家和社会各界的扶助。国家鼓励企事业单位和其他社会力量,按照高等教育自学考试的专业考试计划和考试大纲的要求,通过广播、电视、面授和函授等多种形式开展助

学活动,并且遵照国家的有关规定,出版、发行各种自学考试辅导材料以方便应考者自学。高等教育自学考试的核心是考试,应考者只有在参加某一专业全部课程考试并且合格以后,才能取得相应的学历证书和其他学业证书。因而其考试的命题、组织和管理都应尽量做到标准化、科学化,达到普通高等学校相应专业教学计划和教学大纲的要求,真正选拔出有真才实学的人才。

第二节 高等学校概述

一、高等学校的设立

（一）高等学校设立的基本要求

高等学校是实施高等教育的主要机构,承担着培养具有社会责任感、创新精神和实践能力的高级专门人才,发展科学技术文化,促进社会主义现代化建设的重要任务。因此,设立高等学校必须要符合一定的基本要求。《高等教育法》第二十四条规定:"设立高等学校,应当符合国家高等教育发展规划,符合国家利益和社会公共利益。"根据这一规定,设立高等学校必须符合下列基本要求:

1. 符合国家高等教育发展规划

国家在一定时期内都会制定高等教育发展规划,根据国家经济建设、社会发展、科技进步和人才培养的要求对高等教育的整体发展规模、速度,高等学校的层次、类别、形式等结构作出相应的设计和调整。设立高等学校,首先必须符合国家的高等教育发展规划。

2. 符合国家利益和社会公共利益

高等学校是社会组织的一员,对于国家的发展、社会的进步有着举足轻重的作用。任何一个国家都不会允许自己的高等学校存在违背本国利益和社会公共利益的行为,我国也不例外。任何组织和个人设立高等学校都必须以符合中华人民共和国的国家利益和社会公共利益为原则,不得为追求其他利益而损害中华人民共和国的国家利益和社会公共利益。

（二）高等学校设立的基本条件

根据《教育法》第二十六条规定,设立高等学校的基本条件有以下四个方面:

1. 有组织机构和章程

组织机构是高等学校得以运行的组织基础,包括高等学校的决策部门、执行部门、监督部门等管理机构和它们的组成人员。章程被称为学校的"法律",是高等学校的基本文件,它规定高等学校的基本任务、政策制度和权责关系。根据我国《高等教育法》第二十八条的规定,高等学校的章程应当规定以下事项:学校名称、校址,办学宗旨,办学规模,学科门类的设置,教育形式,内部管理体制,经费来源、财产和财务制度,举办者与学校之间的权利、义务,章程修改程序,其他必须由章程规定的事项。该法第二十六条还对学校名称特别规定:"设立高等学校,应当根据其层次、类型、所设学科类别、规模、教学和科学研究水平,使用相应的名称。"

2. 有合格的教师

高等学校的教师是履行教育教学职责的专业人员,承担着培养高级专门人才、传递和创造科学文化的历史使命。高等学校教师的素质在一定程度上决定着一所高等学校的教学、科研水准,对于高等学校的生存和发展有着举足轻重的影响。因此,《教育法》及《高等教育法》都规定设立高等学校必须有合格的教师。在这里所称的合格的教师是指取得高等学校教师资格的人员,没有高等学校教师资格的人员不得从事高等学校的教育教学活动。

3. 有符合规定标准的教学场所及设施、设备等

设立高等学校必须具备一定的物质条件,它们主要包括校舍、场地、教学仪器、设备、图书资料等。在设立一所高等学校时,这些物质条件应当一次性投入且符合规定标准。所谓规定标准,是指国务院教育行政部门会同计划、建设、卫生等部门制定的校舍规划面积定额、实验室、教室和课桌凳的具体要求,学生活动场地、住宿学生的食宿条件和厕所等必要的生活设施的具体要求,以及图书资料、教学仪器设备、体育设施的配备标准。

4. 有必备的办学资金和稳定的经费来源

高等学校办学不仅要具备一定的物质条件,而且还要定期投入一定数额的办学资金,这就需要高等学校的举办者在设立高等学校时保证有稳定、合法的经费来源渠道,这是保证高等学校存续的基本要求。

除了以上四方面的基本条件以外,《高等教育法》第二十五条第二款还对大学及独立设置的学院的设立条件作了特别要求,该款规定:"大学或者独立设置的学院还应当具有较强的教学、科学研究力量,较高的教学、科学研究水平和相应规模,能够实施本科及本科以上教育。大学还必须设有三个以上国家规定的学科门类为主要学科。"关于设立高等学校的具体标准由国务院制定,设立除高等学校和经批准承担研究生教育任务的科学研究机构以外的从事高等教育的机构的具体标准,

由国务院授权的有关部门或者省、自治区、直辖市人民政府根据国务院规定的原则制定。

(三) 设立高等学校和其他高等教育机构的程序规定

设立高等学校和其他高等教育机构须经过两个步骤：申请和审批。申请设立一所高等学校，必须向审批机关提交下列材料：(1) 申办报告。(2) 可行性论证材料。(3) 章程。(4) 审批机关依照本法规定要求提供的其他材料。

各级主管机关收到高等学校举办者的设立申请之后，首先对申请材料是否完备、申请内容是否明确具体进行审查，不完备或不具体的可要求举办者补齐。申请材料完备之后，主管机关开始对申请内容进行实质性审查。《高等教育法》第二十九条规定："审批设立高等学校，应当委托由专家组成的评议机构评议。"根据此规定，各级审批主管机关需要在审批过程中委托专家评议机构对举办者的设立申请进行评议，然后作出审批结论。

各类高等学校和其他高等教育机构设立审批机关，根据《高等教育法》第二十九条第一款的规定，具体如下：设立实施本科及以上教育的高等学校，由国务院教育行政部门即教育部审批；设立实施专科教育的高等学校，由省、自治区、直辖市人民政府教育行政部门审批，报国务院教育行政部门审批；设立其他高等教育机构，由省、自治区、直辖市人民政府教育行政部门审批。设立其他高等教育机构，指的是除上述高等学校和经批准承担研究生教育任务的科学研究机构以外的从事高等教育的组织，由国务院授权的有关部门或者省、自治区、直辖市人民政府审批。对不符合规定条件审批设立的高等学校和其他高等教育机构，国务院教育行政部门有权予以撤销，并且根据《教育法》的相关规定，对有违法所得的，没收违法所得，对直接负责的主管人员和其他直接责任人员，依法给予行政处分。

二、高等学校的组织和活动

(一) 高等学校的办学自主权及相关义务

高等学校办学自主权是高等教育领域一个十分重要的问题。高等学校办学自主权的范围、内容、大小等既是高等学校自主办学的依据，也是高等教育主管机关对高等学校进行管理的界限和尺度。高等学校的办学自主权必须受到尊重和法律保护，《高等教育法》第四章从第三十二条至第三十八条对此作出了比较全面的规定。具体说来，高等学校的办学自主权包括以下内容：

1. 招生权

高等学校可以根据招生年度的社会需求状况、本校的办学条件,包括师资、校舍、教育教学设施及其他生活设施的条件和水平,以及国家核定的办学规模,制定本校的招生方案,并可以自主调节系科的招生比例。

2. 专业设置权

《高等教育法》第三十三条规定:"高等学校依法自主设置和调整学科、专业。"根据1993年原国家教委印发的《普通高等学校本科专业目录》和《普通高等学校本科专业设置规定》等规章和文件的规定,普通高等学校可以在《普通高等学校本科专业目录》所列十大门类所属的二级类范围内自主调整专业。国家重点普通高等学校还可以按学校的学科性质,在学校主管部门核定的本科专业数和相关学科门类内自主设置、调整其他专业。但高等学校调整不属于以上情况的专业以及其他设置、调整学科、专业的情况,还应当由学校主管部门审批并报国务院教育行政部门备案。

3. 教学权

高等学校享有教学自主权是由高等教育的特点和高等学校教师工作的专业性、创造性特点所决定的。我国《高等教育法》赋予高等学校的教学自主权包括:(1) 教学计划制定权。高等学校的教学计划是按照高等学校培养目标而制定的体现课程体系结构的教学文件,内容包括专业培养目标、学习年限和学年编制、课程设置及其主要教学形式和学时(学分)分配、各种教学活动、总学时(学分)数与每学期学时(学分)数以及周学时数等。(2) 选编教材权。(3) 组织实施教学活动权。高等学校可据此自主制订教学计划,选编适当的教材并组织实施教育教学活动。

4. 科学研究权

科学研究和社会服务是随着高等教育的不断发展而逐渐形成的高等学校的两项职能[①],国家保障高等学校根据自身条件,自主地开展科学研究、技术开发和社会服务。而且随着生产力的发展,科学技术越来越成为社会经济发展的动力,社会对高等学校的需求越来越迫切,两者间的联系日益紧密,国家还鼓励高等学校同企业

---

① 19世纪以前,大学主要是教学机构,主要承担传递知识的任务,很少去创新知识,更多的是教授古典学科。但到了19世纪,德国的洪堡认为,大学应该为国家发展创造更广阔的前景,不能只顾眼前利益,要有长远考虑。这就需要大学不仅要传授知识,更要发展知识、创造知识,从而呼吁大学提高科学研究水平。在洪堡等人的倡议下,创办了柏林大学,并把提升科研水平作为重要的努力目标,同时推行大学自治、教授治校、学术自由的实践举措。这样,大学的第二大职能——科研,就此诞生,而且一发不可收拾,影响了整个世界。到了19世纪后期,随着美国赠地学院(应用型学院)的发展,大学的第三大职能——服务社会,随之诞生。至此,大学的三大职能:教学(培养人才)、科研(发展科技)、服务社会(促进社会)完全形成。

事业组织、社会团体及其他社会组织在科学研究、技术开发和推广等方面进行多种形式的合作。

5. 对外交往权

开展教育交流与合作,可以促进各国人民相互了解、相互学习,推进教育共同发展。自高等学校产生之始,高等教育的国际交往与合作就广泛进行,尤其是处在当今国际化的信息时代,任何国家的高等学校如果不积极开展对外交流与合作,都难免会导致退步和落后。因此,我国《教育法》第六十七条第一款规定:"国家鼓励开展教育对外交流与合作。"我国《高等教育法》第三十六条规定:"高等学校按照国家有关规定,自主开展与境外高等学校之间的科学技术文化交流与合作。"但必须注意,高等学校在自主开展对外交流与合作的过程中,应该遵守《教育法》第六十七条第二款的规定,坚持独立自主、平等互利、相互尊重的原则,不得违反中国法律,不得损害国家主权、安全和社会公共利益。

6. 校内人事权

根据《高等教育法》第三十七条的规定,高等学校享有以下方面的校内人事权:(1)根据实际需要和精简、效能的原则,自主确定教学、科学研究、行政职能部门等内部组织机构的设置,并有权为其配备合适的人员。(2)按照国家有关规定,自主评定高等学校教师和其他专业技术人员的职务。(3)根据有关规定,自主聘任具备任职条件的教师和其他专业技术人员。(4)调整学校内部教师及其他专业技术人员的津贴和工资分配。

7. 财产权

《高等教育法》第三十八条第一款规定:"高等学校对举办者提供的财产、国家财政性资助、受捐赠财产依法自主管理和使用。"这项规定确定了高等学校的财产管理和使用权。对于我国绝大多数的公立高等学校来说,其举办者是国家及有关政府部门,举办者提供的财产属于国家的财产,高等学校不具有所有权,但可依法享有自主管理和使用的权利。对于社会力量举办的高等学校来说,举办者提供的财产以及受捐赠的财产一旦提供或捐赠行为生效,其财产所有权即归高等学校法人所有,高等学校可对这些财产自主管理和使用。但对指定用途的国家财政性资助和捐赠财产,高等学校必须按照事先指定的用途管理、使用。为了保证高等学校的正常教学、科学研究工作的开展,保证高等学校的教学和科研质量,《高等教育法》规定任何高等学校均不得将用于教学和科学研究活动的财产挪作他用。

权利与义务是对应的,《高等教育法》在全面规定高等学校的权利的同时,也对高等学校的义务作了原则性的规定。该法第三十一条规定:"高等学校应当以培养人才为中心,开展教学、科学研究和社会服务,保证教育教学质量达到国家规定的标准。"第四十四条规定:"高等学校应当建立本学校办学水平、教育质量的评价制度,及时公开相关信息,接受社会监督。教育行政部门负责组织专家或者委托第三方专业机构对高等学校的办学水平、效益和教育质量进行评估。评估结果应当向社会公开。"

除了以上所列的高等学校根据《高等教育法》的规定所享有的权利和必须履行的义务外,《教育法》中有关学校及其他教育机构权利和义务的规定,也适用高等学校。具体内容参见本书第五章第三节有关学校及其他教育机构权利和义务的相关内容。

三、高等学校的管理

(一)高等学校的行政管理

我国高等学校实行国务院统一领导,中央和省级人民政府、国务院各部委分级管理的领导体制。《高等教育法》第十三条规定:"国务院统一领导和管理全国高等教育事业。省、自治区、直辖市人民政府统筹协调本行政区域内的高等教育事业,管理主要为地方培养人才和国务院授权管理的高等学校。"全国普通高校按隶属关系可分为:国家教育行政部门直属、国务院有关部委所属、省级人民政府所属三类。根据1986年国务院发布的《高等教育管理职责暂行规定》,各级教育行政管理机构及主要职责如下。

1. 国家教育行政部门

国家教育行政部门在国务院的领导下,主管全国高等教育工作。其职能机构是高等教育司,除直接管理少数高校外,其主要职责有:贯彻执行党和国家高等教育政策、法律、法规,制定执行高等教育法规的具体政策和规章;编制全国高等教育事业发展规划和年度招生计划;审批高校及研究生院的设置、调整和撤销报告;编制全国统一调配的毕业生年度分配方案;制定高校设置标准、基本专业目录和专业设置标准,组织审批专业设置;会同有关部门制定高校基建投资、事业经费、人员编制、劳动和统配物资设备的管理制度以及定额标准的原则;制定高校人事管理规划和规章制度;对高校学生政治思想、教学、体育卫生和总务工作进行指导;确定高校各级各类学生的修业年限和培养规格;制定指导性教学文件、教学规划;组织教材评审和教学质量评估;指导高校的科研工作;指导和管理高校的研究生培养和学位授予工作等。

2. 国务院有关部委

国务院有关部委在国家教育行政部门的指导下,管理其直属高校[①]。其主要职责是:编制所辖高校的发展规划、年度招生计划和自行分配部分的毕业生分配计划;指导招生和分配工作;审查所辖高校设置、调整和撤销;审批高等专科学校专业的增设和撤销;负责所辖高校基建、物资、经费预算的分配和决算的审核;对所辖高校实行综合管理;任免学校主要负责人,对职称职务的聘任工作进行管理和指导;组织教材编审和教育质量评估等。

3. 省级人民政府

省级人民政府在国家教育行政部门指导下,负责本地区内高等学校的领导和管理。其主要职责是:编制所辖高校的发展规划、年度招生计划;组织领导招生和毕业分配工作;审查所辖高校设置、调整和撤销;审批高等专科学校专业的增设和撤销;负责所辖高校基建、物资、经费预算的分配和决算的审核;对所辖高校实行综合管理;任免学校主要负责人,负责职称、职务的聘任工作;对本地区高校进行教学质量评估;统筹组织联合办学试点;组织高校之间的协作和经验交流。[②]

(二) 高等学校的内部管理

《高等教育法》第四章以"高等学校的组织和活动"为题,对高等学校的法律地位、中心任务、自主办学权、管理体制、校长资格和职权、其他机构等作出了法律规定。这就为高等学校的内部管理提供了强有力的法律依据。

高等学校的法律地位。高等学校自批准设立之日起取得法人资格,这就是说高等学校具有法人的法律地位。高等学校的校长为高等学校的法定代表人。高等学校在民事活动中依法享有民事权利,承担民事责任。

高等学校的中心任务。培养人才是高等学校的中心任务,即高等学校应当以培养人才为中心,开展教学、科学研究和社会服务,保证教育教学质量达到国家规定的标准;高等学校的办学水平、教育质量,接受教育行政部门的监督及由其组织的评估。

---

① 随着我国高等教育管理体制改革的不断推进,原来直属于国务院有关部委的高校绝大多数已经转交给教育部统一管理或者移交给地方政府管理,或者由教育部和地方政府共建。只有极少数院校继续直属于有关部委,如国防科工委所辖的部分高校、公安部所辖的部分高校等。

② 如安徽不同类型与层次的高校之间,近年来开展了广泛的交流与协作。很多家长都知道,全国高校自主招生有"北约""华约"两大阵营,或许他们并不了解,安徽本土高校也有自己的合作阵营:"应用型本科高校合作联盟""示范高职院校合作委员会"等,虽未联合招生,却都在"抱团发展、集约办学",并且成为高校间合作的一种趋势。目前,这种分类管理的模式已被列入国家教育体制改革的专项试点。

高等学校的办学自主权。详见本书本节"二、高等学校的组织和活动"之"(一)高等学校的办学自主权及相关义务"。

高等学校的内部管理体制。《高等教育法》规定,国家举办的高等学校实行中国共产党高等学校基层委员会领导下的校长负责制。中国共产党高等学校基层委员会按照中国共产党章程和有关规定,统一领导学校工作,支持校长独立负责地行使职权,其领导职责主要是:执行中国共产党的路线、方针、政策,坚持社会主义办学方向,领导学校的思想政治工作和德育工作,讨论决定学校内部组织机构的设置和内部组织机构负责人的人选,讨论决定学校的改革、发展和基本管理制度等重大事项,保证以培养人才为中心的各项任务的完成。社会力量举办的高等学校内部管理体制按照国家有关社会力量办学的规定确定。

高等学校的校长及其职权。高等学校的校长,由符合《教育法》规定的任职条件的公民担任;高等学校的校长、副校长按照国家有关规定任免。高等学校的校长全面负责本校的教学、科学研究和其他行政工作,行使下列职权:(1)拟定发展规划,制定具体规章制度和年度工作计划并组织实施。(2)组织教学活动、科学研究和思想品德教育。(3)拟定内部组织机构的设置方案,推荐副校长人选,任免内部组织机构的负责人。(4)聘任和解聘教师以及内部其他工作人员,对学生进行学籍管理并实施奖励或者处分。(5)拟订和执行年度经费预算方案,保护和管理校产,维护学校的合法权益。(6)章程规定的其他职权。高等学校的校长主持校长办公会议或者校务会议,处理前款规定的有关事项。

高等学校的其他机构。主要有学术委员会和教职工代表大会等。高等学校设立学术委员会,审议学科、专业设置;制定教学、科学研究计划方案;评定教学、科学研究成果;调查、处理学术纠纷;调查、认定学术不端行为;按照章程审议、决定有关学术发展、学术评价、学术规范的其他事项。高等学校通过以教师为主体的教职工代表大会等组织形式,依法保障教职工参与民主管理和监督,维护教职工的合法权益。

(三) 高等学校的财务管理

高等学校的财务管理工作主要包括:年度预算核定、预算管理、社会服务收入的分配与管理、学校基金、会计核算、审计、基建管理等内容。其主要法律依据有:国家教委、财政部于1986年10月发布的《高等学校财务管理改革实施办法》;1987年5月国家教委发布的《关于高等学校基本建设管理职责暂行办法》和同年10月28日发布的《高等学校总会计师工作试行规程》;1996年4月5日,国家教委发布的《教育系统内部审计工作规定》;2012年2月7日,财政部公布的《事业单位财务规则》;2012年12月19日,财政部、教育部印发的《高等学校财务制度》;2013年12月

30日,财政部印发的《高等学校会计制度》等。

年度预算核定。高校年度教育事业费预算,由主管部门按照不同种类、不同层次学生的需要和学校所在地的不同情况,结合国家财力的可能,按"综合定额加专项补助"的办法进行核定。综合定额由主管部门按定额标准和学生人数核定下达,包括教师工资、补助工资、职工福利费、奖学金、公务费、设备购置费、修缮费等。专项补助由主管部门按各院校的实际情况核定下达,包括设备补助费、长期外籍专家经费、离退休人员经费、其他特殊项目补助费等。

预算管理。高校内部的经费管理,原则上实行"统一管理、一级核算、定额包干、节余留用"的办法。规模较大的学校,可用"两级核算"的办法。学校的后勤单位和校办工厂可实行"事业单位、企业化管理、独立核算、自负盈亏"的管理办法。

社会服务收入的分配与管理。高校开展科技咨询活动,必须进行成本核算,其纯收入部分,提取少量酬金,其余部分纳入学校基金。举办各种委托培养、干部专修、夜大、函大、教师进修、继续教育等收入均应按规定提取少量酬金,将其大部分纳入学校基金。学校基金是高等学校资金来源的组成部分,它面向社会,取之于校外。其60%以上用于改善办学条件、发展教育事业,剩余部分可用于教职工奖励和福利。

会计核算。高等学校建立会计核算体系和投资效益分析指数体系,做到直接费用正确归属,间接费用合理分摊,开展会计信息化工作的高等学校,还应按照财政部制定的相关会计信息化工作规范执行。

高等学校审计工作。学校审计工作的根本目的,是通过对学校财务收支及其经济活动效益的监督,为教学和科研服务。高校审计工作分为国家教育行政部门审计和校内审计。

高等学校基建管理。高等学校基本建设分别由国家教育行政部门、国务院各部委和省级人民政府、高等学校按照有关法规和政策的规定履行各自的职责。国家教育行政部门主要掌握全国高校长期和年度基本建设的安排情况和完成情况,分析研究投资结构和投资效益;制定面积定额、设计规范、建设标准、技术指标;掌握和分配机动投资、统配物质、国外赠款、外资贷款;审批新建高校项目建议书;管理直属高校基建工作等。国务院各部委和省级人民政府审批所属高校基本建设初步设计文件,省级人民政府可接受国家教育行政部门或各部委委托代为审批有关设计文件;审批所属高校长期和年度基建计划;申请与分配所属高校基建统配物质;审批所属高校年度基建财务计划、办理贷款、审批财务决算;参加所属高校基建工程的竣工验收工作等。

高等学校根据主管部门确定的任务、发展规模、专业设置、人员编制和学制,编制总体设计任务书或单项任务设计书;组织编制项目初步设计文件报主管部门审批。根据有关规定管理本校基本建设的具体实施、组织竣工工程验收等。

(四) 高等学校的教学管理

教学工作作为高等学校经常性的中心工作。学校的各级领导,尤其是主要领导,应当把更多的精力放在教学工作上。提高教育质量的根本途径在于深化教学改革。[①]应将能否成功地调动广大教师、学生投入教学改革的积极性,视为检验学校各项改革工作成败的一个重要标准。

深化教学内容改革,实施面向21世纪教学内容改革计划,是高等学校教学管理的重要任务。我国高等教育的教学内容体系虽经十几年不断改革,但仍远远不能适应当代科学技术和社会的飞跃发展。因此,新世纪的中国高等教育,必须面向21世纪我国经济、政治和社会的全面发展,面向当今世界科学技术的重大飞跃,在专业结构、课程体系、教学内容等方面进行系统的改革。同时,各高等学校要充分利用教学上的自主权,主动地开展教学内容以及教学方法的改革试验。要重视教学方法改革,大力发展计算机辅助教学、电化教学等现代化教学手段,积极运用"互联网+"教育、MOOC、微课、翻转课堂等新型教学形式。

改革教学管理制度,建立有利于发挥教师和学生的积极性、主动性和创造性,有利于优秀人才脱颖而出的灵活机制,是教学改革的一个重要方面。专业建设和课程建设是学校基本的教学建设。各省市、部委教育主管部门要认真按照《普通高等学校本科专业设置规定》的要求,建立专业设置评议委员会作为审批专业的咨询审议机构,掌握好质量标准,从宏观上控制专业发展数量。生产实习和社会实践是贯彻教育与生产劳动和社会实践相结合,促进学生德、智、体、美、劳全面发展的重要教学环节,在任何情况下都必须坚持。稳定骨干教师队伍,培养新世纪的科研和教学带头人,建设教学梯队,是高等学校教学工作中具有战略性意义的紧迫任务。

严格的教学管理是教学质量的重要保障。各高等学校要根据国家对各类教学文件的建设,制定对各个教学环节的规范要求,加强对教学过程的监督和对教学质

---

① 为了进一步提升本科教学质量,2007年经报国务院同意,教育部、财政部决定实施"高等学校本科教学质量与教学改革工程"(简称质量工程)。质量工程的建设目标:通过质量工程的实施,使高等学校教学质量得到提高,高等教育规模、结构、质量、效益协调发展和可持续发展的机制基本形成;人才培养模式改革取得突破,学生的实践能力和创新精神显著增强;教师队伍整体素质进一步提高,科技创新和人才培养的结合更加紧密;高等学校管理制度更加健全;高等教育在落实科教兴国和人才强国战略、建设创新型国家、构建社会主义和谐社会中的作用得到更好的发挥,基本适应我国经济社会发展的需要。详见:中华人民共和国教育部高等教育司网站.高等学校本科教学质量与教学改革工程[EB/OL].(2012-02-21)[2020-04-22].http://www.moe.gov.cn/s78/A08/A08-ztz1/s6288/.

量的检查,认真开展各项教学评优工作。要抓好考务管理,采取有力措施,严格考场纪律,严格评分标准,刹住考试中的不良风气。教务处作为学校管理工作的主要职能部门,对于开展教学改革、提高教育质量具有重要而关键的作用。要加强教务处的工作,强化教务处在全校教育工作中的协调、组织工作。学风是影响人才基本素质的重要因素,要始终把学风建设作为高等学校的一项基本建设,作为培养人才的一项根本任务。在经济体制转轨过程中,尤其要对学风问题给予特殊的关注。要注意加强思想教育,使学生树立科学的世界观、人生观、价值观及正确的学习目的,净化校园环境,倡导健康的校园文化,形成良好的学习氛围,以严明的纪律和制度规范学生的学习行为,强化干部、教师教书育人的意识,以自身严谨作风为学生树立典范。

随着高等教育体制改革的深入,国家教育部在坚持"放、管、服"的原则下将进一步转变职能,采取必要的宏观调控措施,加强对高等学校教学工作的宏观指导。建立高等学校教学工作状态数据的统计和公布制度。制定各类学校的教学工作评价指标体系,分类开展高等学校教学工作的评价检测,公布评价结果。加快各科类主干基础课程国家计算机试题库的建设,逐步做到各校自行利用试题库组织考试,国家教育行政部门将不定期地用题库检测各校教学效果。对专业发展的数量、结构进行宏观调整,对少数基础理论专业和特殊专业实行有重点的保护。

(五) 高等学校的科研管理[①]

科学研究与教学工作是高等学校的两大主要任务。高等学校的科研水平在一定意义上代表了国家的整体科研水平。国家对高等学校的科研工作十分重视,发布了一系列的政策和法规,以保证科研工作的顺利开展。这些政策、法规主要有国家教育行政部门先后发布的《国家教育委员会直属高等学校科学技术研究机构管理暂行办法》(1988)、《高等学校社会科学研究管理暂行办法》(1988)、《关于加强高等学校专利工作的几点意见》(1989)、《关于加强高等学校科学技术工作的意见》(1991)、《关于加强和改进高等学校人文社会科学研究工作的若干意见》(1994)、《教育部关于进一步加强高校科研项目管理的意见》(2012)、《教育部关于进一步规范高校科研行为的意见》(2012)等。

1. 高等学校社会科学科研管理

社会科学研究工作一般由高等学校的二级学院、系、所、研究室、课题组为单位进行。还可由不同学科相互协作、人员自愿联合,或与社会实际工作部门联合进行研究。其科研经费,根据有关规定报批。研究机构实行所长负责制,研究人员实行

[①] 参见:郑良信.教育法学通论[M].南宁:广西教育出版社,2000:346-348.

聘任制,且有专职与兼职之分。专职人员以科研工作为主,不脱离教学。实行定期考核与个人业务档案制度。

高等学校制订社会科学研究的长期、中期、短期计划,国家教育部在此基础上制定社科研究规划,并重点资助一批力量较强的高校研究机构。科研项目的工作实行项目负责人责任制。项目负责人选聘课题组成员、管理经费使用,向有关部门汇报科研进展和提交阶段成果。科研成果实行分层次的评审、鉴定制度。评审或鉴定由学院、系、所、校、委托单位、资助单位组织或主持。对优秀成果给予奖励并实行出版优先的政策。国家教育行政部门直属院校实行社科科研工作年报制度,高校建立科研档案管理制度。

高等学校社科科研实行四级管理。国家教育行政部门领导全国高校的社科研究工作,贯彻和制定有关方针、政策,通过规划、拨款、评估等手段对其给予宏观指导。各省和部委主管高校的教育部门,设立专门管理机构和人员,负责本部门、本地区的社科科研中期规划、评估和评选、经费分配、成果验收、人员编制、学术会议审批等工作。各高校设立社科管理职能部门,负责学校社科研究日常工作。二级学院、系、所是科研工作组织、实施的基层单位,应分派一名负责人负责科研管理工作。

高等学校社科科研经费实行多渠道筹集原则。国家教育行政部门设立高等学校社会科学研究规划基金、重点高校社科博士学科点专项科研基金、高校哲学社会科学科研基金。省级教育行政部门设立相应的社科基金,或列出专项费用用于社会科学研究。各高校采取多种途径,扩大经费来源。各项科研经费的使用按有关规定施行。

2. 高等学校自然科学科研管理

1988年,国家教委发布的《直属高等学校科学技术研究机构管理暂行办法》规定了高校自然科学研究机构的设置、审批、管理体制、物质条件等制度,是全国各类高校自然科学科研管理的依据。其中机构设置、管理体制等与高校社科科研管理相同。1991年,国家教委发布的《关于加强高等学校科学技术工作的意见》指出,要进一步提高认识,切实加强高等学校科学技术工作。

高等学校科技工作要坚持党的"一个中心、两个基本点"的基本路线,认真贯彻"经济建设必须依靠科学技术,科学技术工作必须面向经济建设"和"教育必须为社会主义建设服务,社会主义建设必须依靠教育"的战略方针。高等学校开展科技工作的基本任务是促进经济发展和提高科技水平与高等教育质量。要广泛动员高等学校科学技术力量,积极投入到为国民经济服务的主战场;组织精干队伍,稳定持续进行基础性研究和高技术研究;大力加强科学技术成果推广应用,努力提高经济和社会效益;统筹规划布局,集中力量办好一批重点教学科研和教师进修基地;重视科技队伍建设,抓紧培养造就年轻一代学科带头人;争取多种渠道支持,增加高等学校科学技术工作的投入;加强高等学校科学技术工作的领导与管理,进一步深化体制改革。

各级高等学校和科技主管部门要会同有关部门,加强对高等学校科技工作的领导和管理,认真贯彻执行党和国家的方针政策;制定规划,做好协调工作;组织重大项目联合研究开发;为学校科技工作疏通渠道,提供服务;组织国际合作与学术交流,促进横向联系;总结交流经验,制定规章制度,改进管理工作,以推动科技成果商品化、产业化,促使高校科研与发展向社会广泛延伸,形成强大的科技生产力,为推动社会主义经济建设快速发展贡献力量。

第三节 高等学校教师和学生

一、高等学校教师

(一) 高等学校教师的权利及其保障

高等学校教师享有法律规定的权利,履行法律规定的义务。这些权利和义务包括公民的基本权利、义务和教师作为专业人员所特有的权利、义务。它们分别在《宪法》和《教育法》中有明确的规定,本书第五章"《教育法》解读"和"第六章《教师法》解读"部分均有阐述,此处不再赘述。

《高等教育法》在此基础上进一步对高等学校教师的权利保障作出了规定,其中第五十条规定:"国家保护高等学校教师及其他教育工作者的合法权益,采取措施改善高等学校教师及其他教育工作者的工作条件和生活条件。"第五十一条规定:"高等学校应当为教师参加培训、开展科学研究和进行学术交流提供便利条件。高等学校应当对教师、管理人员和教学辅助人员及其他专业技术人员的思想政治表现、职业道德、业务水平和工作实绩进行考核,考核结果作为聘任或者解聘、晋升、奖励或者处分的依据。"《高等教育法》还对教师及其他教育工作者规定了一项基本义务,即高等学校的教师、管理人员和教学辅助人员及其他专业技术人员,应当以教学和培养人才为中心做好本职工作。这表明,任何一所高等学校,无论其职能是以教学为主,或教学与科学研究兼具,还是偏重社会服务,高等学校最基本的职能——培养高级专门人才都是不能忽视的。任何高等学校的教师及其他教育工作者,都应首先以教学和培养人才为中心做好本职工作,然后才可以从事其他方面的研究和工作。

(二) 高等学校教师资格制度

《高等教育法》规定高等学校实行教师资格制度。高等学校教师资格的条件,依据《高等教育法》第四十六条的规定,包括以下方面:(1)遵守宪法和法律,热爱教育事业,具有良好的思想品德。(2)具备研究生或者大学本科毕业学历。(3)有相应的教育教学能力。根据《教师资格条例》第六条的规定,教育教学能力包括符合国家规定的从事教育教学工作的身体条件。

具备以上条件的中国公民,只要经有关部门认定,即可取得高等学校教师资格。申请认定教师资格的程序,在本书第六章"《教师法》解读"部分已有介绍。

对于不具备国家规定学历,即不具备研究生或者大学本科毕业学历的公民,《高等教育法》规定,如果"学有所长,通过国家教师资格考试,经认定合格,也可以取得高等学校教师资格"。

根据国务院1995年发布的《教师资格条例》,高等学校教师资格考试根据需要举行,考试的科目、标准和考试大纲由国务院教育行政部门审定,由国务院教育行政部门或者省、自治区、直辖市人民政府教育行政部门委托的高等学校组织实施。申请参加高等学校教师资格考试的,应当学有专长,并有两名相关专业的教授或者副教授推荐。通过国家教师资格考试,依同样程序经有关部门认定,也可以取得高等学校教师资格。

(三) 教师职务制度

《高等教育法》规定高等学校实行教师职务制度。高等学校教师职务设有四级:助教、讲师、副教授、教授。他们是根据学校所承担的教学、科学研究等任务的需要而设置的。高等学校教师职务的基本任职条件,根据《高等教育法》的规定,包括如下方面:(1)取得高等学校教师资格。这是最为基本的任职条件。(2)系统地掌握本学科的基础理论。这是对教师知识基础、理论水平的要求。(3)具备相应职务的教育教学能力和科学研究能力。这是对教师能力,包括教学和科研两方面能力的要求。职务级别越高,对其的能力要求也就越高。(4)承担相应职务的课程和规定课时的教学任务。这是对教师教学方面职责的要求,教师职务不同,对教学任务的职责也不同,例如助教在教学方面主要承担课程的辅导、答疑、批改作业、辅导课、实验课、实习课、组织课堂讨论等工作;而讲师要系统担任一门或一门以上课程的讲授工作;副教授和教授则需担任一门主干基础课或者两门及以上课程的讲授工作。

由于教授和副教授是高等学校教学和科学研究工作的主要指导者和带头人，他们的教学、科研水平影响着一门学科、一个系甚至一所学校的教育质量和声望，因此国家对他们的任职条件作了额外要求。《高等教育法》第四十七条第三款规定："教授、副教授除应当具备以上基本任职条件外，还应当对本学科具有系统而坚实的基础理论和比较丰富的教学、科学研究经验，教学成绩显著，论文或者著作达到较高水平或者有突出的教学、科学研究成果。"高等学校教师职务的具体任职条件由国务院规定。

（四）教师聘任制

高等学校教师聘任制就是高等学校与教师在平等自愿的基础上，由高等学校根据教育教学需要设置一定的工作岗位，按照教师职务的职责、条件和任期聘请具有一定任职条件的教师担任相应职务的一项制度。它是适应社会主义市场经济的发展而在教师任用制度方面进行的一项重大改革。我国《高等教育法》明确规定："高等学校实行教师聘任制。教师经评定具备任职条件的，由高等学校按照教师职务的职责、条件和任期聘任。高等学校教师的聘任，应当遵循双方平等自愿的原则，由高等学校校长与受聘教师签订聘任合同。"

根据《高等教育法》的相关规定和其他相关法律的规定，签订教师聘任合同必须遵守下列原则：

1. 合法的原则

所谓合法，就是依法签订教师聘任合同。签订教师聘任合同，不得违反法律法规的规定。依法签订教师聘任合同，必须符合三项要求：(1) 当事人必须具备合法资格。作为高等学校，应当是依法成立的公立高等学校或社会力量举办的高等学校。作为受聘教师，必须符合《高等教育法》第四十七条规定的基本任职条件和由国务院制定的有关教师职务的行政法规。(2) 聘任合同内容合法。教师聘任合同各项条款必须符合法律法规的规定。(3) 聘任合同形式合法。教师聘任合同以书面形式订立，方为合法。只有依法订立的教师聘任合同，才能得到国家承认，并受法律保护。

2. 平等自愿的原则

平等，是指受聘教师与用人的高等学校双方法律地位平等，双方都以平等的身份签订聘任合同。自愿，是指签订教师聘任合同完全出于双方当事人自己的意志，任何一方不得将自己的意志强加给对方，任何第三者也不得对聘任合同的签订进行非法干涉。受聘教师与用人高等学校依法对聘任合同各项条款在充分表达自己意思的基础上,经过平等协商,取得一致意见,即可签订聘任合同。教师聘任合同内容可包括聘任合同期限,工作内容、条件、报酬、纪律以及违反聘任合同的责任等,可将其分为聘任合同必须具备的必要内容和其他商定的补充内容。但无论是何种内容,都不得违反法律法规的规定。

依法签订的教师聘任合同自合同签订之日起即生效。但有下列情形的,聘任合同无效:(1)聘任合同违反法律法规的。(2)采取欺诈、威胁等手段签订的聘任合同。所谓违反法律法规,是指违反法律、行政法规所明令禁止的行为,不能作任意扩大化的解释。采取欺诈手段订立聘任合同,是指一方当事人故意告知对方当事人虚假的情况,或者故意隐瞒真实的情况,诱使对方当事人作出错误意思表示,同意签订聘任合同。采取威胁手段订立聘任合同,是指当事人一方要挟对方,迫使对方同意签订聘任合同。

二、高等学校的学生

(一)高等学校学生的基本权利与义务

高等学校的学生与其他层次学校的学生一样,享有《教育法》规定的基本权利与义务。这些基本权利包括:参加教育教学活动权;获得学金权,包括奖学金、贷学金和助学金;获得公正评价权;获得学业证书、学位证书权;申诉、起诉权及法律、法规规定的其他权利。这些权利的具体内涵在第五章中已有阐述。《高等教育法》明确规定,高等学校学生的合法权益,受法律保护。

除上述基本权利以外,《高等教育法》第五十七条规定:"高等学校的学生,可以在校内组织学生团体。"这是高等学校的学生享有的另一项权利。但高等学校学生组织的学生团体必须在法律、法规规定的范围内活动,并且服从学校的领导和管理。

高等学校学生应该履行的基本义务,根据《教育法》第四十四条和《高等教育法》第五十三条的规定,包括如下方面:遵守法律、法规,遵守学生行为规范和学校的各项管理制度,尊敬师长,刻苦学习,增强体质,树立爱国主义、集体主义和社会主义思想,努力学习马克思列宁主义、毛泽东思想、邓小平理论、"三个代表"重要思想、科学发展观和习近平新时代中国特色社会主义思想,具有良好的思想品德,掌握较高的科学文化知识和专业技能。

此外,根据《高等教育法》的有关规定,高等学校学生还应履行按照国家规定缴纳学费的义务。高等教育属于非义务教育阶段,应当并可以收取适量的学费。但我国自新中国成立以来,高等教育一直是免费的,这与我国高等教育的非义务性和高回报的特点是很不相称的。而且,我国目前还处于社会主义初级阶段,国家的经济水平尚不发达,财政收入也不太高,而在有限的财政性教育经费支出中,高等教育占据了很大一部分。如果还继续依靠国家财政拨款来维持一个庞大的免费高等教育系统,其结果将对我国普及九年义务教育任务的完成构成巨大压力;同时,对于那些没有接受高等教育的纳税人来说也是不公平的,而且这对于高等学校本身的发展也没有好处。因此,我国自1994年秋季起,在全国近50所高校进行并轨改革,1995年又扩大到200所,到1997年实现全面并轨,对所有高等学校学生实行统一的收费制度。在这样的制度下,高等学校学生有义务按照国家规定缴纳学费。当然,对于家庭经济特别困难的学生而言,国家又有专门的奖学金、助学金和贷学金制度,对于符合条件的经济困难学生可以申请并获得相应的资助。

(二) 对家庭经济困难学生的特别帮助

高等学校全面实行收费制度以后,可能会导致一部分家庭经济特别困难的学生因交不起学费而影响入学。我国是社会主义国家,公民接受高等教育的机会均等,《高等教育法》总则部分规定:"公民依法享有接受高等教育的权利。"为了避免任何一个有资格和能力接受高等教育的学生因家庭经济困难而不能享有和行使这项权利,《高等教育法》第九条第二款明确规定:"国家采取措施,帮助少数民族学生和经济困难的学生接受高等教育。"为了落实这一原则规定,该法在"高等学校的学生"一章中又作了如下具体规定:

1. 家庭经济困难的学生可以申请补助或者减免学费

对于家庭经济困难的学生,依据《高等教育法》的规定,他们可以向被录取或所在的高等学校申请补助或者申请减免部分或全部学费。高等学校也可以对家庭经济特别困难的学生主动作出补助或者减免学费的决定。

2. 国家设立高等学校勤工助学基金和贷学金

国家专门设立高等学校勤工助学基金,使每一个参加勤工俭学的学生都可以获得一定的报酬,通过使家庭经济困难的学生参加勤工俭学活动获得报酬的方式对其提供帮助。国家还实行贷学金制度,制定优惠政策,通过金融机构或者设立的专门教育金融机构向家庭经济困难的学生提供优惠贷款,帮助其解决上学期间的部分费用,然后待其毕业后一定期限内逐步偿还贷款。贷学金制度可以保证家庭经济困难的学生在接受高等教育期间的基本的学习、生活条件,有利于其安心学习并珍惜来之不易的学习机会。

3. 国家鼓励高等学校、企业事业组织、社会团体以及其他社会组织和个人设立助学金

国家除设立高等学校学生勤工助学基金外,还鼓励高等学校、企业事业组织、社会团体以及其他社会组织和个人设立各种形式的助学金,包括勤工助学性质的助学金,针对某些特别专业、特别人群的助学金等各种形式。目前已有一些高等学校将校内的服务岗位用于学生的勤工助学职位。也有一部分企业事业组织设立勤工助学金,学生可以通过向其提供一定的技术及其他服务获得助学金。还有一些企业事业组织、团体及个人设立专项助学金,对某些专业的学生,或者一些特定的人群,如家庭经济困难的学生,或毕业后到特定地区、行业、单位工作的学生等提供资助。总之,无论设立何种形式的助学金,只要合法,国家就鼓励其开展。

4. 奖学金制度

奖学金制度是对一定的高等学校的学生进行奖励的制度,它同时也是为家庭经济困难的学生提供资助的一种方式。国家设立奖学金,并鼓励高等学校、企业事业组织、社会团体以及其他社会组织和个人按照国家有关规定设立各种形式的奖学金,对品学兼优的学生、国家规定的专业的学生以及到国家规定的地区工作的学生给予奖励,为此国家还专门制定发布了《普通高等学校本、专科学生实行奖学金制度的办法》。根据以上规定,只要家庭经济困难的学生品学兼优,或者学习国家规定的专业,或者到国家规定的地区工作,就可获得相应的奖学金。

《高等教育法》还规定,高等学校的学生在课余时间可以参加社会服务和勤工助学活动;高等学校应当对学生的社会服务和勤工助学活动给予鼓励和支持,并进行引导和管理。这些规定为家庭经济困难的学生从事社会服务和勤工助学活动提供了法律依据。但是,他们在参加勤工助学活动时,必须做到以下两点:一是在课余时间参加;二是不影响学业任务的完成。此外对于获得贷学金和助学金的学生,《高等教育法》还规定,他们应当履行相应的义务。

(三) 学生学籍管理

根据2016年新修订的《普通高等学校学生管理规定》高校学籍管理制度如下:新生入学后,学校在三个月内按照国家招生规定对其进行复查。复查合格者予以注册,取得学籍。复查不合格者,由学校区别情况,予以处理,直至取消入学资格。复查中发现学生存在弄虚作假、徇私舞弊等情形的,确定为复查不合格,应当取消学籍;情节严重的,学校应当移交有关部门调查处理。复查中发现学生身心状况不适宜在校学习,经学校指定的二级甲等以上医院诊断,需要在家休养的,可以保留其入学资格,保留入学资格的条件、期限等由学校规定,保留入学资格期间不具有学籍。复查不合格或者逾期不办理入学手续且未有因不可抗力延迟等正当理由者,取消入学资格。每学期开学时,学生应当按学校规定办理注册手续。不能如期注册者,应当履行暂缓注册手续。未按学校规定缴纳学费或者其他不符合注册条件的不予注册。家庭经济困难的学生可以申请助学贷款或者其他形式的资助,办理有关手续后注册。

学生学期或学年所修课程、应修学分数,以及升级、跳级、留级、降级等要求,由学校规定。

学生可以根据学校有关规定,申请辅修校内其他专业或者选修其他专业课程。可以申请跨校辅修专业或者修读课程,参加学校认可的开放式网络课程学习。学生修读的课程成绩(学分),经学校审核同意后,予以承认。

学生不能按时参加教育教学计划规定的活动,应当事先请假并获得批准。无故缺席的,根据学校有关规定给予批评教育,情节严重的给予相应的纪律处分。

学生可以按学校的规定申请转专业。学生转专业由所在学校批准。学校根据社会对人才需求情况的发展变化,需要适当调整专业的,应当允许在读学生转到其他相关专业就读。

(四) 学生毕业的有关规定

《高等教育法》第五十八条规定:"高等学校的学生思想品德合格,在规定的修业年限内学完规定的课程,成绩合格或者修满相应的学分,准予毕业。"根据本条规定,高等学校学生毕业须符合如下要求:(1) 思想品德合格。(2) 在规定的修业年限内学完规定的课程;按照高等教育的学制,专科教育的修业年限为三年;大学本科教育的修业年限为四至五年,硕士研究生教育的修业年限为二至三年,博士研究生教育的修业年限为三至四年。高等学校学生必须在以上规定年限内修完规定课程。[①](3) 成绩合格或者修满相应的学分。我国当前有的高等学校采用学分制,有的采用百分制或等级制。因而相应地要求学生修满学分或者成绩合格。只有同时符合以上三方面要求,才允许毕业。符合学位授予条件者,学位授予单位应当颁发学位证书。

在我国高等学校毕业生自主择业的就业制度背景下,要求高等学校在毕业生就业工作方面作出更多的指导和服务工作,因此,《高等教育法》第五十九条第一款规定:"高等学校应当为毕业生、结业生提供就业指导和服务。"同时,国家还鼓励高等学校毕业生到边远、艰苦地区工作,高等学校应当在毕业生就业指导中贯彻、落

---

① 当前,我国"双一流"高校基本已经实行学分制,实行弹性学制,一般本科的修业年限为三至六年,硕士研究生的修业年限为二至五年,博士研究生的修业年限为三至六年。

实这一政策。

(五) 大学生突发事件的处理与预防[①]

1. 大学生突发事件的含义与性质

大学生突发事件是指由大学生自身不妥的行为或者其他某种内在必然因素导致猝然发生的、引起广泛关注的、需立即处理的,并对大学生身心或学校造成影响的负面事件。

依据大学生突发事件的变化、发展规律及其内在规定性,大学生突发事件的性质可以概括为发生的突然性、主体的特殊性、影响的广泛性和后果的严重性。

发生的突然性。与其他事件相比,大学生突发事件的产生过程较为短促、质变的拐点不易把握、产生的起始时间不易觉察和控制、发生发展的方向难以预测、所受影响的深度和广度不易评估等。大学生突发事件发生的突然性也是指事件发生原因感知的困难性。

主体的特殊性。大学生年轻活跃、富有朝气,易于接受新思想和新事物,理解能力强,大多对问题有自己的见解。他们关注社会的发展,对非常规事物有着天然的敏感好奇心理,但抗挫折和心理承受能力差。由于人生阅历先天不足,缺少社会磨炼,常常忘却责任和义务,加之社会急剧变化,易导致大学生患得患失,不能正确处理好学习、生活及工作等关系,不能有效化解生活中的各种矛盾和问题,从而引发突发事件,或受到突发事件的伤害。

影响的广泛性。大学生突发事件是负面事件,也是人们不愿看到或不希望发生的事件。常言说得好:"好事不出门,坏事传千里",说的就是这个道理。现代社会资讯发达,一旦发生大学生突发事件,其消息就会通过广播电台、电视网络、互联网、手机、报纸和口头等快速传播到千家万户,形成广泛的社会影响。大学生突发事件所造成的重要影响,首当其冲的是学校的社会形象和未来发展,更为重要的是对社会的政治影响。因此,要尽可能防止国内外别有用心的人利用大学生突发事件做文章,以达到不可告人的目的。

后果的严重性。大学生突发事件常会伴有造成死伤或者致残的结果。较为常见的有学生自杀、被杀、被伤、意外死亡、意外受伤等。同时,大学生突发事件也会扰乱学校正常的教学、科研和其他方面的正常秩序,给学校带来一定的经济损失,并造成人们思想的混乱和心理的恐慌,加之其极易为社会上别有用心者和闲杂人员所利用,引起社会广泛关注,客观上"放大"和"加深"了危害的范围和程度。

[①] 参见:朱孔军,等.大学生管理理论与方法[M].北京:人民出版社,2010:232.

2. 大学生突发事件的处理

大学生突发事件一旦发生,就会成为现实的事件,即进入了大学生突发事件的应急响应阶段,这就要求高校和相关部门对突发事件进行快速反应,尽可能减少突发事件所带来的影响和损失。突发事件处理的上策是"顺应时势,主动求变";中策是"分步改造,缓慢应变";下策是"一意孤行,抗拒变局"[①]。对突发事件的处理虽无定式,但仍有程序可循。大学生突发事件的处理程序一般可分为抚慰伤者、把握实情、择优应对、主导舆论、化解纠纷、转危为安。

抚慰伤者。大学生突发事件的发生,可能会造成人员伤亡。在处理大学生突发事件的过程中,应始终坚持"以人为本"的原则,把人的生命放在第一位。如遇有人员伤亡,高校应以最快的速度与受伤害者接触、沟通,并安抚伤残者或伤亡者的家属,尽最大可能体现人文关怀,以减少伤者或亡者家属的不满和抵触情绪,为圆满化解危机打下良好的基础。

把握实情。当大学生突发事件发生后,高校如若试图掩盖真相,或置之不理,或采取听之任之的态度与做法,将会增加处理突发事件的难度,会对高校或相关组织造成极大的威胁。因此,高校必须尽早了解实情,以达到控制局面的目的。对突发事件实情的把握应做到证据、数字和记录准确无误,不得疏忽大意,对事态的发展应及时跟踪。应把握的实情主要有大学生突发事件发生的时间、地点和原因等基本情况;突发事件的现状和发展态势;突发事件涉及的人员及影响状况,如受害者人数、财产损毁状况等。

择优应对。在充分掌握大学生突发事件的基本情况后,突发事件应对工作机构应对大学生突发事件进行综合评估,判断危机事件的性质与等级,确定是否启动突发事件的处置预案或何种等级的预案,是否需要马上上报动态,请求支援等。由于大学生突发事件种类和形态繁多,因此有必要结合实际情况,择优选择应对方案或对已有方案进行修订、补充等。具体说来,有两个方案的选定或制定显得特别重要:一是大学生突发事件控制和处置准备方案,二是大学生突发事件控制和处置传播方案。大学生突发事件的应对是一个综合且复杂的过程,要想做到临危不乱、张弛有序就必须按如下程序进行:第一步,应对突发事件;第二步,全面调配物质资源;第三步,核对计划,实施方案。[②]

主导舆论。由于突发事件的不可预见性,事发之初,往往会引起人们的恐慌和对信息的渴求。现代社会资讯发达,若大学生突发事件发生后,准确信息传播不畅,舆论引导缺位,人们就会迫不及待地作出自己的选择,通过非主流渠道获取信

---

① 白涛.高校危机管理对策初探[J].华南理工大学学报(社会科学版),2005(2):67-71.
② 参见:秦启文.突发事件的管理与应对[M].北京:新华出版社,2004:193-194.

息,导致谣言、小道消息漫天飞,引发公众的恐慌,诱发事态的进一步恶化。因此,在确定突发事件处置方案后,应迅速进行信息发布,主导舆论,公开坦诚地公布事情的真相,以阻塞、回击非正常渠道的误传和小道消息。对外发布信息必须做到"一个声音、一种观点",客观真实,尽量满足公众的合理需要。只有这样才能缓和公众紧张的情绪,取得公众的理解与支持。

化解纠纷。与大学生突发事件相伴的是各种矛盾和纠纷,如责任归属、抚慰金的数量等。解决好这些矛盾,对于妥善处理突发事件,转化危机,解决问题,有着十分重要的意义。化解纠纷,要多方沟通,反复协调,以情入手,渐次推进。在涉及有关责任归属问题或死伤原因上,最好求助于第三方,如律师、医生(法医)或公安等。这样做有助于问题的解决,并增强结论的权威性和可靠性,加速危机的化解,最终完成突发事件的处理。

转危为安。在大学生突发事件基本处理完成后,学校要及时对处理情况予以总结评估。总结评估主要分为三步:一是调查,对事件发生的原因及处理过程进行系统调查;二是评估,对事件处置的绩效进行分析;三是整改,对事件处理中或现实中存在的问题进行梳理,并提出整改意见,形成报告,责成有关部门落实。转危为安,目的就是通过某个单一的突发事件的处理,考验学校对类似突发事件处理的应急机制,并着眼于长远,从现存的安全隐患入手,从自身管理的不足入手,完善校园安全管理机制,改进工作的方式、方法,从而为创建平安校园积极努力。

3. 大学生突发事件的预防策略

大学生突发事件一旦发生,会给学校、家庭、社会带来无法弥补的损失。对待大学生突发事件,必须坚持预防为主的原则,做到防患于未然,把大学生突发事件的隐患消除在萌芽状态中。据了解,有不少大学生突发事件的发生不是偶然的,其苗头在事前就已经出现,只是事前没有被人们发觉,或者虽已发觉,但没有引起人们的高度重视。如果对大学生突发事件的苗头做到早了解、早发觉、早处理,相信绝大部分的大学生突发事件是完全可以避免或大量减少的。下面重点介绍防范大学生突发事件的教育策略、预警策略和制度策略。

防范大学生突发事件的教育策略。首先,要提高各级管理者的突发事件防范意识。通过培训、宣传等教育措施,增强管理者的责任意识、应变意识及危机意识,协助管理者树立起应对突发事件的思想基础。其次,加强大学生突发事件防范的警示教育。通过典型案例的分析、违法事件的曝光及相关宣传活动,提高管理者的敏锐鉴别能力、快速反应能力、驾驭全局能力、组织协调能力、依法处置能力等五种能力。

防范大学生突发事件的预警策略。预警是指对在某个特定条件下将要发生的事件或者已经发生的重大事件给出提示信息,并作出相应的处置。大学生突发事件的预警主要包括监测、预测、预报和预控等。监测是指对可能引起大学生突发事件的潜在因素进行监测,搜集相关信息,掌握第一手资料。预测与预报是指在已掌握的数据分析的基础上,对可能发生的大学生突发事件作出判断,必要时发出警告。预控是指对可能诱发大学生突发事件的因素加以防控,并对可能出现的情形进行预案布控,尽可能避免突发事件的发生或减少突发事件的发生所带来的损失。

防范大学生突发事件的制度策略。尽管大学生突发事件可以通过各种途径解决,但相比之下,用规章制度来预防和处置大学生突发事件,更具有明显的积极意义。防范大学生突发事件的制度策略要点主要有:一是形成依法预防和处置突发事件的氛围。如果遵从"动之以情、晓之以理、行之以法",相信许多矛盾或纠纷就可以通过制度的途径得以解决。二是制定以行政负责人为主体的预防和处置大学生突发事件的责任制,防止在对大学生突发事件处理过程中责任界限不清,推诿扯皮现象的出现,强化过错责任追究制度的落实,使之领导到位、责任到位、措施到位。三是拟定具有科学性和针对性的防治突发事件的工作预案。预案制定后要不断修改和完善,并针对可能发生的大学生突发事件进行演习,以检测高校处置大学生突发事件的能力,进一步提高各级人员的应对水平。四是形成大学生突发事件发生后的快速反应机制。防止出现超越权限的应对、耽误时效的应对和不按程序的应对。五是依法收集和保存大学生突发事件发生过程中的各种证据,并依法规范突发事件发生后的善后处置。

第八章 《中华人民共和国职业教育法》解读

《职业教育法》由第八届全国人民代表大会常务委员会第十九次会议于1996年5月15日通过,自1996年9月1日起施行。《职业教育法》共五章四十条,分别规定了职业教育体系,职业教育的实施,职业教育的保障条件。《职业教育法》的颁行是我国教育法制建设史上的一件大事,是深化职业教育改革和促进职业教育事业进一步健康发展的有力保障,是职业教育走上法制轨道的基本依据。随着职业教育进入新的发展时期,2018年,十三届全国人大常委会将《职业教育法》修订列入立法规划,2019年国务院印发《国家职业教育改革实施方案》(以下简称《实施方案》),提出了一系列新的政策举措,可以说现行的《职业教育法》已经不能适应职业教育改革发展的新形势、新任务、新要求,迫切需要予以修订,为职业教育改革发展提供法治保障。[①]

第一节 职业教育的体系

职业教育体系是指一国现行的不同类型、不同层次的职业学校教育与职业培训按照一定规则组成的职业教育总体网络系统。当今世界,经济发达国家都建立了比较完整有效的职业教育体系。该体系是一国教育体系中的一个子系统,除了受劳动力市场的直接制约外,还受整个社会经济和科学文化发展水平及教育发展水平的制约,并随着社会经济的发展和科学文化及教育水平的提高而不断调整和完善。我国自改革开放以来,职业教育有了较大的发展,职业教育体系亦初步形成。《职业教育法》第二章"职业教育体系"对此进行了明确的规定。

一、职业教育体系总体框架

《职业教育法》第十二条对我国职业教育体系总体框架规定如下:"国家根据不

[①] 中华人民共和国教育部.关于《中华人民共和国职业教育法修订草案(征求意见稿)》的起草说明[EB/OL].(2019-12-05)[2020-04-16].http://www.moe.gov.cn/jyb_xwfb/s248/201912/t20191205_410969.html.

同地区的经济发展水平和教育普及程度,实施以初中后为重点的不同阶段的教育分流,建立、健全职业学校教育与职业培训并举,并与其他教育相互沟通、协调发展的职业教育体系。"

(一) 职业教育体系的基本组成

现阶段,我国职业教育体系由纵横交错的两个系列共同组成。从横向来看,即从类型上看,职业教育体系由职业学校教育和职业培训两大类别组成。从纵向来看,即从层次上看,职业教育体系由初等职业教育、中等职业教育和高等职业教育三大层次组成。从纵横交错来看,即从类型和层次的组合上看,初等职业教育包括初等职业学校教育和初级职业培训,主要是对文化层次比较低的对象进行的职业知识和技能的教育和培训;中等职业教育包括中等职业学校教育和中级职业培训,主要是对具有中等文化程度的对象进行的基础理论、专业知识和相关技能的教育和培训;高等职业教育包括高等职业学校教育和高级职业培训,是在高等教育阶段进行的职业教育和培训,由高等职业学校或者普通高等学校实施。初级、中级、高级职业教育需要得到有效衔接,以实现体现终身学习理念的现代职业教育体系。

(二) 职业学校教育与职业培训并举

从职业教育体系的横向组成来看,职业学校教育与职业培训并举是我国职业教育体系的一个重要特征。职业学校教育是严格按照教学计划和教学大纲要求,有目的、有计划、有组织、有系统地进行的学历教育活动,主要是为就业做准备打基础,对考核合格者,按国家规定发给学历证书。职业培训是根据从业人员从业岗位的需要,遵循"先培训,后就业"的原则而进行的最基本的、多层次、形式多样化的职业教育,是更新知识和技能、提高就业能力的非学历教育,对考核合格者发给培训证书。从某种意义上说,职业学校教育是职业培训的前提和基础,职业培训是职业学校教育的继续和发展。只有二者并举、相互结合、相互补充、共同发展,才能形成一个比较系统的、结构合理的、功能齐全的职业教育网络,从而满足市场经济和社会发展对各种层次的高素质劳动者和从业人员的需求。

(三) 职业教育与其他教育沟通

从职业教育体系的纵向组成来看,或从职业教育体系与其他教育体系的关系来看,职业教育与非职业教育的相互沟通和协调发展是我国职业教育体系的又一个重要特征。我国的教育体系是由职业教育、普通教育、成人教育三者共同构成的,它们共同处在紧密联系、相互沟通、相互补充、协调发展的总的教育体系之中。

职业教育与普通基础教育、成人教育和普通高等教育的沟通，是其自身存在和发展的必备的社会环境和基本前提。从提高劳动者的整体素质而言，职业教育与普通基础教育和普通高等教育之间必须处在不断的沟通之中，才能不断获得协调发展。事实上，几乎每一个从业人员的知识结构和职业技能都是在职业教育和非职业教育的相互沟通和共同作用下逐步形成、提高和完善起来的，并继续在相互沟通和共同作用下走向更高层次的完善。

二、职业学校教育

职业学校教育是指对受教育者进行从事某种职业或生产劳动需要的知识和技能的学校学历教育。职业学校教育与普通学校教育的区别仅在于其直接培养目标的不同，职业学校教育是有着明确的职业知识和技能的教育，并且是直接为某种职业输送合格的从业人员的教育；普通学校教育则主要是进行一般的素质教育，而没有提供就业知识和技能的直接任务。

《职业教育法》第十三条规定："职业学校教育分为初等、中等、高等职业学校教育。初等、中等职业学校教育分别由初等、中等职业学校实施；高等职业学校教育根据需要和条件由高等职业学校实施，或者由普通高等学校实施。其他学校按照教育行政部门的统筹规划，可以实施同层次的职业学校教育。"这样就构成了职业学校和非职业学校共同承担的职业学校教育体系。其中，初等、中等职业学校主要承担一般职业学校教育，但也要承担一定的残疾学生的职业学校教育。普通中学可以按统筹规划承担同层次的职业学校教育，此外还应根据实际需要开设职业教育的课程或增加职业教育的教学内容，加强普通教育与职业教育的相互渗透和沟通，优化受教育者的知识和能力结构，提高教育效率。

高等职业学校教育是职业学校教育的高级阶段，也是高等教育的重要部分，由专科、本科层次的职业高等学校和其他普通高等学校实施。随着我国改革开放的不断深化、市场经济广泛发展，对受过高等职业学校教育的人才的需求不断增加。这就需要高等职业学校和普通高等学校共同承担高等职业学校教育的任务。高等职校与普通高校在高等职业教育上的联手，不仅可以充分发挥普通高校资源的更大作用，培养更多的高级职业人才，还可以优势互补，推动我国高等职业教育事业走上一个新台阶，更加完善我国的职业学校教育体系。

三、职业培训

职业培训是指以具体的就业岗位为目标对受教育者进行职业知识与实际技能

的培养和训练的非学历职业教育。职业培训的目的在于增强劳动者的就业能力与工作能力,促进劳动就业与社会经济发展。职业培训与职业学校教育是构成职业教育体系的两大组成部分。《职业教育法》第十四条规定:"职业培训包括从业前培训、转业培训、学徒培训、在岗培训、转岗培训及其他职业性培训,可以根据实际情况分为初级、中级、高级职业培训。职业培训分别由相应的职业培训机构、职业学校实施。其他学校或者教育机构可以根据办学能力,开展面向社会的、多种形式的职业培训。"这就从职业培训的种类和等级、职业培训的实施机构和职业培训社会化等不同层面规范了职业培训的教育体系。

从业前培训是指初次就业人员为获得就业能力进行必备的职业知识与技能的培养和训练。转业培训是指对再次就业的人员获得新的就业能力进行的培训。学徒培训是指在生产现场采取师傅带徒弟的方式把青年培训成熟练技术工人的培训。在岗培训是指用人单位对在岗的劳动者根据工作需要进行的技术和业务培训。转岗培训是指使转岗人员掌握新岗位技术业务知识和工作技能并取得新岗位上岗资格所进行的培训。职业培训除了种类繁多以外,根据职业技能标准的不同要求,分为初级、中级、高级职业培训,且由不同的职业教育机构分别实施。初级职业培训是以培养初级技术工人及熟练工人为目标的培训形式,主要由技工学校和就业培训中心等职业培训机构实施。中级职业培训是以培养中级技术工人为目标的培训形式,主要由技工学校和中等职校实施。高级职业培训是以培养高级技术工人为目标的培训形式,主要由高级技工学校和高等职校实施。职业培训除了以上实施机构之外,其他学校或教育机构可以根据办学能力,开展面向社会的、多种形式的随行就市的社会化职业培训,使我国的职业培训体系更好地适应国民经济和社会发展的需要。

第二节 职业教育的实施

职业教育的实施,是指职业教育依照《职业教育法》的规定在社会活动中的具体实现。《职业教育法》第三章"职业教育的实施",从职业教育举办主体、客体和形式等方面作出了明确的规范。

一、职业教育的举办主体

《职业教育法》规定,职业教育的办学主体有各级人民政府、政府主管部门及行业组织、企业事业组织、社会团体、其他社会组织及公民个人、境外组织和个人等，可见我国的职业教育已经形成了一种多元办学的格局。但是，不同的办学主体又担负着不同的职责和发挥不同的作用。

县级以上地方各级人民政府应当举办发挥骨干和示范作用的职业学校和职业培训机构，对农村、企业事业组织、社会团体、其他社会组织及公民个人依法举办的职业学校和职业培训机构给予指导和扶持。县级人民政府应当适应农村经济、科学技术、教育统筹发展的需要，举办多种形式的职业教育，开展实用技术的培训，促进农村职业教育的发展。政府主管部门、行业组织应当举办或者联合举办职业学校和职业培训机构，组织、协调、指导本行业的企业事业组织举办职业学校和职业培训机构。国家鼓励运用现代化教学手段，发展职业教育。企业应当根据本单位的实际，有计划地对本单位的职工和准备录用的人员实施职业教育。企业可以单独举办或者联合举办职业学校和职业培训机构，也可以委托学校、职业培训机构对本单位的职工和准备录用的人员实施职业教育。从事技术工种的职工，上岗前必须经过培训，从事特种作业的职工必须经过培训，并取得特种作业资格。国家鼓励企业事业组织、社会团体、其他社会组织及公民个人按照国家有关规定举办职业学校、职业培训机构。境外的组织和个人可以在中国境内举办职业学校、职业培训机构，其具体办法由国务院另行规定。

二、职业教育的办学条件和举办方式

职业教育的实施机构是职业学校和职业培训机构。职业学校与普通学校一样是常设的办学实体，根据我国《教育法》的规定，学校及其他教育机构具备法人条件的，自批准设立或登记注册之日起取得法人资格。职业培训机构一般虽然不具有法人资格，但是作为实施职业教育的实体，亦必须具备一定的设立条件。

（一）职业学校和职业培训机构的设立条件

《职业教育法》第二十四条规定："职业学校的设立，必须符合下列基本条件：（一）有组织机构和章程；（二）有合格的教师；（三）有符合规定标准的教学场所，与职业教育相适应的设施、设备；（四）有必备的办学资金和稳定的经费来源。职业培训机构的设立，必须符合下列基本条件：（一）有组织机构和管理制度；（二）有与培训任务相适应的教师和管理人员；（三）有与进行培训相适应的场所、设施、设备；（四）有相应的经费。"该项条款，从办学机构的组织机构、师资、场所、设施和经费等方面进行了明确规定，只有符合以上基本条件，职业学校和职业培训机构方能设立，从而为职业教育的实施提供了全面的条件保证。

此外,《职业教育法》还从学业证书颁发权方面,对职业教育的实施提供了条件保证。《职业教育法》第二十五条规定:"接受职业学校教育的学生,经学校考核合格,按照国家有关规定,发给学历证书。接受职业培训的学生,经培训的职业学校或者职业培训机构考核合格,按照国家有关规定,发给培训证书。学历证书、培训证书按照国家有关规定,作为职业学校、职业培训机构的毕业生、结业生从业的凭证。"这就为受教育者的就业出路提供了法律保障,使职业教育的实施得以顺利进行。

(二)职业学校和职业培训机构的举办方式

由于我国职业教育已经形成多元主体办学的格局,因此职业学校和职业培训机构的举办出现了独立办学、联合办学和委托办学等具体方式。独立办学是指单一办学主体举办职业学校或职业培训机构实施职业教育的方式。联合办学是指两个以上办学主体通过签订联合办学合同共同举办职业学校或职业培训机构实施职业教育的方式。委托办学是指政府主管部门、行业组织、企业事业组织通过签订委托合同委托学校或职业培训机构实施职业教育的方式。不论采用何种方式办学,职业学校和职业培训机构在实施职业教育时,都应当实行校企合作、产教融合,与企业密切联系,为本地区经济建设服务,培养实用人才和熟练劳动者。为此,职业学校和职业培训机构可以举办与职业教育有关的企业或者实习场所,以便更好地为实施职业教育服务。

三、职业教育发展中存在的问题[①]

《职业教育法》自1996年颁布实施以来,我国职业教育虽然取得了长足的进步,但与经济和社会发展对职业教育的要求相比仍有一定差距,在整个教育事业中属于薄弱环节之一。本书以高等职业教育为例,借鉴学者研究成果,分析我国高职教育发展中存在的一些问题。改革开放以来,我国高职教育由弱到强,取得了非凡成就,但同时也存在着校企合作缺乏长效机制、人才培养难以满足需求、专业与产业相互脱节、高职教育质量较低、教育资源分配结构的两极化等问题。

(一)校企合作缺乏长效机制,产教融合不够深入

下一步发展高职教育的重点是什么?党的十九大报告指出,职业教育面临的挑战是深化产教融合和校企合作。中央一再强调,要采取多种措施,引导和支持社会力量特别是工业企业参与办学,然而,目前社会资本和工业企业参与职业教育普

---

① 参见:郑智勇,肖林,王书林.改革开放40年我国高职教育的进展、问题与展望[J].教育与职业,2018(20):33-38.

遍缺乏激励政策和内生激励措施,大部分校企合作呈松散型、浅层次,合作内容和形式单一。究其原因,一方面,高职院校和地方本科院校的整体科研水平较低,应用研究力度不强。长期以来,我国普通本科院校"重科学,轻技术"的学术文化对高职院校产学研开发产生了极为不利的影响,生产、教育和科研能力不足已成为高职院校发展的"短板"。另一方面,高职院校教师的应用性科研水平低,无法把研究成果带到教学中,与企业生产结合并转化为现实生产力的科研成果更少之又少,这也制约了高职院校自身服务社会、服务地方经济的能力。另外,地方政府对大学、研究机构的合作也缺乏体制性激励,校企合作与工学结合尚未得到广泛实施,影响了高职教育发展的质量。

(二)人才培养难以满足需求,专业与产业脱节

教育部部长陈宝生在2018年全国"两会"上提到将学校建在开发区,实现职教"需"与"求"的紧密结合。只有在产业链上培养专业人才,才能了解产业发展的现状。只有在开发区才能了解开发区人才的需求及供应。当前我国许多高职院校办学的地方性、区域性特点不够突出,未考虑地方产业结构与市场需求情况,盲目与普通本科院校学科设置相比,使专业链与产业链脱节,培养的高职人才适应社会的能力差,最终导致高职毕业生就业困难。高职院校的趋同性十分明显,盲目追求本科教学模式;对于教师的评价是"重科研,轻教学",即集中于对科研成果的核算,致使学校和教师对教学过程的投入不够,在一定程度上影响了人才培养的质量。另外,部分地方高职院校在人才培养过程中不能较好地体现与当地产业和行业的融合,课程教学内容脱离实际生产和生活,导致毕业生的素质和知识结构与市场需求不匹配,动手能力较差,不具备与就业岗位匹配的素质,这也加剧了就业困难。

(三)高职教育质量偏弱,亟待由量到质的跨越

当前,学校培养的学生质量不高,学校专业设置的合理性、学校特色问题等越来越受到人们的广泛关注和质疑,这也成为高职教育改革和整顿的主要方向。近年来,虽然本科毕业生初次就业率达到80%以上,但专科毕业生初次就业率低于40%,部分省份甚至不足10%。2006年教育部发布的《关于全面提高高等职业教育教学质量的若干意见》和《关于实施国家示范性高等职业院校建设计划加快高等职业教育改革与发展的意见》明确提出,要适当控制高等职业院校招生规模的增加,相对稳定招生规模,强化内涵,切实把工作重点放在提高质量上。教育部2016年4月发布了《中国高等教育质量报告》,明确指出中国高等教育存在质量问题。因此,提高高职教育质量,满足社会对优质教育资源的需求,是职业教育亟待解决

(四)东西部发展差异较大,教育资源亟待分配

我国社会的主要矛盾已经转化为人民日益增长的美好生活需要和不平衡、不充分发展之间的矛盾,我国高职"东强西弱"正是发展不平衡、不充分的体现。一些省份创新推动政策落地,但各地落实创新行动计划存在明显差异,全国有20个省份制定了省级实施方案行动计划,但仍有个别省份未安排省级财政专项资金。在经费方面,高职院校人均财政拨款水平差异很大。2006年,全国990所公立职业学院中60%以上的生均拨款不足1.2万元,甚至还有74所院校低于0.3万元。除此之外,生均公共财政教育支出地区差异也很大。2016年,我国19个省的人均教育公共财政平均支出超过1.2万元。在北京和上海,人均公共财政教育经费已超过2万元,其他12个省人均公共财政教育支出不到1.2万元,山西、湖南等中西部4个省份不到1万元,公共财政教育经费存在较大差异。

第三节 职业教育发展的保障

一、职业教育的经费保障[①]

充足的职业教育经费是发展职业教育的物质基础。发达国家虽有经济发展水平、社会制度、文化传统的不同,但都十分重视职业教育经费的投入,采取多渠道解决职业教育经费。例如日本通过《职业教育国库补助法》等法令,规定了国家和地方政府对职业教育经费的比例,对公立职业学校的拨款办法及对私立学校的补助办法。我国《职业教育法》规定:"国家鼓励通过多种渠道依法筹集发展职业教育的资金。"筹集职业教育经费的渠道主要有以下几种:

(一)各级政府财政拨款

根据我国《教育法》和《职业教育法》的有关规定,政府举办的职业教育机构所需要的经费列入财政预算。省、自治区、直辖市人民政府应当制定本地区职业学校

[①] 参见:赵延安,刘冬梅.职业教育法教程[M].咸阳:西北农林科技大学出版社,2007:113-115.

学生人数平均经费标准。国务院有关部门应当制定本部门职业学校学生人数平均经费标准。职业学校举办者应当按照学生人数平均经费标准足额拨付职业教育经费。各级人民政府、国务院有关部门用于举办职业学校和职业培训机构的财政性经费应当逐步增长。任何组织和个人不得挪用、克扣职业教育经费。各级人民政府要加大对职业教育的支持力度，逐步增加公共财政对职业教育的投入。各级财政安排的职业教育专项经费，重点支持技能型紧缺人才专业建设，职业教育师资培养培训，农业和地矿等艰苦行业，中西部农村地区和少数民族地区的职业教育和成人教育发展。

（二）企业承担职业教育经费

企业是我国职业学校的办学主体之一，企业承担教育经费是我国职业教育的经费来源渠道之一。企业不仅要对在职职工进行培训，还要对准备录用人员进行培训，企业应当承担这部分人员的职业教育费用。从企业的生存和发展来看，企业对职业教育的投入是一种对劳动者智力和技能的开发性投入，其目的是提高劳动者素质，而劳动者素质的提高会带来经济效益的增长，因此这种投资实际上是一种生产性投资。我国《职业教育法》第二十八条规定："企业应当承担对本单位的职工和准备录用的人员进行职业教育的费用，具体办法由国务院有关部门会同国务院财政部门或者由省、自治区、直辖市人民政府依法规定。"第二十九条规定："企业未按本法第二十条的规定实施职业教育的，县级以上地方人民政府应当责令改正；拒不改正的，可以收取企业应当承担的职业教育经费，用于本地区的职业教育。"

（三）适当收取学费

根据《中国教育改革和发展纲要》及其实施意见的规定，职业教育实行学生缴费上学制度。职业教育作为非义务教育，国家全部承担经费的办法是不可行的，也不符合教育原则，尤其是我国的财力还不是很充足，因此由学生承担相应的职业教育阶段的学费是很必要的。但向学生收取学杂费应该注意几个问题：一是制定合理的收费标准。收费标准的制定既要考虑培养成本，也要考虑群众的承受能力。二是对经济困难的学生和残疾学生应酌情减免学杂费，按照国家规定设立职业教育奖学金、贷学金，用于奖励优秀学生和资助经济困难的学生，并创造条件鼓励和支持学生参加勤工俭学。三要加强收费管理，严禁乱收费。我国《职业教育法》第三十二条规定："职业学校、职业培训机构可以对接受中等、高等职业学校教育和职业培训的学生适当收取学费，对经济困难的学生和残疾学生应当酌情减免。收取办法由省、自治区、直辖市人民政府规定。国家支持企业、事业组织、社会团体、其他社会组织及公民个人按照国家有关规定设立职业教育奖学金、贷学金,奖励学习成绩优秀的学生和资助经济困难的学生。"

(四)开征教育附加费

受国家财力限制,我国多数地区职业教育经费严重不足,从而影响职业教育的发展,因此必须拓宽职业教育经费的来源。开征地方教育附加费,专项或划出一定比例用于职业教育不失为一个重要途径。

2005年国务院颁布的《关于大力发展职业教育的决定》第二十六条规定,要进一步落实城市教育费附加用于职业教育的政策。从2006年起,城市教育费附加安排用于职业教育的比例,一般地区不低于20%,已经普及九年义务教育的地区不低于30%。

(五)其他渠道筹集职业教育经费

根据《职业教育法》的规定,多渠道筹措职业教育经费还包括下列渠道:(1)各级人民政府可以将农村科学技术开发、技术推广的经费,适当用于农村职业培训。(2)职业学校、职业培训机构举办企业和从事社会服务的收入应当主要用于发展职业教育。(3)国家鼓励金融机构运用信贷手段扶持发展职业教育。2005年国务院颁布的《关于大力发展职业教育的决定》第二十七条规定,金融机构要为贫困家庭学生接受职业教育提供助学贷款,各地区要把接受职业教育的贫困家庭学生纳入国家助学贷款资助范围。(4)国家鼓励企业、事业组织,社会团体、其他社会组织及公民个人对职业教育捐资助学,鼓励境外的组织和个人对职业教育提供资助和捐赠。提供的资助和捐赠,必须用于职业教育。2005年国务院颁布的《关于大力发展职业教育的决定》第二十六条规定,农村科学技术开发、技术推广的经费可适当用于农村职业培训。职业院校和培训机构开展的下岗失业人员再就业培训可按规定享受再就业培训补贴。国家和地方安排的扶贫和移民安置资金要加大对贫困地区农村劳动力培训的投入力度。国家鼓励企事业单位、社会团体和公民个人捐资助学,对于通过政府部门或非营利组织向职业教育进行资助和捐赠的,可按规定享受税收优惠政策。要合理确定职业院校的学费标准,确保学费收入全额用于学校发展。要加强对职业教育经费的使用管理,提高资金的使用效益。2014年《国务院关于加快发展现代职业教育的决定》的第二十三条规定,完善面向农民、农村转移劳动力、在职职工、失业人员、残疾人、退役士兵等接受职业教育和培训的资助补贴政策,积极推行以直补个人为主的支付办法。有关部门和职业院校要切实加强资金管理,严查"双重学籍""虚假学籍"等问题,确保资助资金的有效使用。

二、职业教育的师资保障①

职业教育师资的数量和质量,是直接关系到职业教育发展的规模、速度和培养人才质量的根本问题,加强师资队伍建设是办好职业教育的一项战略性措施。《职业教育法》第三十六条规定:"县级以上各级人民政府和有关部门应当将职业教育教师的培养和培训工作纳入教师队伍建设规划,保证职业教育教师队伍适应职业教育发展的需要。职业学校和职业培训机构可以聘请专业技术人员、有特殊技能的人员和其他教育机构的教师担任兼职教师。有关部门和单位应当提供方便。"

改革开放以来,我国的职业教育特别是中等职业教育事业迅速发展,职业教育师资队伍建设也取得显著成绩,2018年中等职业学校(含普通中专、职业高中、成人中专、技工学校及其他机构)专任教师共83.4万,2005年中等职业学校(含普通中专、职业高中、成人中专、技工学校及其他机构)专任教师共75.4万人。具有本科学历教师的比例为71.84%,其中普通中专为78.67%,职业高中为67.74%,分别比1996年提高了14个和37个百分点。具有高级职务教师的比例为17.9%,其中普通中专为23.11%,职业高中为13.11%,分别比1996年提高了8个和5个百分点。专业课和实习指导课教师中,持有与所教专业相关资格证书的人数已达24%。学校积极面向社会聘请专业技术人员、高技能人才兼职任教,外聘兼职任教人员占专兼职教师总数的比例,由2000年的不足6%增加到2005年的12%。近年来,我国在职业教育师资方面的主要工作有:

第一,进一步加大职教师资基地建设力度,不断完善师资培养培训体系。1999年国务院批转教育部《面向21世纪教育振兴行动计划》提出:"依托普通高等学校和高等职业技术学院,重点建设50个职业教育专业教师和实习指导教师培养培训基地,地方也要加强职业教育师资培训基地建设。"经过几年的努力,教育部先后遴选确定了54个全国重点建设职业教育师资培养培训基地,同时依托大型企业建立了6个全国职教师资专业技能培训示范单位。各省市也相继建立了130多个省级职教师资培训基地。职教师资基地建立后,我国积极开展职教师资培养培训项目研究和开发,初步形成了涵盖新教师培养、教师和校长岗前培训、在职提高、高级研修培训、教师学历达标和学位提升等不同层次和类型的培养培训项目体系框架,以全国重点建设基地为龙头,省级基地为主体,在校培训为基础,灵活开放的职教师资培养培训体系基本形成。2019年5月,《国家职业教育改革实施方案》明确规定:

---

① 参见:赵延安,刘冬梅.职业教育法教程[M].咸阳:西北农林科技大学出版社,2007:115-118.

"到2022年,职业院校教学条件基本达标,一大批普通本科高等学校向应用型转变,建设50所高水平高等职业学校和150个骨干专业(群)。建成覆盖大部分行业领域、具有国际先进水平的中国职业教育标准体系。企业参与职业教育的积极性有较大提升,培育数以万计的产教融合型企业,打造一批优秀职业教育培训评价组织,推动建设300个具有辐射引领作用的高水平专业化产教融合实训基地。"[1]

第二,出台相关政策文件,不断完善职教师资管理和培养培训制度。2000年,教育部、全国教育工会下发了《中等职业学校教师职业道德规范(试行)》,推动职教教师的师德建设;教育部、国务院学位委员会下发了《关于开展中等职业学校教师在职攻读硕士学位工作的通知》,开辟了教师在职攻读硕士学位的专门通道,加快培养职业学校骨干教师和专业带头人。教育部下发了《关于进一步加强中等职业教育师资培养培训基地建设的意见》,推进职教师资培养培训体系建设工作。2001年,教育部下发了《关于"十五"期间加强中等职业学校教师队伍建设的意见》,对"十五"期间职教师资队伍建设的指导思想、目标任务和主要措施作出了规定。2003年,教育部下发了《关于进一步加强职业技术学校校长培训工作的若干意见》,校长培训工作步入规范化、制度化轨道。2011年《教育部关于进一步完善职业教育教师培养培训制度的意见》出台,建立职业教育师范生招生与实践实习制度、高层次教师系统培养制度、教师继续教育制度、教师定期到企业实践制度。全面推行新任教师上岗培训,重点提升职业教育认知水平、师德素养、教学能力,培训时间不少于120学时。定期组织教师岗位培训,帮助教师更新教育理念,学习掌握新知识、新技能、新工艺、新方法,提高教育教学能力,培训时间每五年累计不少于360学时。[2]此外,不少地方和部门也制定了一些相关的政策文件,如浙江省教育厅颁布了《关于加强中等职业学校专业课教师继续教育工作的意见》,将职教教师的继续教育与使用、考核、评聘、晋升结合起来。这些政策措施的出台,为维护教师合法权益、提高教师队伍的整体素质提供了政策依据和保障。

第三,广泛开展以骨干教师和校长为重点的师资培养培训活动,努力提高师资队伍素质。据不完全统计,自2000年至2004年,仅全国重点建设职教师资基地就累计培养培训职教师资近18万人次。其中重点实施的项目:第一,按照《面向21世纪教育振兴行动计划》提出的"跨世纪园丁工程"工作部署,由中央财政支持,完成

---

[1] 中华人民共和国教育部.教育部关于进一步完善职业教育教师培养培训制度的意见[EB/OL].(2019-05-08)[2020-04-30].http://www.moe.gov.cn/srcsite/A07/zcs_zhgg/201905/t20190517_382357.html.

[2] 中华人民共和国教育部.教育部关于进一步完善职业教育教师培养培训制度的意见[EB/OL].(2011-12-24)[2020-04-30]http://old.moe.gov.cn/publicfiles/business/htmlfiles/moe/s7034/201201/129037.html.

中等职业学校骨干教师和校长国家级培训任务,培训教师799人,校长78人。第二,依托有条件的全国重点建设职教师资基地开展中职教师在职攻读硕士学位工作,2000年至2005年累计招生5500人,已毕业2600人,为中等职业学校培养了一批骨干教师和专业带头人。第三,与德国国际继续教育与发展协会联合启动了"中德职教师资进修项目",从2004年到2006年,为我国中等职业学校的汽车运用与维修、数控技术应用等6个专业培训900名教师,重点学习德国职业教育专业教学论、教学法,2004年至2005年共培训603人,2006年完成培训300人。第四,委托北京师范大学、华东师范大学等全国重点职教师资基地举办全国职业技术学校骨干校长高研班,面向国家级和省级重点中等职业学校校长,采取分散自学、集中学习、国(境)外考察研修相结合的方式开展培训,2002年至2005年累计培训650人。此外,各地普遍重视教师培养培训工作。江苏省面向中等职业学校专业课教师开展"新知识、新技术、新工艺、新方法"培训,年培训规模达3000人。河南省实施中等职业学校骨干教师"321"工程,计划用3~5年的时间在全省培养20名职业教育教学专家、200名学科带头人、1000名骨干教师。青海省在财政困难的情况下,每年确保安排一定比例的专项经费用于职教师资培养培训。广西在每年选派教师到区内外职教师资基地培训的同时,单独划出"专升本"计划和地方性研究生班招生指标用于培养中职骨干教师。2016年11月,《教育部财政部关于实施职业院校教师素质提高计划(2017—2020年)的意见》明确提出要推进"卓越校长专题研修"和"骨干培训专家团队建设"工作。①

第四,切实加强职教教师职业道德建设,不断提高教师的社会地位和经济待遇。2000年,教育部下发了《职业学校教师职业道德规范(试行)》,引导教师树立正确的教育观、质量观和人才观,为人师表,教书育人。同年7月,教育部召开了全国中小学德育工作会议,表彰了40位德育标兵,其中包括10位职教教师。2004年,人事部、教育部表彰了2799名全国教育系统先进工作者、全国模范教师和全国优秀教育工作者、全国优秀教师,其中145人来自中等职业教育战线,包括"全国教育系统先进工作者"7人、"全国模范教师"24人、"全国优秀教育工作者"18人、"全国优秀教师"96人。2002年、2005年召开的两次全国职业教育工作会议,分别表彰了285名和300名全国职业教育先进个人。在政府和学校的重视下,在先进人物的感召影响下,广大教师的思想政治素质进一步提高,自觉遵守职业道德的意识进一步增强。与此同时,各地积极响应党和国家尊师重教的号召,努力为教师办好事、办实事,教师的收入不断提高,住房条件有了一定程度的改善。有些地方和部门还

---

① 中华人民共和国教育部.教育部财政部关于实施职业院校教师素质提高计划(2017—2020年)的意见[EB/OL].(2016-11-03)[2020-04-30]http://www.moe.gov.cn/srcsite/A10/s7011/201611/t20161115_288823.html.

采取了有关的优惠政策,解决教师的后顾之忧,鼓励教师安心从事职教事业,吸引社会上的优秀人才到职业学校任教。

第五,积极鼓励、支持职业院校中实践性较强的专业教师,按照相应专业技术职务试行条例要求评定第二个专业技术资格或参加相应的专业技术人员资格考试,促进"双师型"教师队伍建设。2013年9月教育部印发《中等职业学校教师专业标准(试行)》,制订了针对职业学校"双师型"教师的专业标准。该标准明确:"中等职业学校教师是履行中等职业学校教育教学工作职责的专业人员,要经过系统的培养与培训,具有良好的职业道德,掌握系统的专业知识和专业技能,专业课教师和实习指导教师要具有企事业单位工作经历或实践经验并达到一定的职业技能水平。"[1] 2016年11月,《教育部财政部关于实施职业院校教师素质提高计划(2017—2020年)的意见》明确提出要加快建成一支师德高尚、组织优良、技艺精湛、结构合理、专兼结合的高素质专业化的"双师型"教师队伍[2]。实施职业院校教师素质提高计划,建立100个"双师型"教师培养培训基地,职业院校、应用型本科高校教师每年至少有1个月在企业或实训基地实训,落实教师5年一周期的全员轮训制度。

第六,实施职业院校教师素质提高计划。目标是建设适应新时期职业教育改革发展需要的高素质教师队伍。中央财政将安排专项资金,用于支持职业院校教师素质提高计划。在中央财政支持下,培养、培训职业院校骨干教师20万人,同时,对职业院校新增教师开展专业技能培训,使职业教育师资队伍建设基本能满足职业教育规模扩大和质量提高的需要。

适应国家大力发展职业教育的新形势,"十四五"期间,职教师资工作将全面贯彻落实全国职教会议精神和《国家职业教育改革实施方案》,适应职业教育扩大规模和提高质量的需要,一方面狠抓制度创新,完善相关政策措施,加快推进学校人事制度改革,建立促进队伍发展的长效保障机制;另一方面以实施"职业院校教师素质提高计划"为重要抓手,以提高教师整体素质特别是实践教学能力为重点,以加强师资培养培训体系建设为基础,以改革和创新教师队伍建设机制为动力,加快建设一支数量充足、质量优良、结构合理,适应职业学校定位、强化技能性和实践性教学要求的教师队伍,为职业教育持续快速健康发展提供有力保障。

---

[1] 中华人民共和国教育部.中等职业学校教师专业标准(试行)[EB/OL].(2013-09-20)[2020-4-30].http://old.moe.gov.cn/publicfiles/business/htmlfiles/moe/s6991/201309/157939.html.

[2] 中华人民共和国教育部.教育部财政部关于实施职业院校教师素质提高计划(2017—2020年)的意见[EB/OL].(2016-11-03)[2020-4-30].http://www.moe.gov.cn/srcsite/A10/s7011/201611/t20161115_288823.html.

三、职业教育的教学条件保障

《职业教育法》对职业教育生产实习基地,职业教育服务,职业教育教材的编辑、出版和发行等方面的条件保障亦作出了明确的规定。

关于职业教育生产实习基地的条件保障,《职业教育法》第三十七条规定:"国务院有关部门、县级以上地方各级人民政府以及举办职业学校、职业培训机构的组织、公民个人,应当加强职业教育生产实习基地的建设。企业、事业组织应当接纳职业学校和职业培训机构的学生和教师实习;对上岗实习的,应当给予适当的劳动报酬。"这就从职业教育生产实习基地、学生和教师实习的接纳,以及支付适当劳动报酬等方面,为职业教育的实施提供了条件保障。对于职业教育来说,教育生产实习是不可缺少的一个重要的教育环节,缺少了它就无法实现职业教育的教育教学任务。各有关部门和单位,应当依法加强职业教育生产实习基地的建设,积极做好接纳职教师生实习的各项具体工作,并对上岗实习者支付适当的劳动报酬,保证职业教育的顺利施行。

关于职业教育服务和教材的编辑、出版和发行工作的条件保障,《职业教育法》第三十八条规定:"县级以上各级人民政府和有关部门应当建立、健全职业教育服务体系,加强职业教育教材的编辑、出版和发行工作。"为了保证职业教育顺利、健康地发展,必须发展和健全职业教育的后援服务机构,并提高其工作效率,这就应当适应市场经济体制的要求,建立和健全包括教材、教参、教具的出版、发行和生产在内的全方位的职业教育服务体系,从而保障职业教育的发展和提高职业教育的效率和社会效益。

四、职业教育改革与发展展望[①]

改革开放40多年来,我国职业教育历经波折、异军突起,经历了恢复重建到大力发展,再到快速发展的脉络。其发展并非匀速,而是一个经历了起伏又加速的过程,40多年的职业教育发展走出了符合我国国情的职业教育现代化之路。这条现代化的发展之路体现了"适需性""科学性""自主性"。"适需性"是指职业教育越来越匹配产业需求、响应国家战略需要;"科学性"是指职业教育越来越遵循科学的依据、教育本身的规律;"自主性"是指职业教育逐渐远离照搬国外,走出一条中国特

---

① 参见:匡瑛,石伟平.走向现代化:改革开放40年我国职业教育发展之路[J].教育与经济,2018(4):13-21.

色的现代化道路。站在职业教育取得的历史性成就基础上,面向未来的职业教育改革与发展应注重以下四个方面。

(一) 反思单一供给,聚焦生涯发展,拓展职教功能

改革开放以来,我国职业教育的价值导向经历了"学历导向"向"就业导向"的变迁。必须承认,"就业导向"对于解决"重理论,轻实践"和忽视市场需求的难题是"一剂强心针"。然而,"就业导向"的职业教育在发展到一定阶段后进入了误区。职业院校开始追求"零距离对接""无缝对接"等,把职业教育的"工具价值"发挥到了极致。这种单一的供给模式必然会产生负面影响,例如许多职业院校把培养目标的关注点放在学生的初次就业上,在培养职业能力时简单地将职业能力理解为岗位技能等。

面向未来的职业世界,我国职业教育亟待进行价值导向的变革,从就业导向过渡到生涯发展导向。生涯导向的职业教育必须关注人的全面而有个性的发展,关注到人的自由而又可选择的发展。这符合世界职教发展趋势,即从职业主义走向新职业主义。就是从强调"职业教育应为现实社会培养需要的合格工人,为适应现实职业做准备"的"工具价值"转变为"职业教育将训练未来的工人适应不断变化的情况的能力"的"发展价值"。从根本上说,职业教育不仅仅是"为了职业的教育",更是"通过职业的教育"。因此,职业教育的培养目标必须把职业技能与职业精神融合起来,将技术技能教育与学术教育结合起来。唯有如此,才能真正站稳"类型说",促使职业教育提供更广泛的选择,满足就业、升学、留学等需求。由此,职业教育逐步开启"定制化"的新时代。

(二) 迭代内涵建设,注重规范标准,迈向深水改革

内涵建设至今,投入机制亟待深入改革。在内涵建设之初,主要采用的方式是专项投入。近几年来,专项投入式的内涵发展取得了"短、平、快"的成效。这种投入方式的优势在于能够在较短时间内集中针对某方面进行突破性提升。当然,其劣势也是显而易见的,即难以从全面推动教育质量的角度进行全方位、系统的提升,甚至会出现因专款专用的要求,有专项的板块和没有专项的板块之间不匹配等尴尬现象;这些教育经费主要用于"拔尖",因而仍有一大批薄弱学校难以得到实质性扶持,未能全面抬高"质量底线"。

当前,国家已经意识到这一问题。针对这一现象,先后出台了职业学校设置标准、专业标准、教学标准、课程标准、教师专业标准等,为职业教育健康发展提供了规范和指导。但从总体上来看,我国的职业教育尚缺乏完善的国家制度和国家规

范。只有健全了制度和规范,我国的职业教育才能真正解决发展不平衡、不充分的问题。

可见,当内涵建设进入"深水区"后,这种专项投入的模式必然被迭代,需要一种长效的机制来持续保障。职业教育在国家层面的制度和规范的逐步建立与完善是下阶段职业教育内涵建设的新抓手。

(三) 打开"潘多拉魔盒",提升职业学习的有效性

职业教育现代化改革目前主要停留于体系、制度和模式等中宏观层面,还未深入微观层面,特别是课堂层面。改革开放40多年来,课堂教学外围的职业教育改革进行得轰轰烈烈,取得了令人瞩目的成就。然而课堂教学这一"潘多拉魔盒"却很少被撼动。未来的职业教育必须揭开职业学习的秘密,了解学生职业学习障碍的类型与根源,了解不同专业学习的奥秘,包括深层学习、合作学习、有效学习、职业思维方式转变、专业教学法、教学模式改革等等。这些改革长期持续推进,才能让职业教育从真正意义上实现现代化。

(四) 持续聚焦质量提升,架构多元社会支持系统

职业教育的多元化需求必然带来职业教育与培训机构的多样化发展。职业教育承担机构的样态将发生极大的变化,机构类型将呈现极端丰富化。那么,对于未来这种职业教育与培训供给就必须有强有力的外部保障体系。未来中国职业教育质量保证体系的建立需要设立两类国家机构:一类是职业教育监督委员会,专门负责监督地方认证或管理部门,对不符合职业教育发展规律的做法提出黄牌甚至红牌警告或处置;另一类是基于各行业权威机构建立行业咨询委员会,对于新兴工种或职业所需开设的专业及课程进行审核与认定。有了这两类国家机构,职业教育的质量之绳才是牢不可破的。

今后一段时期,中国职业教育将更加注重制度创新。一是要加快修订《职业教育法》,进一步明确政府、行业、企业、社会、学校和公民个人的职责和义务。二是完善职业教育的招生、教学、实训、师资、就业等各类规章制度,促进职业教育教学规范化和制度化。三是加大执法检查力度,建立健全职业教育督导制度,对职业教育的发展和重大政策的落实状况等进行检查监督。

第九章 《中华人民共和国民办教育促进法》解读

《中华人民共和国民办教育促进法》(以下简称《民办教育促进法》)由第九届全国人民代表大会常务委员会第三十一次会议于2002年12月28日通过,自2003年9月1日起施行;2013年6月29日第十二届全国人民代表大会常务委员会第三次会议通过第一次修正,2016年11月7日第十二届全国人民代表大会常务委员会第二十四次会议通过第二次修正,2018年12月29日第十三届全国人民代表大会常务委员会第七次会议通过第三次修订,现行的《民办教育促进法》共十章六十七条,分别对民办学校的设立,民办学校的组织与活动,民办学校的教师与受教育者,民办学校资产与财务管理,民办教育的管理与监督,民办教育的扶持与奖励,民办学校的变更与终止,违反《民办教育促进法》的法律责任等作出法律规定。《民办教育促进法》的颁布实施及其修正,使得民办教育在21世纪迎来了"发展的春天",并走向新的历史发展阶段,更加适应民办教育自身发展规律和我国经济社会发展需要。

第一节 民办教育的性质和法律地位

一、民办教育的性质

2002年,《民办教育促进法》的颁布,使得民办教育在21世纪迎来了"发展的春天"。《民办教育促进法》第三条明确规定:"民办教育事业属于公益性事业,是社会主义教育事业的组成部分。国家对民办教育实行积极鼓励、大力支持、正确引导、依法管理的方针。各级人民政府应当将民办教育事业纳入国民经济和社会发展规划。"该规定不仅对民办教育的性质,即民办教育属于公益性事业,是社会主义教育事业的组成部分作出了权威回答,还对国家发展民办教育的基本方针,即积极鼓励、大力支持、正确引导、依法管理作出了法律规定。这样,纠缠多年的民办教育到底姓"公"还是姓"私"的问题,就有了法律的回答。民办教育与公办教育都是社会公益性事业,都要为社会主义现代化建设服务,都要为培养德、智、体、美等方面全面发展的社会主义事业建设者和接班人服务。它们的区别只是在于投资办学体制的不同,以及由此带来的内部管理体制等方面的不同。民办教育的办学经费主要来自非国家财政性经费的社会民间资本,公办教育的办学经费主要来自国家财政性经费。因此,民办教育无论是其办学经费来源的多渠道、办学主体的复杂性,还是办学投入是否有盈利,都不能改变其公益性的性质。民办教育也只有在不断促进社会公益性事业发展的过程中,实现自身的动态良性发展。①

二、民办教育的法律地位

《民办教育促进法》第十条第三款规定:"民办学校应当具备法人条件。"我国现行法律把法人分为企业法人、事业法人、社会团体法人和民办非企业单位法人等几种,《民办教育促进法》未修订前,民办教育机构的组织构成决定了其不可能登记为企业法人和社会团体法人,仅可在事业和民办非企业单位两种法人类型中选取一种进行登记。国务院第252号令指出:"事业单位,是指为了社会公益目的,由国家机关举办或者由其他组织利用国有资产举办的,从事教育、科技、文化、卫生等活动的社会服务组织。"因此,民办教育机构虽然符合事业法人的行为内容、行为范围的特征,但资金来源不符合事业法人的法定条件,行为主体也不尽符合规定,因而也不应该确定为事业法人。规范的归类应为"民办非企业单位"。这是依据"民办非企业单位"是指企事业单位、社会团体和其他社会力量以及公民个人利用非国有资产举办的,从事非营利性社会服务活动的社会组织而确立的。民办教育机构之所以被称为"民办",根本原因在于其是利用非国有资产举办的,因此,其法人类属符合民办非企业单位的相关规定。因而是公益性的民办非企业单位法人。

随着新的历史发展时期的到来,分类发展成为我国民办教育发展的新走向。2010年《国家中长期教育发展和改革规划纲要(2010—2020年)》提出"积极探索营利性和非营利性民办学校分类管理",《民办教育促进法》第三次修正将第十九条修改为"民办学校的举办者可以自主选择设立非营利性或者营利性民办学校。但是,不得设立实施义务教育阶段的营利性民办学校"。这标志着民办学校的分类发展有了法律依据。2016年12月29日国务院印发了《国务院关于鼓励社会力量兴办教育促进民办教育健康发展的若干意见》(以下简称《促进民办教育健康发展的若干意见》),提出:"对民办学校(含其他民办教育机构)实行非营利性和营利性分类

---

① 参见:李宜江.公共财政支持民办教育发展的政策法规变迁及启示[J].现代教育管理,2011(8):66-69.

管理。""举办者自主选择举办非营利性民办学校或者营利性民办学校,依法依规办理登记。对现有民办学校按照举办者自愿的原则,通过政策引导,实现分类管理。"[①]教育部、人力资源社会保障部、民政部、中央编办、工商总局五部门联合印发的《民办学校分类登记实施细则》指出:"正式批准设立的非营利性民办学校,符合《民办非企业单位登记管理暂行条例》等民办非企业单位登记管理有关规定的到民政部门登记为民办非企业单位,符合《事业单位登记管理暂行条例》等事业单位登记管理有关规定的到事业单位登记管理机关登记为事业单位。""正式批准设立的营利性民办学校,依据法律法规规定的管辖权限到工商行政管理部门办理登记。"[②]未来,我国民办学校将在分类发展的背景下,自主选择为营利性民办学校或非营利性民办学校,依据实际情况依法登记为企业法人或事业法人或民办非企业单位法人。需要指出的是,无论民办是否选择登记成为合作法人,依据《民办教育促进法》和《促进民办教育健康发展的若干意见》,公益性始终是我国民办教育发展的根本所在。推进民办教育分类发展的根本目的在于:"依法支持和规范社会力量举办民办教育,鼓励、引导和保障民办学校依法办学、自主管理、提高质量、办出特色,满足多样化教育需求。"[③]

《民办教育促进法》第五条规定:"民办学校与公办学校具有同等的法律地位,国家保障民办学校的办学自主权。"《民办教育促进法》从法律上确认了民办学校与公办学校的同等法律地位是一个重大突破,因为长期以来,无论是在理论上还是实践中,民办教育始终处于公办教育的附属地位,公办学校享有各种优先权利,当民办学校与公办学校之间发生利益冲突和对抗时,民办学校无条件地让位于公办学校。民办学校与公办学校的同等法律地位主要体现在以下几个方面:(1)民办学校享有与公办学校同等的招生权。民办学校可以自主确定招生的范围、标准和方式,但是招收接受高等学历教育的学生应当遵守国家有关规定。将这一权利上升到法律的高度,有利于保障民办学校与公办学校的公平竞争,创造有利于竞争和发展的办学环境,满足人民群众选择学校的要求。(2)明确了民办学校及其教师、职

---

① 中华人民共和国国务院.国务院关于鼓励社会力量兴办教育促进民办教育健康发展的若干意见[EB/OL].(2017-01-18)[2020-04-28].http://www.gov.cn/zhengce/content/2017-01/18/content_5160828.htm.

② 中华人民共和国教育部.教育部等五部门关于印发《民办学校分类登记实施细则》的通知[EB/OL].(2017-01-05)[2020-04-28].http://www.moe.gov.cn/srcsite/A03/s3014/201701/t20170118_295142.html.

③ 中华人民共和国教育部.关于《中华人民共和国民办教育促进法实施条例(修订草案)(征求意见稿)》公开征求意见的公告[EB/OL].(2018-04-20)[2020-04-28].http://www.moe.gov.cn/jyb_xwfb/s248/201804/t20180420_333812.html.

员、受教育者在申请国家设立的有关科研项目和课题、升学、就业、社会优待、参加先进评选、医疗保险等方面享有与公办学校及其教师、职员、受教育者同等的权利。长期以来，教育主管部门大多将公办学校与民办学校分开管理，没有实行管理的融通融合，使得公办学校与民办学校的某些不平等没有得到有效解决。(3) 实施高等学历教育的民办学校符合学位授予条件的，依照法律法规的规定，经审批同意后，可获得相应的学位授予资格。这为民办学校的实力积累和长足发展留下了充分的空间，有利于促进创办高水平的民办大学，提升民办教育的整体发展水平。(4) 规定了政府组织有关部门评优评奖、文艺体育活动和课题项目招标要给民办学校的教师职员、受教育者提供同等的机会。

三、民办教育发展的基本原则①

（一）公益性原则

《民办教育促进法》第三条规定："民办教育事业属于公益性事业，是社会主义教育事业的组成部分。国家对民办教育实行积极鼓励、大力支持、正确引导、依法管理的方针。"各级人民政府应当将民办教育事业纳入国民经济和社会发展规划。长期以来，能否合法营利是制约我国民办教育发展的一大法律障碍，未修订前的《教育法》明确规定我国教育不得以营利为目的，《民办教育促进法》作为下位法，自然不得与《教育法》相抵触。民办教育不得以营利为目的也是1997年国务院颁布的《社会力量办学条例》中的规定，但随着形势的变化，民办教育中不断出现新情况、新问题，使得法律法规中对于民办教育不得以营利为目的的规定难以适应新的发展需要。对此，《教育法》《民办教法》适时进行了修订，删除了教育不得营利的规定，《社会力量办学条例》也被废止，并根据我国民办教育发展的规律，适时提出了分类管理政策，民办学校可以自主选择成为营利性民办学校或非营利性民办学校，解决了民办教育依法营利的现实发展需求；与此同时，在《民办教育促进法》中依然明确民办教育事业的公益性，并出台了《促进民办教育健康发展的若干意见》指出坚持教育的公益属性，无论是非营利性民办学校还是营利性民办学校都要始终把社会效益放在首位。可见，公益性原则依然是我国民办教育发展的重要原则。

（二）平等性原则

平等性原则是指民办教育与公办教育相应主体享有平等的法定权利。自民办教育开始发展以来，因为民办学校举办主体的民间性和民间资本与公有财产之间

---

① 参见：刘旺洪.教育法教程[M].南京：南京师范大学出版社，2006：207-209.

的法律待遇上的不平等,直接导致相应主体在客观上没有得到与公办学校相应主体相同的待遇。甚至有人认为民办高校的学生本来就不应享受和公办高校学生一样的待遇。《民办教育促进法》第五条规定:"民办学校与公办学校具有同等的法律地位,国家保障民办学校的办学自主权。国家保障民办学校举办者、校长、教职工和受教育者的合法权益。"该条规定给民办学校与公办学校的法律地位之争画上了句号,确立了民办学校与公办学校的同等法律地位,为相应的主体获得平等权奠定了坚实的基础。《民办教育促进法》第二十八条规定:"民办学校的教师、受教育者与公办学校的教师、受教育者具有同等的法律地位。"第三十二条规定:"民办学校教职工在业务培训、职务聘任、教龄和工龄计算、表彰奖励、社会活动等方面依法享有与公办学校教职工同等权利。"第三十四条规定:"民办学校的受教育者在升学、就业、社会优待以及参加先进评选等方面享有与同级同类公办学校的受教育者同等权利。"因此,《民办教育促进法》不但从原则和指导思想上破除了长期以来的民办与公办不平等的禁锢,而且具体规定了学校、教师、受教育者在哪些具体方面与公办教育相应主体享有同等权利,为基本原则的落实和贯彻提供了保障,为民办教育的发展提供了足够的动力,使民办教育举办者、学校、教师、学生消除了顾虑。

(三)保护性原则

民办教育在我国的发展还处于初级阶段,目前我国教育事业的主体依然是公办教育,因为无论是从质上还是量上看,民办教育目前仍然不能与公办教育并驾齐驱。但自20世纪80年代初期民办教育开放以来,民办教育的发展速度远远超过公办教育,为此,国家通过立法手段从六个方面对民办学校进行扶持与鼓励(详见本章第三节)。

在鼓励民办教育发展,给予各种政策优惠和扶持的同时,《民办教育促进法》将民办教育的发展和政府部门的管理行为等纳入规范化的道路,以期推动民办教育能健康有序的发展。为此《民办教育促进法》规定审批部门和有关部门有下述行为的由上级机关责令改正,情节严重的对直接负责的主管人员和其他直接责任人员依法给予行政处分,造成经济损失的依法承担赔偿责任,构成犯罪的依法追究刑事责任。(1)已受理设立申请逾期不答复的。(2)批准不符合本法规定条件申请的。(3)疏于管理,造成严重后果的。(4)违反国家有关规定,收取费用的。(5)侵犯民办学校合法权益的。(6)其他滥用职权、徇私舞弊的。《民办教育促进法》规定的各种保护措施为民办教育的迅速发展扫清了理念上和制度上的障碍。

(四) 规范性发展原则

在我国民办教育短短三十多年的发展过程中,我们既应看到因各种外在原因如缺乏相关的法律政策支持、社会不认同等阻碍民办教育事业的发展,也要看到民办教育举办者自身的原因,导致民办教育本身受到社会的负面评价,阻碍民办教育事业的发展。为此,《民办教育促进法》在其制定过程中对如何规范民办教育自身行为给予充分关注,并通过规范民办教育举办者及民办学校的行为来促进民办教育规范有序发展。《民办教育促进法》第六十二条规定:(1)擅自分立、合并民办学校的。(2)擅自改变民办学校名称、层次、类别和举办者的。(3)发布虚假招生简章或者广告,骗取钱财的。(4)非法颁发或者伪造学历证书、结业证书、培训证书、职业资格证书的。(5)管理混乱严重影响教育教学,产生恶劣社会影响的。(6)提交虚假证明文件或者采取其他欺诈手段隐瞒重要事实骗取办学许可证的。(7)伪造、变造、买卖、出租、出借办学许可证的。(8)恶意终止办学、抽逃资金或者挪用办学经费的。有上述行为者,由审批机关或者其他有关部门责令限期改正,并予以警告;有违法所得的,退还所收费用后没收违法所得;情节严重的,责令停止招生、吊销办学许可证;构成犯罪的,依法追究刑事责任。

第二节 民办教育学校概述

一、民办学校的设立、变更与终止

(一) 民办学校的设立

1. 设立民办学校的总体要求

《民办教育促进法》第十一条规定:"设立民办学校应当符合当地教育发展的需求,具备教育法和其他有关法律、法规规定的条件。民办学校的设置标准参照同级同类公办学校的设置标准执行。"该条规定可以看作我国民办学校设立的总体要求。我国幅员辽阔,各地经济文化发展不平衡,对于不同层次和类型的教育发展需求不一。如对经济发达地区而言,可能对于非义务教育阶段的学历教育需求强于义务教育的需求。而对于经济落后地区而言,可能会相反。此外,经济发达地区对于员工在职提升培训等非学历教育的职业培训的需求也会更加迫切。

2. 设立民办学校的审批机关

《民办教育促进法》第十二条规定:"举办实施学历教育、学前教育、自学考试助学及其他文化教育的民办学校,由县级以上人民政府教育行政部门按照国家规定的权限审批;举办实施以职业技能为主的职业资格培训、职业技能培训的民办学校,由县级以上人民政府劳动人力资源社会保障行政部门按照国家规定的权限审批,并抄送同级教育行政部门备案。"

3. 设立民办学校的程序

设立民办学校一般应经过筹设和正式设立两个环节。但是如果符合《民办教育促进法》第十六条的规定:"具备办学条件,达到设置标准的,可以直接申请正式设立,并应当提交本法第十三条和第十五条(三)、(四)、(五)项规定的材料。"可见,符合该条规定,直接达到民办学校设置标准的,也可直接申请正式设立。民办学校的举办者首先应根据《民办教育促进法》的相关规定,向有权限的审批机关提出筹设申请。审批机关应当自受理筹设民办学校的申请之日起三十日内以书面形式作出是否同意的决定。同意筹设的,发给筹设批准书。不同意筹设的,应当说明理由。筹设期不得超过三年,超过三年的,举办者应当重新申报。在规定的筹设期内,完成民办学校筹设并符合正式设立民办学校要求的举办者,应当向审批机关提交正式设立民办学校的申请。申请正式设立民办学校的,审批机关应当自受理之日起三个月内以书面形式作出是否批准的决定,并送达申请人;其中申请正式设立民办高等学校的,审批机关也可以自受理之日起六个月内以书面形式作出是否批准的决定,并送达申请人。审批机关对批准正式设立的民办学校发给办学许可证。审批机关对不批准正式设立的,应当说明理由。民办学校取得办学许可证,并依照有关的法律、行政法规进行登记,登记机关应当按照有关规定及时予以办理。

4. 设立民办学校的申请材料

如前所述,设立民办学校一般经过申请筹设和申请正式设立两个程序,特殊情况下符合设置标准的也可直接申请正式设立。所以,设立民办学校的申请材料分为两类,一是申请筹设民办学校所需提交的材料,二是申请正式设立民办学校所需提交的材料。

申请筹设民办学校的,举办者应当向审批机关提交下列材料:(1)申办报告,内容应当主要包括:举办者、培养目标、办学规模、办学层次、办学形式、办学条件、内部管理体制、经费筹措与管理使用等。(2)举办者的姓名、住址或者名称、地址。(3)资产来源、资金数额及有效证明文件,并载明产权。(4)属捐赠性质的校产须提交捐赠协议,载明捐赠人的姓名,所捐资产的数额、用途和管理方法及相关有效证明文件。

申请正式设立民办学校的,举办者应当向审批机关提交下列材料:(1)筹设批准书。(2)筹设情况报告。(3)学校章程,首届学校理事会、董事会或者其他决策机构组成人员名单。(4)学校资产的有效证明文件。(5)校长、教师、财会人员的资格证明文件。

(二)民办学校的变更

民办学校的变更,是指民办学校依法设立后,在民办学校存续期间,民办学校主体、民办学校的举办者、民办学校的章程所发生的变化。其中,民办学校主体的变更包括民办学校的合并与分立两种。

1. 民办学校的合并

民办学校的合并是指两个或两个以上的民办学校依照《民办教育促进法》所规定的程序合并成一个民办学校的法律行为。根据我国《民办教育促进法》的规定,民办学校的合并必须首先进行财务清算,然后由学校董事会或理事会报审批机关批准。审批机关应当自受理之日起三个月内以书面形式答复。其中申请分立、合并民办高等院校的,审批机关也可以自受理之日起六个月内以书面形式答复。民办学校合并是吸收合并时,被兼并的民办学校主体消灭,新设合并时合并各民办学校均消灭。在吸收合并时,合并后存续的民办学校发生举办者、投资额的变更,需修改章程并办理变更登记。新设合并时,一家新的民办学校需办理设立登记,无论是哪种形式的合并,参与合并各民办学校的权利、义务都由合并后存续的民办学校或新设民办学校承继。存续民办学校或新设民办学校必须无条件接受。

2. 民办学校的分立

民办学校分立是指民办学校依法分成两个或两个以上民办学校的行为。民办学校的分立也是民办学校发展过程中的常见现象,民办学校分立分为两种:一种是新设分立,即一个民办学校的财产全部转移到两个或两个以上现存或新设立的民办学校中,原民办学校消灭;另一种是派生,即由一个民办学校分出部分资产和人员设立一个或几个民办学校,原民办学校继续存在。民办学校分立也应首先进行清算,然后由学校理事会或者董事会报审批机关批准。实施分立行为后,分立各方应持有关资料到相关部门办理分立登记手续。分立后存续的民办学校应办理变更手续,分立后新设的民办学校应办理设立登记手续,分立后解散的民办学校则办理注销手续。分立后其原债权、债务由分立后的民办学校承继。

民办学校章程的修改是指民办学校成立后对章程内容的修改。主要包括对民办学校名称、层次、类别的修改。民办学校章程的修改,由学校理事会或者董事会报审批机关批准。申请变更为其他民办学校的,审批机关应当自受理之日起三个月内以书面形式答复;其中申请变更为民办高校的,审批机关也可自受理之日起六个月内以书面形式答复。

民办学校举办者的变更须由举办者提出,在进行财务清算后,经学校理事会或董事会同意后报审批机关批准。

(三) 民办学校的终止

民办学校的终止,是指使民办学校法人资格消灭的法律行为。民办学校一般情况下除依章程规定的办学期限终结并经审批机关批准终止外不得随意终止,但出现下列情形的应当终止:(1)被吊销办学许可证的。(2)因资不抵债无法继续办学的。民办学校终止时,应当妥善安置在校学生。实施义务教育的民办学校终止时审批机关应当协助学校安排学生继续就学。民办学校终止时,应当依法进行财务清算,即清结民办学校的债权债务,分配民办学校的剩余财产,最终向民办学校批准机关申请注销登记,使民办学校的法人资格归于消灭。财务清算结束后,终止的民办学校,由审批机关收回办学许可证,销毁印章并注销登记。

二、民办学校的组织与活动

完善民办学校的内部管理体制,理顺民办学校各主体间的权力关系,是确保民办学校健康发展的重要制度保障。《民办教育促进法》第三章专章规定民办学校的组织与活动,对民办学校的决策机构、执行机构和内部民主监督管理机构作了明确规定。

(一) 民办学校的决策机构和决策机制

民办学校应当设立学校理事会、董事会或其他形式的决策机构。决策机构的人员构成应为5人以上,而且应当由举办者或者其代表、校长、教职工代表等人员组成。其中三分之一以上的理事或者董事应当具有五年以上教育教学经验。《民办教育促进法》规定了学校理事会或者董事会等决策机构的职权:(1)聘任和解聘校长。(2)修改学校章程和制定学校的规章制度。(3)制定发展规划,批准年度工作计划。(4)筹集办学经费,审核预算、决算。(5)决定教职工的编制定额和工资标准。(6)决定学校的分立、合并、终止。(7)决定其他重大事项。

(二) 民办学校校长的管理职责和权限

《民办教育促进法》规定,民办学校校长负责学校的教育教学和行政管理工作,主要行使下列职权：(1) 执行学校理事会、董事会或者其他形式决策机构的决定。(2) 实施发展规划，拟订年度工作计划、财务预算和学校规章制度。(3) 聘任和解聘学校工作人员，实施奖惩。(4) 组织教育教学、科学研究活动，保证教育教学质量。(5) 负责学校日常管理工作。(6) 学校理事会、董事会或者其他形式决策机构的其他授权。

（三）民办学校的内部监督管理机构

《民办教育促进法》规定，民办学校应依法通过以教师为主体的教职工代表大会等形式，保障教职工参与民主管理和监督。现实中，有的民办学校还采取监事和监事会的形式，或者学生家长委员会的形式来发挥民主管理和民主监督的作用。《民办教育促进法》还规定，民办学校的教师和其他工作人员，有权依照《中华人民共和国工会法》建立工会组织，维护其合法权益。

三、民办学校的教师与学生

与公办学校相比，我国民办学校发展起步较晚，力量相对薄弱，所以民办学校在社会上的地位不如公办学校，歧视和差别对待民办学校的现象仍比较普遍。针对这种情况，《民办教育促进法》第四章"教师与受教育者"专章规定了民办学校教师和学生的权利和义务。根据该章的相关规定，民办学校的教师、受教育者与公办学校的教师、受教育者具有同等的法律地位。

对于民办学校的教师来说，一是依据《教师法》，应该享有和公办学校教师相同的法定权利，同时履行《教师法》规定的法定义务。二是民办学校的教师也应具有国家规定的任教资格。《民办教育促进法》第二十九条规定："民办学校聘任的教师，应当具有国家规定的任教资格。"要取得教师资格，就应当按照《教师法》规定的条件和程序申请。三是民办学校的教师应当享有相应的待遇。《民办教育促进法》规定：民办学校应当对教师进行思想品德教育和业务培训。民办学校应当依法保障教职工的工资、福利待遇，并为教职工缴纳社会保险费。国家鼓励民办学校按照国家规定为教职工办理补充养老保险。民办学校教职工在业务培训、职务聘任、教龄和工龄计算、表彰奖励、社会活动等方面依法享有与公办学校教职工同等的权利。

对于受教育者来说，根据《教育法》的规定，民办学校的学生应当享有和公办学校学生相同的权利和义务。《民办教育促进法》从四个方面对落实民办学校受教育者的法律地位进行了规定：一是在升学方面应享有同等待遇。任何招生单位在招生时，对于公办、民办学校学生要一视同仁，不能在录取时对民办学校学生附加额外条件,或者优先录用公办学校学生。二是在就业方面,用人单位在招聘人才的时候,应当以能力而不能以学校性质来录用人才。三是在社会优待方面,民办学校学生应享有与公办学校同等的权利。例如民办学校学生在假期乘火车,也应享受半价优惠。四是在评选先进方面,也不得排斥民办学校学生或者附加更加严格的限制条件。[①]

四、民办学校资产与财务管理

《民办教育促进法》在这方面的最大创新是确立了民办学校的法人财产权制度,从而初步界定了民办学校和出资人之间纷繁复杂的产权关系。《民办教育促进法》第五章"学校资产与财务管理"专章对民办学校的产权问题和内部财务管理及外部财务监督等制度作出了规定。

我国民办学校多数缺乏对资产的严格界定,所以普遍存在资产不清、产权不明、资金来源不规范的情形。随着学校的发展壮大,举办者投入资产的所有权归属以及积累形成的资产归属问题越来越不明晰。一些民办学校的举办者在民办学校财产问题上的矛盾很尖锐,有的甚至不得不诉诸法院打官司来解决。

《民办教育促进法》制定前,关于民办学校的资产归属问题也有不同的理论观点。有人认为,民办学校的财产应该完全归举办者所有,无论是举办者投入的财产还是社会捐赠的财产或者是学校积累的财产,都应当是举办者的私人财产。有人对此却持相反观点,认为民办学校的财产完全是公益性财产,在民办学校存续期间,民办学校享有完整的财产所有权。也有人主张对不同来源的财产进行分类处理,认为国家的财产归国家所有,举办者投入的财产应归举办者所有。那么民办学校的资产究竟归谁所有?为了理清这些争议,《民办教育促进法》规定:"民办学校对举办者投入民办学校的资产、国有资产、受赠的财产以及办学积累,享有法人财产权。""民办学校存续期间,所有资产由民办学校依法管理和使用,任何组织和个人不得侵占。任何组织和个人都不得违反法律、法规向民办教育机构收取任何费用。"这些规定提出了举办者财产应当与民办学校财产相分离的原则,投入民办学校后不能随意挪用、抽逃出资等,从而维护了民办学校财产的独立性。当然,这并不是说不考虑出资人的利益。鉴于我国民办教育发展的实际情况,《民办教育促进法》进一步规定了允许出资人对投入的资产取得合理回报,以此作为一种奖励措施,进而保证出资人的利益。所以,"法人财产权"的规定体现了个人利益和社会利益相结合的原则,有助于民办学校的长期稳定和健康发展。

---

① 张春生.中华人民共和国民办教育促进法释义[M].北京:法律出版社,2003:84-86.

此外,《民办教育促进法》还对民办学校建立相应的资产和财务管理制度、资产使用和财务管理监督审计制度进行了规定;关于民办学校收取费用的项目和标准需根据办学成本和市场需要等因素确定,向社会公示,并接受有关主管部门的监督,并且具体规定"非营利性民办学校收费的具体办法,由省、自治区、直辖市人民政府制定;营利性民办学校的收费标准,实行市场调节,由学校自主决定"。这些规定有效规范了民办学校的办学行为,保证了民办学校的健康有序可持续发展。

第三节　民办教育发展的保障

一、民办教育的扶持与奖励[①]

《民办教育促进法》以"扶持与奖励"为专章,共计九条,规定了如何实施对民办教育的扶持与奖励政策。《民办教育促进法》第四十五条规定:"县级以上各级人民政府可以设立专项资金,用于资助民办学校的发展,奖励和表彰有突出贡献的集体和个人。"第四十六条规定:"县级以上各级人民政府可以采取购买服务、助学贷款、奖助学金和出租、转让闲置的国有资产等措施对民办学校予以扶持;对非营利性民办学校还可以采取政府补贴、基金奖励、捐资激励等扶持措施。"这样,县级以上各级人民政府支持民办教育发展的基本方式与手段就有了法律规定。第四十七条规定:"民办学校享受国家规定的税收优惠政策;其中,非营利性民办高校享受与公办学校同等的税收优惠政策。"第四十九条规定:"国家鼓励金融机构运用信贷手段,支持民办教育事业的发展。"这样民办学校不但能享受国家规定的税收优惠政策,还能获得国家金融政策的支持。第五十条规定:"人民政府委托民办学校承担义务教育任务,应当按照委托协议拨付相应的教育经费。"该规定是对《教育法》第五十六条规定的延续、拓展和超越。《教育法》第五十七条只是一般性地对在边远贫困地区、少数民族地区实施义务教育的机构进行专项资金扶持,并未区分公办学校与民办学校,也未对扶持的形式作出具体规定。而《民办教育促进法》第五十条规定则克服了这种立法局限,开创了政府在教育领域实施公共治理的新形式,即政府可以购买民办学校的教育服务。政府可以委托的方式,与民办学校签订实施义务教育的委托协议,在协议中明确双方的权责,政府按照委托协议拨付民办学校相应的教

[①] 参见:李宜江.公共财政支持民办教育发展的政策法规变迁及启示[J].现代教育管理,2011(8):66-69.

育经费。这种政府购买教育服务的方式,无疑是现代政府职能和公共治理方式转变的一种重要体现。在政府无财或无力,或无须亲历、亲为的公共领域,可以采取更加灵活有效的方式,来实现公共治理。从这个意义上说,政府不仅是公共事业建设"市场"的监控、规范主体,也可是一个"参与主体"。这样的立法理念,既为政府以委托的方式,用公共财政购买民办职业教育服务、民办学前教育服务等学历教育服务,也为购买民办学校承担的对农民工职业技能培训、下岗再就业培训、成人扫盲培训、社区培训等非学历教育的服务提供立法导向。第五十一条规定:"新建、扩建非营利性民办学校,人民政府应当按照与公办高校同等原则,以划拨等方式给予用地优惠。新建、扩建营利性民办学校,人民政府应当按照国家规定供给土地。教育用地不得用于其他用途。"第五十二条规定:"国家采取措施,支持和鼓励社会组织和个人到少数民族地区、边远贫困地区举办民办学校,发展教育事业。"这些都是政府对民办教育发展进行扶持与奖励的法律依据,尤其区分了针对营利性民办学校和非营利性民办学校两类不同类型民办学校的分类扶持和奖励,彰显了政府更加注重扶持与奖励非营利性民办学校和少数民族地区、边远贫困地区民办教育事业的发展,以及避免了政府扶持与奖励民办教育政策在以往实践中"走形"和"变味"。

为了更好地贯彻落实《民办教育促进法》,国务院于2004年制定了专门的行政法规——《民办教育促进法实施条例》[①](以下简称《条例》)。该《条例》对《民办教育促进法》中的一些规定进行了必要的补充和细化,使得《民办教育促进法》在落实过程中更具操作性。呼应《民办教育促进法》专章规定对民办教育的扶持与奖励,《条例》也专章(共十一条)规定如何落实对民办教育的扶持与奖励。《条例》第三十八条规定:"捐资举办的民办学校和出资人不要求取得合理回报的民办学校,依法享受与公办学校同等的税收及其他优惠政策。出资人要求取得合理回报的民办学校享受的税收优惠政策,由国务院财政部门、税务主管部门会同国务院有关行政部门制定。"该条规定是《民办教育促进法》第四十六条规定的细化,将国家对民办学校的税收优惠政策,以是否要求取得合理回报为据进行了区分。凡是捐资举办的民办学校和出资人不要求取得合理回报的民办学校,依法享受与公办学校同等的税收及其他优惠政策。凡是出资人要求取得合理回报的民办学校享受的税收优惠政

---

① 《民办教育促进法实施条例(修订草案)(征求意见稿)》(送审稿)于2018年8月10日由司法部公布,第七章"扶持与奖励"改为10条,有较大改动。由于是送审稿,尚未正式公布,本处仍以2004年的《条例》为据进行说明。最新修订稿(送审稿)可参见:中华人民共和国司法部中国政府法制信息网.中华人民共和国民办教育促进法实施条例(修订草案)(送审稿)[EB/OL].(2018-08-10)[2020-04-30]. http://www.moj.gov.cn/government_public/content/2018-08/10/tzwj_38281.html.

策,要有所区别,另行制定。《条例》第四十条规定:"在西部地区、边远贫困地区和少数民族地区举办的民办学校申请贷款用于学校自身发展的,享受国家相关的信贷优惠政策。"该条规定是对《民办教育促进法》第四十八条规定的细化,明确国家鼓励金融机构运用信贷手段,支持民办教育事业发展的地区与贷款用途。即凡是在西部地区、边远贫困地区和少数民族地区举办的民办学校申请贷款用于学校自身发展的,享受国家相关的信贷优惠政策。其他则不在鼓励支持之列。《条例》第四十一条规定:"县级以上人民政府可以根据本行政区域的具体情况,设立民办教育发展专项资金。民办教育发展专项资金由财政部门负责管理,由教育行政部门或者劳动和社会保障行政部门报同级财政部门批准后使用。"该条规定是对《民办教育促进法》第四十四条规定的细化和补充。一是考虑各地的地情,规定县级以上人民政府可以根据本行政区域的具体情况,设立民办教育发展专项资金。二是明确民办教育发展专项资金的管理与使用部门,以及使用部门的使用批准程序。《条例》第四十二条规定:"县级人民政府根据本行政区域实施义务教育的需要,可以与民办学校签订协议,委托其承担部分义务教育任务。县级人民政府委托民办学校承担义务教育任务的,应当根据接受义务教育学生的数量和当地实施义务教育的公办学校的生均教育经费标准,拨付相应的教育经费。"该规定是对《民办教育促进法》第四十九条规定的细化。明确政府委托民办学校承担部分义务教育任务,拨付教育经费的标准,应当根据接受义务教育学生的数量和当地实施义务教育的公办学校的生均教育经费标准来确定。《条例》第四十八条规定:"除民办教育促进法和本条例规定的扶持与奖励措施外,省、自治区、直辖市人民政府还可以根据实际情况,制定本地区促进民办教育发展的扶持与奖励措施。"这是对《民办教育促进法》第七章"扶持与奖励"的补充规定。国务院授权省级人民政府,可以根据实际情况,制定本地区促进民办教育发展的扶持与奖励措施。同时,该条规定也是对省级政府统筹区域内教育健康协调发展精神的体现。

2005年,国务院颁发《国务院关于大力发展职业教育的决定》(以下简称《决定》)。《决定》首次以中央政府的名义强调要"大力发展民办职业教育","把民办职业教育纳入职业教育发展的总体规划"。要"加大对民办职业教育的支持力度,制定和完善民办学校建设用地、资金筹集的相关政策和措施。在师资队伍建设、招生和学生待遇等方面对民办职业院校与公办学校要一视同仁。"《决定》也首次从国家层面对民办教育的支持政策作了初步区分,即区别民办教育的类型,采取不同的政策支持。而这在以前只是笼统地提到支持民办教育事业(仅对受政府委托承担部分义务教育任务的民办学校的公共财政支持作了特别规定)。

2006年,教育部出台《教育部关于大力发展民办中等职业教育的意见》(以下简称《意见》)。《意见》在《决定》强调要"大力发展民办职业教育"的基础上,"大力发展民办中等职业教育"。要求"进一步完善推进民办中等职业教育发展的政策措施。各地教育行政部门要做好与当地有关部门的协调与沟通,进一步完善推进民办中等职业教育发展的政策措施。要协调有关部门将民办中等职业学校建设用地纳入当地城乡建设规划,新建、扩建民办中等职业学校,按照公益事业的有关规定,在征用土地和减免建设配套等有关规费方面,给予与公办学校同样的优惠政策。指导民办中等职业学校积极主动与金融机构联系,疏通融资渠道,争取信贷支持。鼓励企事业单位、社会团体和公民个人对民办中等职业学校提供资助和捐赠。各地设立的职业教育专项经费的奖助对象应包括民办中等职业学校,民办教育专项资金要安排一定比例用于发展民办中等职业教育。地方可根据当地财力情况,对于办学投资大、规模大、办学质量高、社会效益好的民办中等职业学校,给予适当奖励。鼓励各地制订和实施地方性优惠政策,支持民办中等职业教育的发展。"《意见》在《决定》区分对不同类型民办教育进行公共财政支持的基础上,更是区别了对不同层次的民办教育进行公共财政支持。即对民办中等职业学校在"征用土地和减免建设配套等有关规费方面,给予与公办学校同样的优惠政策"。"各地设立的职业教育专项经费的奖助对象应包括民办中等职业学校,民办教育专项资金要安排一定比例用于发展民办中等职业教育"。这样一来,两部有关支持民办教育事业发展的权威性政策文件,开辟了专门对民办职业教育、民办中等职业教育进行公共财政支持的先河,也奠定了视民办教育的类型与层次及营利与否等不同情况,进行公共财政支持的政策基础。为此,2006年在国务院办公厅颁发的《关于加强民办高校规范管理引导民办高等教育健康发展的通知》中,国家强调要"依法落实民办高校有关扶持政策"。"县级以上各级人民政府可以设立专项资金,对为民办高等教育事业作出突出贡献的集体和个人,按照有关规定给予表彰与奖励。"2007年,《民办高等学校办学管理若干规定》指出:"教育行政部门应当将民办高等教育纳入教育事业发展规划。按照积极鼓励、大力支持、正确引导、依法管理的方针,引导民办高等教育健康发展。教育行政部门对民办高等教育事业做出突出贡献的集体和个人予以表彰奖励。"2008年,《独立学院设置与管理办法》指出:"独立学院是民办高等教育的重要组成部分,属于公益性事业。""国家保障独立学院及其举办者的合法权益。独立学院依法享有民办教育促进法、民办教育促进法实施条例规定的各项奖励与扶持政策。"

2010年7月,党中央、国务院颁发《国家中长期教育改革和发展规划纲要(2010—2020年)》,站在新的时代发展高度,再次强调要"大力支持民办教育",指出"民办教育是教育事业发展的重要增长点和促进教育改革的重要力量",并第一次在国家政策性文件中提出公共财政对民办教育的扶持;要求"健全公共财政对民办教育的扶持政策。政府委托民办学校承担有关教育和培训任务,拨付相应教育经费。县级以上人民政府可以根据本行政区域的具体情况设立专项资金,用于资助民办学校。国家对发展民办教育作出突出贡献的组织、学校和个人给予奖励和表彰"。同时《教育规划纲要》还第一次强调,要积极探索营利性和非营利性民办学校的分类管理。"这些规定一旦得以全面落实,必将极大推动和促进未来我国民办教育事业更好、更快地发展。有理由相信,未来我国民办教育的发展前景是光明的。"[①]

2016年12月,国务院印发的《促进民办教育健康发展的若干意见》,结合民办教育分类发展的现实背景,指出"实行非营利性和营利性分类管理,实施差别化扶持政策,积极引导社会力量举办非营利性民办学校","统筹教育、登记、财政、土地、收费等相关政策,营造有利于民办教育发展的制度环境。"并从创新财政扶持方式、落实同等资助政策、落实税费优惠等激励政策、实行差别化用地政策、实施分类收费政策等方面再次从国家中央政策层面强调了对民办教育发展的扶持与奖励政策制度体系。

二、民办学校管理与监督

政府部门在监督和管理民办学校上,往往是"越位"与"缺位"并存。"越位"主要体现在对民办学校的直接干预或管制过多,管理的随意性较大。"缺位"主要体现在对民办学校主要采取放任自流的态度,坐视个别民办学校的无序竞争行为,对民办学校没有提供完善的指导和信息服务。鉴于这种情况,《民办教育促进法》第六章"管理与监督",专章规定了教育行政部门和有关部门(主要是人力资源和社会保障部门和社会中介组织)对民办教育进行指导、督导或评估的责任。主要表现在:一是要指导民办学校的教育教学工作,主要包括对人才培养方案、课程设置、培养目标、教学大纲、教材选用以及教学改革等方面的内容进行指导。二是要指导民办学校的教师培训工作。三是要督导民办学校提高办学质量。四是要监督民办学校的招生行为和广告发放,规范办学行为。五是要保护受教育者的合法权益。民办学校侵犯受教育者的合法权益,受教育者及其亲属有权向教育行政部门和其他有关部门申诉,有关部门应当及时予以处理。

此外,《民办教育促进法》还特别规定了社会中介组织在监督或评估民办学校中的作用:"教育行政部门及有关部门依法对民办学校实行督导,建立民办学校信息公示和信用档案制度,促进提高办学质量;组织或者委托社会中介组织评估办学水平和教育质量,并将评估结果向社会公布。""国家支持和鼓励社会中介组织为民

[①] 胡卫,董圣足.我国民办教育发展的回顾与展望[J].教育发展研究,2011(1):18-22.

办学校提供服务。"许多国家的经验表明，社会中介组织虽不具有行政管理的职能和权力，但它们在评估民办学校的质量和效益，维护民办学校的合法权益，为政府提供有关民办教育的决策咨询，促进政府转变管理民办教育的职能，减轻政府的人力、财力和工作负担，调解民办学校之间的矛盾等许多方面，可以发挥重要作用。与民办教育有关的社会中介组织主要包括三种类型：一是评估鉴定类中介组织，为评估、改善民办学校办学条件和办学质量服务。二是研究咨询类中介组织，开展民办教育的政策研究，提供信息和交流平台。三是行业协会组织，如资金融通中介组织、产学研一体化中介组织、人才交流中介组织等。当前，我国民办教育社会中介组织还不发达，体系不够健全，运行不够规范，总体发展水平较低，且发展不均衡，中介组织服务的公正性、客观性和权威性还不够，这些都需要在未来的发展中着力加以改进、完善。

三、违反《民办教育促进法》的法律责任

《民办教育促进法》第九章"法律责任"，专章规定民办学校、审批机关和举办者三类主体可能出现的违反法律法规的行为及其法律责任，从而为民办教育事业的健康有序可持续发展提供强有力的法律保障。

《民办教育促进法》首先规定了民办学校可能存在的违法办学行为及其责任。这些行为包括：(一) 擅自分立、合并民办学校的；(二) 擅自改变民办学校名称、层次、类别和举办者的；(三) 发布虚假招生简章或者广告，骗取钱财的；(四) 非法颁发或者伪造学历证书、结业证书、培训证书、职业资格证书的；(五) 管理混乱严重影响教育教学，产生恶劣社会影响的；(六) 提交虚假证明文件或者采取其他欺诈手段隐瞒重要事实骗取办学许可证的；(七) 伪造、变造、买卖、出租、出借办学许可证的；(八) 恶意终止办学、抽逃资金或者挪用办学经费的。对于民办学校的上述行为，《民办教育促进法》规定，由县级以上人民政府教育行政部门、人力资源社会保障行政或者其他有关部门责令限期改正，并予以警告；有违法所得的，退还所收费用后没收违法所得；情节严重的，责令停止招生、吊销办学许可证；构成犯罪的，依法追究刑事责任。

对审批机关来说，有的审批机关在行使管理职权过程中存在官僚主义作风，对合法的迟迟不审批，对不合规定的却违法审批。在审批实践中，有的主管部门好大喜功，为了提高办学主体多元化的比例，或者为了某些不可告人的目的，草草地批准本不符合条件的举办者，尤其是在其经费筹措与管理使用、资产来源等方面的审查不够细致，导致一些不具备办学条件的民办学校匆匆成立，给以后的非正常中止办学留下了隐患；还有一些主管部门可能在观念上没有转变过来，抑或是某些部门

或个人私利未能达到,对那些符合办学条件,本应批准设立的学校不予批准,痛失了吸引社会资金参与办学的良机。[①]对此,《民办教育促进法》第六十三条规定:"县级以上人民政府教育行政部门、人力资源社会保障行政或者其他有关部门有下列行为之一的,由上级机关责令其改正;情节严重的,对直接负责的主管人员和其他直接责任人员,依法给予处分;造成经济损失的,依法承担赔偿责任;构成犯罪的,依法追究刑事责任:(一)已受理设立申请,逾期不予答复的;(二)批准不符合本法规定条件申请的;(三)疏于管理,造成严重后果的;(四)违反国家有关规定收取费用的;(五)侵犯民办学校合法权益的;(六)其他滥用职权、徇私舞弊的。"

对举办者来说,现实中也存在擅自举办民办学校的情形。例如,有的举办者没有经过审批就发布招生广告,许诺能够颁发某种文凭;有的举办者缺乏必要的资格条件,擅自招收学生造成不良影响,影响社会稳定。《民办教育促进法》第六十四条规定:"违反国家有关规定擅自举办民办学校的,由所在地县级以上地方人民政府教育行政部门或者人力资源社会保障行政部门会同同级公安、民政或者市场监督管理等有关部门责令停止办学、退还所收费用,并对举办者处违法所得一倍以上五倍以下罚款;构成违反治安管理行为的,由公安机关依法给予治安管理处罚;构成犯罪的,依法追究刑事责任。"

---

① 参见:周兴国,朱家存,李宜江.基础教育改革研究[M].合肥:安徽人民出版社,2008:141.

附 录

中华人民共和国教育法

（1995年3月18日第八届全国人民代表大会第三次会议通过，根据2009年8月27日第十一届全国人民代表大会常务委员会第十次会议《关于修改部分法律的决定》第一次修正，根据2015年12月27日第十二届全国人民代表大会常务委员会第十八次会议《关于修改〈中华人民共和国教育法〉的决定》第二次修正。）

目录

第一章　总则

第二章　教育基本制度

第三章　学校及其他教育机构

第四章　教师和其他教育工作者

第五章　受教育者

第六章　教育与社会

第七章　教育投入与条件保障

第八章　教育对外交流与合作

第九章　法律责任

第十章　附则

第一章　总则

第一条　为了发展教育事业，提高全民族的素质，促进社会主义物质文明和精神文明建设，根据宪法，制定本法。

第二条　在中华人民共和国境内的各级各类教育，适用本法。

第三条　国家坚持以马克思列宁主义、毛泽东思想和建设有中国特色社会主义理论为指导,遵循宪法确定的基本原则,发展社会主义的教育事业。

第四条 教育是社会主义现代化建设的基础,国家保障教育事业优先发展。

全社会应当关心和支持教育事业的发展。

全社会应当尊重教师。

第五条 教育必须为社会主义现代化建设服务、为人民服务,必须与生产劳动和社会实践相结合,培养德、智、体、美等方面全面发展的社会主义建设者和接班人。

第六条 教育应当坚持立德树人,对受教育者加强社会主义核心价值观教育,增强受教育者的社会责任感、创新精神和实践能力。

国家在受教育者中进行爱国主义、集体主义、中国特色社会主义的教育,进行理想、道德、纪律、法治、国防和民族团结的教育。

第七条 教育应当继承和弘扬中华民族优秀的历史文化传统,吸收人类文明发展的一切优秀成果。

第八条 教育活动必须符合国家和社会公共利益。

国家实行教育与宗教相分离。任何组织和个人不得利用宗教进行妨碍国家教育制度的活动。

第九条 中华人民共和国公民有受教育的权利和义务。

公民不分民族、种族、性别、职业、财产状况、宗教信仰等,依法享有平等的受教育机会。

第十条 国家根据各少数民族的特点和需要,帮助各少数民族地区发展教育事业。

国家扶持边远贫困地区发展教育事业。

国家扶持和发展残疾人教育事业。

第十一条 国家适应社会主义市场经济发展和社会进步的需要,推进教育改革,推动各级各类教育协调发展、衔接融通,完善现代国民教育体系,健全终身教育体系,提高教育现代化水平。

国家采取措施促进教育公平,推动教育均衡发展。

国家支持、鼓励和组织教育科学研究,推广教育科学研究成果,促进教育质量提高。

第十二条 国家通用语言文字为学校及其他教育机构的基本教育教学语言文字,学校及其他教育机构应当使用国家通用语言文字进行教育教学。

民族自治地方以少数民族学生为主的学校及其他教育机构,从实际出发,使用国家通用语言文字和本民族或者当地民族通用的语言文字实施双语教育。

国家采取措施,为少数民族学生为主的学校及其他教育机构实施双语教育提供条件和支持。

第十三条　国家对发展教育事业做出突出贡献的组织和个人,给予奖励。

第十四条　国务院和地方各级人民政府根据分级管理、分工负责的原则,领导和管理教育工作。

中等及中等以下教育在国务院领导下,由地方人民政府管理。

高等教育由国务院和省、自治区、直辖市人民政府管理。

第十五条　国务院教育行政部门主管全国教育工作,统筹规划、协调管理全国的教育事业。

县级以上地方各级人民政府教育行政部门主管本行政区域内的教育工作。

县级以上各级人民政府其他有关部门在各自的职责范围内,负责有关的教育工作。

第十六条　国务院和县级以上地方各级人民政府应当向本级人民代表大会或者其常务委员会报告教育工作和教育经费预算、决算情况,接受监督。

第二章　教育基本制度

第十七条　国家实行学前教育、初等教育、中等教育、高等教育的学校教育制度。

国家建立科学的学制系统。学制系统内的学校和其他教育机构的设置、教育形式、修业年限、招生对象、培养目标等,由国务院或者由国务院授权教育行政部门规定。

第十八条　国家制定学前教育标准,加快普及学前教育,构建覆盖城乡,特别是农村的学前教育公共服务体系。

各级人民政府应当采取措施,为适龄儿童接受学前教育提供条件和支持。

第十九条　国家实行九年制义务教育制度。

各级人民政府采取各种措施保障适龄儿童、少年就学。

适龄儿童、少年的父母或者其他监护人以及有关社会组织和个人有义务使适龄儿童、少年接受并完成规定年限的义务教育。

第二十条　国家实行职业教育制度和继续教育制度。

各级人民政府、有关行政部门和行业组织以及企业事业组织应当采取措施,发展并保障公民接受职业学校教育或者各种形式的职业培训。

国家鼓励发展多种形式的继续教育,使公民接受适当形式的政治、经济、文化、科学、技术、业务等方面的教育,促进不同类型学习成果的互认和衔接,推动全民终身学习。

第二十一条　国家实行国家教育考试制度。

国家教育考试由国务院教育行政部门确定种类,并由国家批准的实施教育考试的机构承办。

第二十二条 国家实行学业证书制度。

经国家批准设立或者认可的学校及其他教育机构按照国家有关规定,颁发学历证书或者其他学业证书。

第二十三条 国家实行学位制度。

学位授予单位依法对达到一定学术水平或者专业技术水平的人员授予相应的学位,颁发学位证书。

第二十四条 各级人民政府、基层群众性自治组织和企业事业组织应当采取各种措施,开展扫除文盲的教育工作。

按照国家规定具有接受扫除文盲教育能力的公民,应当接受扫除文盲的教育。

第二十五条 国家实行教育督导制度和学校及其他教育机构教育评估制度。

第三章 学校及其他教育机构

第二十六条 国家制定教育发展规划,并举办学校及其他教育机构。

国家鼓励企业事业组织、社会团体、其他社会组织及公民个人依法举办学校及其他教育机构。

国家举办学校及其他教育机构,应当坚持勤俭节约的原则。

以财政性经费、捐赠资产举办或者参与举办的学校及其他教育机构不得设立为营利性组织。

第二十七条 设立学校及其他教育机构,必须具备下列基本条件:

(一)有组织机构和章程;

(二)有合格的教师;

(三)有符合规定标准的教学场所及设施、设备等;

(四)有必备的办学资金和稳定的经费来源。

第二十八条 学校及其他教育机构的设立、变更和终止,应当按照国家有关规定办理审核、批准、注册或者备案手续。

第二十九条 学校及其他教育机构行使下列权利:

(一)按照章程自主管理;

(二)组织实施教育教学活动;

(三)招收学生或者其他受教育者;

(四)对受教育者进行学籍管理,实施奖励或者处分;

(五)对受教育者颁发相应的学业证书;

(六)聘任教师及其他职工,实施奖励或者处分;

(七)管理、使用本单位的设施和经费;

(八)拒绝任何组织和个人对教育教学活动的非法干涉;

（九）法律、法规规定的其他权利。

国家保护学校及其他教育机构的合法权益不受侵犯。

第三十条　学校及其他教育机构应当履行下列义务：

（一）遵守法律、法规；

（二）贯彻国家的教育方针，执行国家教育教学标准，保证教育教学质量；

（三）维护受教育者、教师及其他职工的合法权益；

（四）以适当方式为受教育者及其监护人了解受教育者的学业成绩及其他有关情况提供便利；

（五）遵照国家有关规定收取费用并公开收费项目；

（六）依法接受监督。

第三十一条　学校及其他教育机构的举办者按照国家有关规定，确定其所举办的学校或者其他教育机构的管理体制。

学校及其他教育机构的校长或者主要行政负责人必须由具有中华人民共和国国籍、在中国境内定居、并具备国家规定任职条件的公民担任，其任免按照国家有关规定办理。学校的教学及其他行政管理，由校长负责。

学校及其他教育机构应当按照国家有关规定，通过以教师为主体的教职工代表大会等组织形式，保障教职工参与民主管理和监督。

第三十二条　学校及其他教育机构具备法人条件的，自批准设立或者登记注册之日起取得法人资格。

学校及其他教育机构在民事活动中依法享有民事权利，承担民事责任。

学校及其他教育机构中的国有资产属于国家所有。

学校及其他教育机构兴办的校办产业独立承担民事责任。

第四章　教师和其他教育工作者

第三十三条　教师享有法律规定的权利，履行法律规定的义务，忠诚于人民的教育事业。

第三十四条　国家保护教师的合法权益，改善教师的工作条件和生活条件，提高教师的社会地位。

教师的工资报酬、福利待遇，依照法律、法规的规定办理。

第三十五条　国家实行教师资格、职务、聘任制度，通过考核、奖励、培养和培训，提高教师素质，加强教师队伍建设。

第三十六条　学校及其他教育机构中的管理人员，实行教育职员制度。

学校及其他教育机构中的教学辅助人员和其他专业技术人员，实行专业技术职务聘任制度。

第五章 受教育者

第三十七条　受教育者在入学、升学、就业等方面依法享有平等权利。

学校和有关行政部门应当按照国家有关规定,保障女子在入学、升学、就业、授予学位、派出留学等方面享有同男子平等的权利。

第三十八条　国家、社会对符合入学条件、家庭经济困难的儿童、少年、青年,提供各种形式的资助。

第三十九条　国家、社会、学校及其他教育机构应当根据残疾人身心特性和需要实施教育,并为其提供帮助和便利。

第四十条　国家、社会、家庭、学校及其他教育机构应当为有违法犯罪行为的未成年人接受教育创造条件。

第四十一条　从业人员有依法接受职业培训和继续教育的权利和义务。

国家机关、企业事业组织和其他社会组织,应当为本单位职工的学习和培训提供条件和便利。

第四十二条　国家鼓励学校及其他教育机构、社会组织采取措施,为公民接受终身教育创造条件。

第四十三条　受教育者享有下列权利：

（一）参加教育教学计划安排的各种活动,使用教育教学设施、设备、图书资料；

（二）按照国家有关规定获得奖学金、贷学金、助学金；

（三）在学业成绩和品行上获得公正评价,完成规定的学业后获得相应的学业证书、学位证书；

（四）对学校给予的处分不服向有关部门提出申诉,对学校、教师侵犯其人身权、财产权等合法权益,提出申诉或者依法提起诉讼；

（五）法律、法规规定的其他权利。

第四十四条　受教育者应当履行下列义务：

（一）遵守法律、法规；

（二）遵守学生行为规范,尊敬师长,养成良好的思想品德和行为习惯；

（三）努力学习,完成规定的学习任务；

（四）遵守所在学校或者其他教育机构的管理制度。

第四十五条　教育、体育、卫生行政部门和学校及其他教育机构应当完善体育、卫生保健设施,保护学生的身心健康。

第六章 教育与社会

第四十六条　国家机关、军队、企业事业组织、社会团体及其他社会组织和个人,应当依法为儿童、少年、青年学生的身心健康成长创造良好的社会环境。

第四十七条　国家鼓励企业事业组织、社会团体及其他社会组织同高等学校、中等职业学校在教学、科研、技术开发和推广等方面进行多种形式的合作。

企业事业组织、社会团体及其他社会组织和个人，可以通过适当形式，支持学校的建设，参与学校管理。

第四十八条　国家机关、军队、企业事业组织及其他社会组织应当为学校组织的学生实习、社会实践活动提供帮助和便利。

第四十九条　学校及其他教育机构在不影响正常教育教学活动的前提下，应当积极参加当地的社会公益活动。

第五十条　未成年人的父母或者其他监护人应当为其未成年子女或者其他被监护人受教育提供必要条件。

未成年人的父母或者其他监护人应当配合学校及其他教育机构，对其未成年子女或者其他被监护人进行教育。

学校、教师可以对学生家长提供家庭教育指导。

第五十一条　图书馆、博物馆、科技馆、文化馆、美术馆、体育馆(场)等社会公共文化体育设施，以及历史文化古迹和革命纪念馆(地)，应当对教师、学生实行优待，为受教育者接受教育提供便利。

广播、电视台(站)应当开设教育节目，促进受教育者思想品德、文化和科学技术素质的提高。

第五十二条　国家、社会建立和发展对未成年人进行校外教育的设施。

学校及其他教育机构应当同基层群众性自治组织、企业事业组织、社会团体相互配合，加强对未成年人的校外教育工作。

第五十三条　国家鼓励社会团体、社会文化机构及其他社会组织和个人开展有益于受教育者身心健康的社会文化教育活动。

第七章　教育投入与条件保障

第五十四条　国家建立以财政拨款为主、其他多种渠道筹措教育经费为辅的体制，逐步增加对教育的投入，保证国家举办的学校教育经费的稳定来源。

企业事业组织、社会团体及其他社会组织和个人依法举办的学校及其他教育机构，办学经费由举办者负责筹措，各级人民政府可以给予适当支持。

第五十五条　国家财政性教育经费支出占国民生产总值的比例应当随着国民经济的发展和财政收入的增长逐步提高。具体比例和实施步骤由国务院规定。

全国各级财政支出总额中教育经费所占比例应当随着国民经济的发展逐步提高。

第五十六条　各级人民政府的教育经费支出，按照事权和财权相统一的原则，在财政预算中单独列项。

各级人民政府教育财政拨款的增长应当高于财政经常性收入的增长,并使按在校学生人数平均的教育费用逐步增长,保证教师工资和学生人均公用经费逐步增长。

第五十七条 国务院及县级以上地方各级人民政府应当设立教育专项资金,重点扶持边远贫困地区、少数民族地区实施义务教育。

第五十八条 税务机关依法足额征收教育费附加,由教育行政部门统筹管理,主要用于实施义务教育。

省、自治区、直辖市人民政府根据国务院的有关规定,可以决定开征用于教育的地方附加费,专款专用。

第五十九条 国家采取优惠措施,鼓励和扶持学校在不影响正常教育教学的前提下开展勤工俭学和社会服务,兴办校办产业。

第六十条 国家鼓励境内、境外社会组织和个人捐资助学。

第六十一条 国家财政性教育经费、社会组织和个人对教育的捐赠,必须用于教育,不得挪用、克扣。

第六十二条 国家鼓励运用金融、信贷手段,支持教育事业的发展。

第六十三条 各级人民政府及其教育行政部门应当加强对学校及其他教育机构教育经费的监督管理,提高教育投资效益。

第六十四条 地方各级人民政府及其有关行政部门必须把学校的基本建设纳入城乡建设规划,统筹安排学校的基本建设用地及所需物资,按照国家有关规定实行优先、优惠政策。

第六十五条 各级人民政府对教科书及教学用图书资料的出版发行,对教学仪器、设备的生产和供应,对用于学校教育教学和科学研究的图书资料、教学仪器、设备的进口,按照国家有关规定实行优先、优惠政策。

第六十六条 国家推进教育信息化,加快教育信息基础设施建设,利用信息技术促进优质教育资源普及共享,提高教育教学水平和教育管理水平。

县级以上人民政府及其有关部门应当发展教育信息技术和其他现代化教学方式,有关行政部门应当优先安排,给予扶持。

国家鼓励学校及其他教育机构推广运用现代化教学方式。

第八章 教育对外交流与合作

第六十七条 国家鼓励开展教育对外交流与合作,支持学校及其他教育机构引进优质教育资源,依法开展中外合作办学,发展国际教育服务,培养国际化人才。

教育对外交流与合作坚持独立自主、平等互利、相互尊重的原则,不得违反中国法律,不得损害国家主权、安全和社会公共利益。

第六十八条 中国境内公民出国留学、研究、进行学术交流或者任教,依照国

第六十九条　中国境外个人符合国家规定的条件并办理有关手续后,可以进入中国境内学校及其他教育机构学习、研究、进行学术交流或者任教,其合法权益受国家保护。

第七十条　中国对境外教育机构颁发的学位证书、学历证书及其他学业证书的承认,依照中华人民共和国缔结或者加入的国际条约办理,或者按照国家有关规定办理。

第九章　法律责任

第七十一条　违反国家有关规定,不按照预算核拨教育经费的,由同级人民政府限期核拨;情节严重的,对直接负责的主管人员和其他直接责任人员,依法给予处分。

违反国家财政制度、财务制度,挪用、克扣教育经费的,由上级机关责令限期归还被挪用、克扣的经费,并对直接负责的主管人员和其他直接责任人员,依法给予处分;构成犯罪的,依法追究刑事责任。

第七十二条　结伙斗殴、寻衅滋事,扰乱学校及其他教育机构教育教学秩序或者破坏校舍、场地及其他财产的,由公安机关给予治安管理处罚;构成犯罪的,依法追究刑事责任。

侵占学校及其他教育机构的校舍、场地及其他财产的,依法承担民事责任。

第七十三条　明知校舍或者教育教学设施有危险,而不采取措施,造成人员伤亡或者重大财产损失的,对直接负责的主管人员和其他直接责任人员,依法追究刑事责任。

第七十四条　违反国家有关规定,向学校或者其他教育机构收取费用的,由政府责令退还所收费用;对直接负责的主管人员和其他直接责任人员,依法给予处分。

第七十五条　违反国家有关规定,举办学校或者其他教育机构的,由教育行政部门或者其他有关行政部门予以撤销;有违法所得的,没收违法所得;对直接负责的主管人员和其他直接责任人员,依法给予处分。

第七十六条　学校或者其他教育机构违反国家有关规定招收学生的,由教育行政部门或者其他有关行政部门责令退回招收的学生,退还所收费用;对学校、其他教育机构给予警告,可以处违法所得五倍以下罚款;情节严重的,责令停止相关招生资格一年以上三年以下,直至撤销招生资格、吊销办学许可证;对直接负责的主管人员和其他直接责任人员,依法给予处分;构成犯罪的,依法追究刑事责任。

第七十七条　在招收学生工作中徇私舞弊的,由教育行政部门或者其他有关行政部门责令退回招收的人员;对直接负责的主管人员和其他直接责任人员,依法给予处分；构成犯罪的，依法追究刑事责任。

第七十八条　学校及其他教育机构违反国家有关规定向受教育者收取费用的，由教育行政部门或者其他有关行政部门责令退还所收费用；对直接负责的主管人员和其他直接责任人员，依法给予处分。

第七十九条　考生在国家教育考试中有下列行为之一的，由组织考试的教育考试机构工作人员在考试现场采取必要措施予以制止并终止其继续参加考试；组织考试的教育考试机构可以取消其相关考试资格或者考试成绩；情节严重的，由教育行政部门责令停止参加相关国家教育考试一年以上三年以下；构成违反治安管理行为的，由公安机关依法给予治安管理处罚；构成犯罪的，依法追究刑事责任：

（一）非法获取考试试题或者答案的；

（二）携带或者使用考试作弊器材、资料的；

（三）抄袭他人答案的；

（四）让他人代替自己参加考试的；

（五）其他以不正当手段获得考试成绩的作弊行为。

第八十条　任何组织或者个人在国家教育考试中有下列行为之一，有违法所得的，由公安机关没收违法所得，并处违法所得一倍以上五倍以下罚款；情节严重的，处五日以上十五日以下拘留；构成犯罪的，依法追究刑事责任；属于国家机关工作人员的，还应当依法给予处分：

（一）组织作弊的；

（二）通过提供考试作弊器材等方式为作弊提供帮助或者便利的；

（三）代替他人参加考试的；

（四）在考试结束前泄露、传播考试试题或者答案的；

（五）其他扰乱考试秩序的行为。

第八十一条　举办国家教育考试，教育行政部门、教育考试机构疏于管理，造成考场秩序混乱、作弊情况严重的，对直接负责的主管人员和其他直接责任人员，依法给予处分；构成犯罪的，依法追究刑事责任。

第八十二条　学校或者其他教育机构违反本法规定，颁发学位证书、学历证书或者其他学业证书的，由教育行政部门或者其他有关行政部门宣布证书无效，责令收回或者予以没收；有违法所得的，没收违法所得；情节严重的，责令停止相关招生资格一年以上三年以下，直至撤销招生资格、颁发证书资格；对直接负责的主管人员和其他直接责任人员，依法给予处分。

前款规定以外的任何组织或者个人制造、销售、颁发假冒学位证书、学历证书或者其他学业证书，构成违反治安管理行为的，由公安机关依法给予治安管理处罚；构成犯罪的，依法追究刑事责任。

以作弊、剽窃、抄袭等欺诈行为或者其他不正当手段获得学位证书、学历证书或者其他学业证书的,由颁发机构撤销相关证书。购买、使用假冒学位证书、学历证书或者其他学业证书,构成违反治安管理行为的,由公安机关依法给予治安管理处罚。

第八十三条　违反本法规定,侵犯教师、受教育者、学校或者其他教育机构的合法权益,造成损失、损害的,应当依法承担民事责任。

第十章　附则

第八十四条　军事学校教育由中央军事委员会根据本法的原则规定。

宗教学校教育由国务院另行规定。

第八十五条　境外的组织和个人在中国境内办学和合作办学的办法,由国务院规定。

第八十六条　本法自1995年9月1日起施行。

中华人民共和国高等教育法

（1998年8月29日第九届全国人民代表大会常务委员会第四次会议通过，根据2015年12月27日第十二届全国人民代表大会常务委员会第十八次会议《关于修改〈中华人民共和国高等教育法〉的决定》修正。）

目录
第一章　总则
第二章　高等教育基本制度
第三章　高等学校的设立
第四章　高等学校的组织和活动
第五章　高等学校教师和其他教育工作者
第六章　高等学校的学生
第七章　高等教育投入和条件保障
第八章　附则

第一章　总则

第一条　为了发展高等教育事业，实施科教兴国战略，促进社会主义物质文明和精神文明建设，根据宪法和教育法，制定本法。

第二条　在中华人民共和国境内从事高等教育活动，适用本法。
本法所称高等教育，是指在完成高级中等教育基础上实施的教育。

第三条　国家坚持以马克思列宁主义、毛泽东思想、邓小平理论为指导，遵循宪法确定的基本原则，发展社会主义的高等教育事业。

第四条　高等教育必须贯彻国家的教育方针，为社会主义现代化建设服务、为人民服务，与生产劳动和社会实践相结合，使受教育者成为德、智、体、美等方面全面发展的社会主义建设者和接班人。

第五条　高等教育的任务是培养具有社会责任感、创新精神和实践能力的高级专门人才，发展科学技术文化，促进社会主义现代化建设。

第六条　国家根据经济建设和社会发展的需要，制定高等教育发展规划，举办高等学校，并采取多种形式积极发展高等教育事业。

国家鼓励企业事业组织、社会团体及其他社会组织和公民等社会力量依法举办高等学校,参与和支持高等教育事业的改革和发展。

第七条　国家按照社会主义现代化建设和发展社会主义市场经济的需要,根据不同类型、不同层次高等学校的实际,推进高等教育体制改革和高等教育教学改革,优化高等教育结构和资源配置,提高高等教育的质量和效益。

第八条　国家根据少数民族的特点和需要,帮助和支持少数民族地区发展高等教育事业,为少数民族培养高级专门人才。

第九条　公民依法享有接受高等教育的权利。

国家采取措施,帮助少数民族学生和经济困难的学生接受高等教育。

高等学校必须招收符合国家规定的录取标准的残疾学生入学,不得因其残疾而拒绝招收。

第十条　国家依法保障高等学校中的科学研究、文学艺术创作和其他文化活动的自由。

在高等学校中从事科学研究、文学艺术创作和其他文化活动,应当遵守法律。

第十一条　高等学校应当面向社会,依法自主办学,实行民主管理。

第十二条　国家鼓励高等学校之间、高等学校与科学研究机构以及企业事业组织之间开展协作,实行优势互补,提高教育资源的使用效益。

国家鼓励和支持高等教育事业的国际交流与合作。

第十三条　国务院统一领导和管理全国高等教育事业。

省、自治区、直辖市人民政府统筹协调本行政区域内的高等教育事业,管理主要为地方培养人才和国务院授权管理的高等学校。

第十四条　国务院教育行政部门主管全国高等教育工作,管理由国务院确定的主要为全国培养人才的高等学校。国务院其他有关部门在国务院规定的职责范围内,负责有关的高等教育工作。

第二章　高等教育基本制度

第十五条　高等教育包括学历教育和非学历教育。

高等教育采用全日制和非全日制教育形式。

国家支持采用广播、电视、函授及其他远程教育方式实施高等教育。

第十六条　高等学历教育分为专科教育、本科教育和研究生教育。

高等学历教育应当符合下列学业标准:

(一)专科教育应当使学生掌握本专业必备的基础理论、专门知识,具有从事本专业实际工作的基本技能和初步能力;

(二)本科教育应当使学生比较系统地掌握本学科、专业必需的基础理论、基本知识,掌握本专业必要的基本技能、方法和相关知识,具有从事本专业实际工作和研究工作的初步能力;

（三）硕士研究生教育应当使学生掌握本学科坚实的基础理论、系统的专业知识，掌握相应的技能、方法和相关知识，具有从事本专业实际工作和科学研究工作的能力。博士研究生教育应当使学生掌握本学科坚实宽广的基础理论、系统深入的专业知识、相应的技能和方法，具有独立从事本学科创造性科学研究工作和实际工作的能力。

第十七条　专科教育的基本修业年限为二至三年，本科教育的基本修业年限为四至五年，硕士研究生教育的基本修业年限为二至三年，博士研究生教育的基本修业年限为三至四年。非全日制高等学历教育的修业年限应当适当延长。高等学校根据实际需要，报主管的教育行政部门批准，可以对本学校的修业年限作出调整。

第十八条　高等教育由高等学校和其他高等教育机构实施。

大学、独立设置的学院主要实施本科及本科以上教育。高等专科学校实施专科教育。经国务院教育行政部门批准，科学研究机构可以承担研究生教育的任务。

其他高等教育机构实施非学历高等教育。

第十九条　高级中等教育毕业或者具有同等学力的，经考试合格，由实施相应学历教育的高等学校录取，取得专科生或者本科生入学资格。

本科毕业或者具有同等学力的，经考试合格，由实施相应学历教育的高等学校或者经批准承担研究生教育任务的科学研究机构录取，取得硕士研究生入学资格。

硕士研究生毕业或者具有同等学力的，经考试合格，由实施相应学历教育的高等学校或者经批准承担研究生教育任务的科学研究机构录取，取得博士研究生入学资格。

允许特定学科和专业的本科毕业生直接取得博士研究生入学资格，具体办法由国务院教育行政部门规定。

第二十条　接受高等学历教育的学生，由所在高等学校或者经批准承担研究生教育任务的科学研究机构根据其修业年限、学业成绩等，按照国家有关规定，发给相应的学历证书或者其他学业证书。

接受非学历高等教育的学生，由所在高等学校或者其他高等教育机构发给相应的结业证书。结业证书应当载明修业年限和学业内容。

第二十一条　国家实行高等教育自学考试制度，经考试合格的，发给相应的学历证书或者其他学业证书。

第二十二条　国家实行学位制度。学位分为学士、硕士和博士。

公民通过接受高等教育或者自学，其学业水平达到国家规定的学位标准，可以向学位授予单位申请授予相应的学位。

第二十三条　高等学校和其他高等教育机构应当根据社会需要和自身办学条

件,承担实施继续教育的工作。

第三章 高等学校的设立

第二十四条 设立高等学校,应当符合国家高等教育发展规划,符合国家利益和社会公共利益。

第二十五条 设立高等学校,应当具备教育法规定的基本条件。

大学或者独立设置的学院还应当具有较强的教学、科学研究力量,较高的教学、科学研究水平和相应规模,能够实施本科及本科以上教育。大学还必须设有三个以上国家规定的学科门类为主要学科。设立高等学校的具体标准由国务院制定。

设立其他高等教育机构的具体标准,由国务院授权的有关部门或者省、自治区、直辖市人民政府根据国务院规定的原则制定。

第二十六条 设立高等学校,应当根据其层次、类型、所设学科类别、规模、教学和科学研究水平,使用相应的名称。

第二十七条 申请设立高等学校的,应当向审批机关提交下列材料:

(一)申办报告;

(二)可行性论证材料;

(三)章程;

(四)审批机关依照本法规定要求提供的其他材料。

第二十八条 高等学校的章程应当规定以下事项:

(一)学校名称、校址;

(二)办学宗旨;

(三)办学规模;

(四)学科门类的设置;

(五)教育形式;

(六)内部管理体制;

(七)经费来源、财产和财务制度;

(八)举办者与学校之间的权利、义务;

(九)章程修改程序;

(十)其他必须由章程规定的事项。

第二十九条 设立实施本科及以上教育的高等学校,由国务院教育行政部门审批;设立实施专科教育的高等学校,由省、自治区、直辖市人民政府审批,报国务院教育行政部门备案;设立其他高等教育机构,由省、自治区、直辖市人民政府教育行政部门审批。审批设立高等学校和其他高等教育机构应当遵守国家有关规定。

审批设立高等学校,应当委托由专家组成的评议机构评议。

高等学校和其他高等教育机构分立、合并、终止、变更名称、类别和其他重要事项，由本条第一款规定的审批机关审批；修改章程，应当根据管理权限，报国务院教育行政部门或者省、自治区、直辖市人民政府教育行政部门核准。

第四章　高等学校的组织和活动

第三十条　高等学校自批准设立之日起取得法人资格。高等学校的校长为高等学校的法定代表人。

高等学校在民事活动中依法享有民事权利，承担民事责任。

第三十一条　高等学校应当以培养人才为中心，开展教学、科学研究和社会服务，保证教育教学质量达到国家规定的标准。

第三十二条　高等学校根据社会需求、办学条件和国家核定的办学规模，制定招生方案，自主调节系科招生比例。

第三十三条　高等学校依法自主设置和调整学科、专业。

第三十四条　高等学校根据教学需要，自主制定教学计划、选编教材、组织实施教学活动。

第三十五条　高等学校根据自身条件，自主开展科学研究、技术开发和社会服务。

国家鼓励高等学校同企业事业组织、社会团体及其他社会组织在科学研究、技术开发和推广等方面进行多种形式的合作。

国家支持具备条件的高等学校成为国家科学研究基地。

第三十六条　高等学校按照国家有关规定，自主开展与境外高等学校之间的科学技术文化交流与合作。

第三十七条　高等学校根据实际需要和精简、效能的原则，自主确定教学、科学研究、行政职能部门等内部组织机构的设置和人员配备；按照国家有关规定，评聘教师和其他专业技术人员的职务，调整津贴及工资分配。

第三十八条　高等学校对举办者提供的财产、国家财政性资助、受捐赠财产依法自主管理和使用。

高等学校不得将用于教学和科学研究活动的财产挪作他用。

第三十九条　国家举办的高等学校实行中国共产党高等学校基层委员会领导下的校长负责制。中国共产党高等学校基层委员会按照中国共产党章程和有关规定，统一领导学校工作，支持校长独立负责地行使职权，其领导职责主要是：执行中国共产党的路线、方针、政策，坚持社会主义办学方向，领导学校的思想政治工作和德育工作，讨论决定学校内部组织机构的设置和内部组织机构负责人的人选，讨论决定学校的改革、发展和基本管理制度等重大事项，保证以培养人才为中心的各项任务的完成。

社会力量举办的高等学校的内部管理体制按照国家有关社会力量办学的规定确定。

第四十条 高等学校的校长,由符合教育法规定的任职条件的公民担任。高等学校的校长、副校长按照国家有关规定任免。

第四十一条 高等学校的校长全面负责本学校的教学、科学研究和其他行政管理工作,行使下列职权:

(一)拟订发展规划,制定具体规章制度和年度工作计划并组织实施;

(二)组织教学活动、科学研究和思想品德教育;

(三)拟订内部组织机构的设置方案,推荐副校长人选,任免内部组织机构的负责人;

(四)聘任与解聘教师以及内部其他工作人员,对学生进行学籍管理并实施奖励或者处分;

(五)拟订和执行年度经费预算方案,保护和管理校产,维护学校的合法权益;

(六)章程规定的其他职权。

高等学校的校长主持校长办公会议或者校务会议,处理前款规定的有关事项。

第四十二条 高等学校设立学术委员会,履行下列职责:

(一)审议学科建设、专业设置,教学、科学研究计划方案;

(二)评定教学、科学研究成果;

(三)调查、处理学术纠纷;

(四)调查、认定学术不端行为;

(五)按照章程审议、决定有关学术发展、学术评价、学术规范的其他事项。

第四十三条 高等学校通过以教师为主体的教职工代表大会等组织形式,依法保障教职工参与民主管理和监督,维护教职工合法权益。

第四十四条 高等学校应当建立本学校办学水平、教育质量的评价制度,及时公开相关信息,接受社会监督。

教育行政部门负责组织专家或者委托第三方专业机构对高等学校的办学水平、效益和教育质量进行评估。评估结果应当向社会公开。

第五章 高等学校教师和其他教育工作者

第四十五条 高等学校的教师及其他教育工作者享有法律规定的权利,履行法律规定的义务,忠诚于人民的教育事业。

第四十六条 高等学校实行教师资格制度。中国公民凡遵守宪法和法律,热爱教育事业,具有良好的思想品德,具备研究生或者大学本科毕业学历,有相应的教育教学能力,经认定合格,可以取得高等学校教师资格。不具备研究生或者大学本科毕业学历的公民,学有所长,通过国家教师资格考试,经认定合格,也可以取得高等学校教师资格。

第四十七条　高等学校实行教师职务制度。高等学校教师职务根据学校所承担的教学、科学研究等任务的需要设置。教师职务设助教、讲师、副教授、教授。

高等学校的教师取得前款规定的职务应当具备下列基本条件：

（一）取得高等学校教师资格；

（二）系统地掌握本学科的基础理论；

（三）具备相应职务的教育教学能力和科学研究能力；

（四）承担相应职务的课程和规定课时的教学任务。

教授、副教授除应当具备以上基本任职条件外，还应当对本学科具有系统而坚实的基础理论和比较丰富的教学、科学研究经验，教学成绩显著，论文或者著作达到较高水平或者有突出的教学、科学研究成果。

高等学校教师职务的具体任职条件由国务院规定。

第四十八条　高等学校实行教师聘任制。教师经评定具备任职条件的，由高等学校按照教师职务的职责、条件和任期聘任。

高等学校的教师的聘任，应当遵循双方平等自愿的原则，由高等学校校长与受聘教师签订聘任合同。

第四十九条　高等学校的管理人员，实行教育职员制度。高等学校的教学辅助人员及其他专业技术人员，实行专业技术职务聘任制度。

第五十条　国家保护高等学校教师及其他教育工作者的合法权益，采取措施改善高等学校教师及其他教育工作者的工作条件和生活条件。

第五十一条　高等学校应当为教师参加培训、开展科学研究和进行学术交流提供便利条件。

高等学校应当对教师、管理人员和教学辅助人员及其他专业技术人员的思想政治表现、职业道德、业务水平和工作实绩进行考核，考核结果作为聘任或者解聘、晋升、奖励或者处分的依据。

第五十二条　高等学校的教师、管理人员和教学辅助人员及其他专业技术人员，应当以教学和培养人才为中心做好本职工作。

第六章　高等学校的学生

第五十三条　高等学校的学生应当遵守法律、法规，遵守学生行为规范和学校的各项管理制度，尊敬师长，刻苦学习，增强体质，树立爱国主义、集体主义和社会主义思想，努力学习马克思列宁主义、毛泽东思想、邓小平理论，具有良好的思想品德，掌握较高的科学文化知识和专业技能。

高等学校学生的合法权益，受法律保护。

第五十四条　高等学校的学生应当按照国家规定缴纳学费。

家庭经济困难的学生,可以申请补助或者减免学费。

第五十五条　国家设立奖学金,并鼓励高等学校、企业事业组织、社会团体以及其他社会组织和个人按照国家有关规定设立各种形式的奖学金,对品学兼优的学生、国家规定的专业的学生以及到国家规定的地区工作的学生给予奖励。

国家设立高等学校学生勤工助学基金和贷学金,并鼓励高等学校、企业事业组织、社会团体以及其他社会组织和个人设立各种形式的助学金,对家庭经济困难的学生提供帮助。

获得贷学金及助学金的学生,应当履行相应的义务。

第五十六条　高等学校的学生在课余时间可以参加社会服务和勤工助学活动,但不得影响学业任务的完成。

高等学校应当对学生的社会服务和勤工助学活动给予鼓励和支持,并进行引导和管理。

第五十七条　高等学校的学生,可以在校内组织学生团体。学生团体在法律、法规规定的范围内活动,服从学校的领导和管理。

第五十八条　高等学校的学生思想品德合格,在规定的修业年限内学完规定的课程,成绩合格或者修满相应的学分,准予毕业。

第五十九条　高等学校应当为毕业生、结业生提供就业指导和服务。

国家鼓励高等学校毕业生到边远、艰苦地区工作。

第七章　高等教育投入和条件保障

第六十条　高等教育实行以举办者投入为主、受教育者合理分担培养成本、高等学校多种渠道筹措经费的机制。

国务院和省、自治区、直辖市人民政府依照教育法第五十六条的规定,保证国家举办的高等教育的经费逐步增长。

国家鼓励企业事业组织、社会团体及其他社会组织和个人向高等教育投入。

第六十一条　高等学校的举办者应当保证稳定的办学经费来源,不得抽回其投入的办学资金。

第六十二条　国务院教育行政部门会同国务院其他有关部门根据在校学生年人均教育成本,规定高等学校年经费开支标准和筹措的基本原则;省、自治区、直辖市人民政府教育行政部门会同有关部门制订本行政区域内高等学校年经费开支标准和筹措办法,作为举办者和高等学校筹措办学经费的基本依据。

第六十三条　国家对高等学校进口图书资料、教学科研设备以及校办产业实行优惠政策。高等学校所办产业或者转让知识产权以及其他科学技术成果获得的收益,用于高等学校办学。

第六十四条　高等学校收取的学费应当按照国家有关规定管理和使用,其他任何组织和个人不得挪用。

第六十五条 高等学校应当依法建立、健全财务管理制度,合理使用、严格管理教育经费,提高教育投资效益。

高等学校的财务活动应当依法接受监督。

第八章 附则

第六十六条 对高等教育活动中违反教育法规定的,依照教育法的有关规定给予处罚。

第六十七条 中国境外个人符合国家规定的条件并办理有关手续后,可以进入中国境内高等学校学习、研究、进行学术交流或者任教,其合法权益受国家保护。

第六十八条 本法所称高等学校是指大学、独立设置的学院和高等专科学校,其中包括高等职业学校和成人高等学校。

本法所称其他高等教育机构是指除高等学校和经批准承担研究生教育任务的科学研究机构以外的从事高等教育活动的组织。

本法有关高等学校的规定适用于其他高等教育机构和经批准承担研究生教育任务的科学研究机构,但是对高等学校专门适用的规定除外。

第六十九条 本法自1999年1月1日起施行。

中华人民共和国教师法

（1993年10月31日第八届全国人民代表大会常务委员会第四次会议通过，1993年10月31日中华人民共和国主席令第15号公布，自1994年1月1日起施行。）

目录
第一章　总则
第二章　权利和义务
第三章　资格和任用
第四章　培养和培训
第五章　考核
第六章　待遇
第七章　奖励
第八章　法律责任
第九章　附则

第一章　总则

第一条　为了保障教师的合法权益，建设具有良好思想品德修养和业务素质的教师队伍，促进社会主义教育事业的发展，制定本法。

第二条　本法适用于在各级各类学校和其他教育机构中专门从事教育教学工作的教师。

第三条　教师是履行教育教学职责的专业人员，承担教书育人，培养社会主义事业建设者和接班人、提高民族素质的使命。教师应当忠诚于人民的教育事业。

第四条　各级人民政府应当采取措施，加强教师的思想政治教育和业务培训，改善教师的工作条件和生活条件，保障教师的合法权益，提高教师的社会地位。全社会都应当尊重教师。

第五条　国务院教育行政部门主管全国的教师工作。
国务院有关部门在各自职权范围内负责有关的教师工作。
学校和其他教育机构根据国家规定，自主进行教师管理工作。

第六条　每年九月十日为教师节。

第二章　权利和义务

第七条　教师享有下列权利：

（一）进行教育教学活动，开展教育教学改革和实验；

（二）从事科学研究、学术交流，参加专业的学术团体，在学术活动中充分发表意见；

（三）指导学生的学习和发展，评定学生的品行和学业成绩；

（四）按时获取工资报酬，享受国家规定的福利待遇以及寒暑假期的带薪休假；

（五）对学校教育教学、管理工作和教育行政部门的工作提出意见和建议，通过教职工代表大会或者其他形式，参与学校的民主管理；

（六）参加进修或者其他方式的培训。

第八条　教师应当履行下列义务：

（一）遵守宪法、法律和职业道德，为人师表；

（二）贯彻国家的教育方针，遵守规章制度，执行学校的教学计划，履行教师聘约，完成教育教学工作任务；

（三）对学生进行宪法所确定的基本原则的教育和爱国主义、民族团结的教育，法制教育以及思想品德、文化、科学技术教育，组织、带领学生开展有益的社会活动；

（四）关心、爱护全体学生，尊重学生人格，促进学生在品德、智力、体质等方面全面发展；

（五）制止有害于学生的行为或者其他侵犯学生合法权益的行为，批评和抵制有害于学生健康成长的现象；

（六）不断提高思想政治觉悟和教育教学业务水平。

第九条　为保障教师完成教育教学任务，各级人民政府、教育行政部门、有关部门、学校和其他教育机构应当履行下列职责：

（一）提供符合国家安全标准的教育教学设施和设备；

（二）提供必需的图书、资料及其他教育教学用品；

（三）对教师在教育教学、科学研究中的创造性工作给以鼓励和帮助；

（四）支持教师制止有害于学生的行为或者其他侵犯学生合法权益的行为。

第三章　资格和任用

第十条　国家实行教师资格制度。

中国公民凡遵守宪法和法律，热爱教育事业，具有良好的思想品德，具备本法规定的学历或者经国家教师资格考试合格，有教育教学能力，经认定合格的，可以取得教师资格。

第十一条　取得教师资格应当具备的相应学历是：

（一）取得幼儿园教师资格，应当具备幼儿师范学校毕业及其以上学历；

（二）取得小学教师资格，应当具备中等师范学校毕业及其以上学历；

（三）取得初级中学教师、初级职业学校文化、专业课教师资格，应当具备高等师范专科学校或者其他大学专科毕业及其以上学历；

（四）取得高级中学教师资格和中等专业学校、技工学校、职业高中文化课、专业课教师资格，应当具备高等师范院校本科或者其他大学本科毕业及其以上学历；取得中等专业学校、技工学校和职业高中学生实习指导教师资格应当具备的学历，由国务院教育行政部门规定；

（五）取得高等学校教师资格，应当具备研究生或者大学本科毕业学历；

（六）取得成人教育教师资格，应当按照成人教育的层次、类别，分别具备高等、中等学校毕业及其以上学历。不具备本法规定的教师资格学历的公民，申请获取教师资格，必须通过国家教师资格考试。国家教师资格考试制度由国务院规定。

第十二条　本法实施前已经在学校或者其他教育机构中任教的教师，未具备本法规定学历的，由国务院教育行政部门规定教师资格过渡办法。

第十三条　中小学教师资格由县级以上地方人民政府教育行政部门认定。中等专业学校、技工学校的教师资格由县级以上地方人民政府教育行政部门组织有关主管部门认定。普通高等学校的教师资格由国务院或者省、自治区、直辖市教育行政部门或者由其委托的学校认定。具备本法规定的学历或者经国家教师资格考试合格的公民，要求有关部门认定其教师资格的，有关部门应当依照本法规定的条件予以认定。取得教师资格的人员首次任教时，应当有试用期。

第十四条　受到剥夺政治权利或者故意犯罪受到有期徒刑以上刑事处罚的，不能取得教师资格；已经取得教师资格的，丧失教师资格。

第十五条　各级师范学校毕业生，应当按照国家有关规定从事教育教学工作。国家鼓励非师范高等学校毕业生到中小学或者职业学校任教。

第十六条　国家实行教师职务制度，具体办法由国务院规定。

第十七条　学校和其他教育机构应当逐步实行教师聘任制。教师的聘任应当遵循双方地位平等的原则，由学校和教师签订聘任合同，明确规定双方的权利、义务和责任。实施教师聘任制的步骤、办法由国务院教育行政部门规定。

第四章　培养和培训

第十八条　各级人民政府和有关部门应当办好师范教育，并采取措施，鼓励优秀青年进入各级师范学校学习，各级教师进修学校承担培训中小学教师的任务。非师范学校应当承担培养和培训中小学教师的任务。各级师范学校学生享受专业奖学金。

第十九条　各级人民政府教育行政部门、学校主管部门和学校应当制定教师培训规划，对教师进行多种形式的思想政治、业务培训。

第二十条　国家机关、企业事业单位和其他社会组织应当为教师的社会调查和社会实践提供方便，给予协助。

第二十一条　各级人民政府应当采取措施，为少数民族地区和边远贫困地区培养、培训教师。

第五章　考核

第二十二条　学校或者其他教育机构应当对教师的政治思想、业务水平、工作态度和工作成绩进行考核。教育行政部门对教师的考核工作进行指导、监督。

第二十三条　考核应当客观、公正、准确，充分听取教师本人、其他教师以及学生的意见。

第二十四条　教师考核结果是受聘任教、晋升工资、实施奖惩的依据。

第六章　待遇

第二十五条　教师的平均工资水平应当不低于或者高于国家公务员的平均工资水平，并逐步提高。建立正常晋级增薪制度，具体办法由国务院规定。

第二十六条　中小学教师和职业学校教师享受教龄津贴和其他津贴，具体办法由国务院教育行政部门会同有关部门制定。

第二十七条　地方各级人民政府对教师以及具有中专以上学历的毕业生到少数民族地区和边远贫困地区从事教育教学工作的，应当予以补贴。

第二十八条　地方各级人民政府和国务院有关部门，对城市教师住房的建设、租赁、出售实行优先、优惠。县、乡两级人民政府应当为农村中小学教师解决住房提供方便。

第二十九条　教师的医疗同当地国家公务员享受同等的待遇；定期对教师进行身体健康检查，并因地制宜安排教师进行休养。医疗机构应当对当地教师的医疗提供方便。

第三十条　教师退休或者退职后，享受国家规定的退休或者退职待遇。县级以上地方人民政府可以适当提高长期从事教育教学工作的中小学退休教师的退休金比例。

第三十一条　各级人民政府应当采取措施，改善国家补助、集体支付工资的中小学教师的待遇，逐步做到在工资收入上与国家支付工资的教师同工同酬，具体办法由地方各级人民政府根据本地区的实际情况规定。

第三十二条　社会力量所办学校的教师的待遇，由举办者自行确定并予以保障。

第七章 奖励

第三十三条 教师在教育教学、培养人才、科学研究、教学改革、学校建设、社会服务、勤工俭学等方面成绩优异的,由所在学校予以表彰、奖励。国务院和地方各级人民政府及其有关部门对有突出贡献的教师,应当予以表彰、奖励。对有重大贡献的教师,依照国家有关规定授予荣誉称号。

第三十四条 国家支持和鼓励社会组织或者个人向依法成立的奖励教师的基金组织捐助资金,对教师进行奖励。

第八章 法律责任

第三十五条 侮辱、殴打教师的,根据不同情况,分别给予行政处分或者行政处罚;造成损害的,责令赔偿损失;情节严重,构成犯罪的,依法追究刑事责任。

第三十六条 对依法提出申诉、控告、检举的教师进行打击报复的,由其所在单位或者上级机关责令改正;情节严重的,可以根据具体情况给予行政处分。国家工作人员对教师打击报复构成犯罪的,依照刑法第一百四十六条的规定追究刑事责任。

第三十七条 教师有下列情形之一的,由所在学校、其他教育机构或者教育行政部门给予行政处分或者解聘:

(一) 故意不完成教育教学任务给教育教学工作造成损失的;

(二) 体罚学生,经教育不改的;

(三) 品行不良、侮辱学生,影响恶劣的。

教师有前款第(二)项、第(三)项所列情形之一,情节严重,构成犯罪的,依法追究刑事责任。

第三十八条 地方人民政府对违反本法规定,拖欠教师工资或者侵犯教师其他合法权益的,应当责令其限期改正。违反国家财政制度、财务制度,挪用国家财政用于教育的经费,严重妨碍教育教学工作,拖欠教师工资,损害教师合法权益的,由上级机关责令限期归还被挪用的经费,并对直接责任人员给予行政处分;情节严重,构成犯罪的,依法追究刑事责任。

第三十九条 教师对学校或者其他教育机构侵犯其合法权益的,或者对学校或者其他教育机构作出的处理不服的,可以向教育行政部门提出申诉,教育行政部门应当在接到申诉的三十日之内,作出处理。

教师认为当地人民政府有关行政部门侵犯其根据本法规定享有的权利的,可以向同级人民政府或者上一级人民政府有关部门提出申诉,同级人民政府或者上一级人民政府有关部门应当作出处理。

第九章 附则

第四十条 本法下列用语的含义是:

（一）各级各类学校，是指实施学前教育、普通初等教育、普通中等教育、职业教育、普通高等教育以及特殊教育、成人教育的学校；

（二）其他教育机构，是指少年宫以及地方教研室、电化教育机构等；

（三）中小学教师，是指幼儿园、特殊教育机构、普通中小学、成人初等中等教育机构、职业中学以及其他教育机构的教师。

第四十一条　学校和其他教育机构中的教育教学辅助人员，其他类型的学校的教师和教育教学辅助人员，可以根据实际情况参照本法的有关规定执行。军队所属院校的教师和教育教学辅助人员，由中央军事委员会依照本法制定有关规定。

第四十二条　外籍教师的聘任办法由国务院教育行政部门规定。

第四十三条　本法自1994年1月1日起施行。

中华人民共和国学位条例

(1980年2月12日第五届全国人民代表大会常务委员会第十三次会议通过，根据2004年8月28日第十届全国人民代表大会常务委员会第十一次会议《关于修改〈中华人民共和国学位条例〉的决定》修正。)

第一条　为了促进我国科学专门人才的成长，促进各门学科学术水平的提高和教育、科学事业的发展，以适应社会主义现代化建设的需要，特制定本条例。

第二条　凡是拥护中国共产党的领导、拥护社会主义制度，具有一定学术水平的公民，都可以按照本条例的规定申请相应的学位。

第三条　学位分学士、硕士、博士三级。

第四条　高等学校本科毕业生，成绩优良，达到下述学术水平者，授予学士学位：

（一）较好地掌握本门学科的基础理论、专门知识和基本技能；

（二）具有从事科学研究工作或担负专门技术工作的初步能力。

第五条　高等学校和科学研究机构的研究生，或具有研究生毕业同等学力的人员，通过硕士学位的课程考试和论文答辩，成绩合格，达到下述学术水平者，授予硕士学位：

（一）在本门学科上掌握坚实的基础理论和系统的专门知识；

（二）具有从事科学研究工作或独立担负专门技术工作的能力。

第六条　高等学校和科学研究机构的研究生，或具有研究生毕业同等学力的人员，通过博士学位的课程考试和论文答辩，成绩合格，达到下述学术水平者，授予博士学位：

（一）在本门学科上掌握坚实宽广的基础理论和系统深入的专门知识；

（二）具有独立从事科学研究工作的能力；

（三）在科学或专门技术上做出创造性的成果。

第七条　国务院设立学位委员会，负责领导全国学位授予工作。学位委员会设主任委员一人，副主任委员和委员若干人。主任委员、副主任委员和委员由国务院任免。

第八条　学士学位，由国务院授权的高等学校授予；硕士学位、博士学位，由国务院授权的高等学校和科学研究机构授予。

授予学位的高等学校和科学研究机构(以下简称学位授予单位)及其可以授予

学位的学科名单,由国务院学位委员会提出,经国务院批准公布。

第九条　学位授予单位,应当设立学位评定委员会,并组织有关学科的学位论文答辩委员会。

学位论文答辩委员会必须有外单位的有关专家参加,其组成人员由学位授予单位遴选决定。学位评定委员会组成人员名单由学位授予单位确定,报国务院有关部门和国务院学位委员会备案。

第十条　学位论文答辩委员会负责审查硕士和博士学位论文、组织答辩,就是否授予硕士学位或博士学位作出决议。决议以不记名投票方式,经全体成员三分之二以上通过,报学位评定委员会。

学位评定委员会负责审查通过学士学位获得者的名单;负责对学位论文答辩委员会报请授予硕士学位或博士学位的决议,作出是否批准的决定。决定以不记名投票方式,经全体成员过半数通过。决定授予硕士学位或博士学位的名单,报国务院学位委员会备案。

第十一条　学位授予单位,在学位评定委员会作出授予学位的决议后,发给学位获得者相应的学位证书。

第十二条　非学位授予单位应届毕业的研究生,由原单位推荐,可以就近向学位授予单位申请学位。经学位授予单位审查同意,通过论文答辩,达到本条例规定的学术水平者,授予相应的学位。

第十三条　对于在科学或专门技术上有重要的著作、发明、发现或发展者,经有关专家推荐,学位授予单位同意,可以免除考试,直接参加博士学位论文答辩。对于通过论文答辩者,授予博士学位。

第十四条　对于国内外卓越的学者或著名的社会活动家,经学位授予单位提名,国务院学位委员会批准,可以授予名誉博士学位。

第十五条　在我国学习的外国留学生和从事研究工作的外国学者,可以向学位授予单位申请学位。对于具有本条例规定的学术水平者,授予相应的学位。

第十六条　非学位授予单位和学术团体对于授予学位的决议和决定持有不同意见时,可以向学位授予单位或国务院学位委员会提出异议。学位授予单位和国务院学位委员会应当对提出的异议进行研究和处理。

第十七条　学位授予单位对于已经授予的学位,如发现有舞弊作伪等严重违反本条例规定的情况,经学位评定委员会复议,可以撤销。

第十八条　国务院对于已经批准授予学位的单位,在确认其不能保证所授学位的学术水平时,可以停止或撤销其授予学位的资格。

第十九条　本条例的实施办法,由国务院学位委员会制定,报国务院批准。

第二十条　本条例自1981年1月1日起施行。

中华人民共和国职业教育法

(1996年5月15日第八届全国人民代表大会常务委员会第十九次会议通过,1996年5月15日中华人民共和国主席令第69号公布自1996年9月1日起施行。)

目录
第一章　总则
第二章　职业教育体系
第三章　职业教育的实施
第四章　职业教育的保障条件
第五章　附则

第一章　总则

第一条　为了实施科教兴国战略,发展职业教育,提高劳动者素质,促进社会主义现代化建设,根据教育法和劳动法,制定本法。

第二条　本法适用于各级各类职业学校教育和各种形式的职业培训。国家机关实施的对国家机关工作人员的专门培训由法律、行政法规另行规定。

第三条　职业教育是国家教育事业的重要组成部分,是促进经济、社会发展和劳动就业的重要途径。国家发展职业教育,推进职业教育改革,提高职业教育质量,建立、健全适应社会主义市场经济和社会进步需要的职业教育制度。

第四条　实施职业教育必须贯彻国家教育方针,对受教育者进行思想政治教育和职业道德教育,传授职业知识,培养职业技能,进行职业指导,全面提高受教育者的素质。

第五条　公民有依法接受职业教育的权利。

第六条　各级人民政府应当将发展职业教育纳入国民经济和社会发展规划。行业组织和企业、事业组织应当依法履行实施职业教育的义务。

第七条　国家采取措施,发展农村职业教育,扶持少数民族地区、边远贫困地区职业教育的发展。国家采取措施,帮助妇女接受职业教育,组织失业人员接受各种形式的职业教育,扶持残疾人职业教育的发展。

第八条　实施职业教育应当根据实际需要,同国家制定的职业分类和职业等级标准相适应,实行学历证书、培训证书和职业资格证书制度。国家实行劳动者在就业前或者上岗前接受必要的职业教育的制度。

第九条　国家鼓励并组织职业教育的科学研究。

第十条　国家对在职业教育中作出显著成绩的单位和个人给予奖励。

第十一条　国务院教育行政部门负责职业教育工作的统筹规划、综合协调、宏观管理。国务院教育行政部门、劳动行政部门和其他有关部门在国务院规定的职责范围内，分别负责有关的职业教育工作。县级以上地方各级人民政府应当加强对本行政区域内职业教育工作的领导、统筹协调和督导评估。

第二章　职业教育体系

第十二条　国家根据不同地区的经济发展水平和教育普及程度，实施以初中后为重点的不同阶段的教育分流，建立、健全职业学校教育与职业培训并举，并与其他教育相互沟通、协调发展的职业教育体系。

第十三条　职业学校教育分为初等、中等、高等职业学校教育。初等、中等职业学校教育分别由初等、中等职业学校实施；高等职业学校教育根据需要和条件由高等职业学校实施，或者由普通高等学校实施。其他学校按照教育行政部门的统筹规划，可以实施同层次的职业学校教育。

第十四条　职业培训包括从业前培训、转业培训、学徒培训、在岗培训、转岗培训及其他职业性培训，可以根据实际情况分为初级、中级、高级职业培训。职业培训分别由相应的职业培训机构、职业学校实施。其他学校或者教育机构可以根据办学能力，开展面向社会的、多种形式的职业培训。

第十五条　残疾人职业教育除由残疾人教育机构实施外，各级各类职业学校和职业培训机构及其他教育机构应当按照国家有关规定接纳残疾学生。

第十六条　普通中学可以因地制宜地开设职业教育的课程，或者根据实际需要适当增加职业教育的教学内容。

第三章　职业教育的实施

第十七条　县级以上地方各级人民政府应当举办发挥骨干和示范作用的职业学校、职业培训机构，对农村、企业、事业组织、社会团体、其他社会组织及公民个人依法举办的职业学校和职业培训机构给予指导和扶持。

第十八条　县级人民政府应当适应农村经济、科学技术、教育统筹发展的需要，举办多种形式的职业教育，开展实用技术的培训，促进农村职业教育的发展。

第十九条　政府主管部门、行业组织应当举办或者联合举办职业学校、职业培训机构，组织、协调、指导本行业的企业、事业组织举办职业学校、职业培训机构。国家鼓励运用现代化教学手段，发展职业教育。

第二十条　企业应当根据本单位的实际，有计划地对本单位的职工和准备录用的人员实施职业教育。企业可以单独举办或者联合举办职业学校、职业培训机构,也可以委托学校、职业培训机构对本单位的职工和准备录用的人员实施职业教育。从事技术工种的职工,上岗前必须经过培训;从事特种作业的职工必须经过培训,并取得特种作业资格。

第二十一条　国家鼓励事业组织、社会团体、其他社会组织及公民个人按照国家有关规定举办职业学校、职业培训机构。境外的组织和个人在中国境内举办职业学校、职业培训机构的办法,由国务院规定。

第二十二条　联合举办职业学校、职业培训机构,举办者应当签订联合办学合同。政府主管部门、行业组织、企业、事业组织委托学校、职业培训机构实施职业教育的,应当签订委托合同。

第二十三条　职业学校、职业培训机构实施职业教育应当实行产教结合,为本地区经济建设服务,与企业密切联系,培养实用人才和熟练劳动者。职业学校、职业培训机构可以举办与职业教育有关的企业或者实习场所。

第二十四条　职业学校的设立,必须符合下列基本条件:
(一)有组织机构和章程;
(二)有合格的教师;
(三)有符合规定标准的教学场所,与职业教育相适应的设施、设备;
(四)有必备的办学资金和稳定的经费来源。
职业培训机构的设立,必须符合下列基本条件:
(一)有组织机构和管理制度;
(二)有与培训任务相适应的教师和管理人员;
(三)有与进行培训相适应的场所、设施、设备;
(四)有相应的经费。
职业学校和职业培训机构的设立、变更和终止,应当按照国家有关规定执行。

第二十五条　接受职业学校教育的学生,经学校考核合格,按照国家有关规定,发给学历证书。接受职业培训的学生,经培训的职业学校或者职业培训机构考核合格,按照国家有关规定,发给培训证书。学历证书、培训证书按照国家有关规定,作为职业学校、职业培训机构的毕业生、结业生从业的凭证。

第四章　职业教育的保障条件

第二十六条　国家鼓励通过多种渠道依法筹集发展职业教育的资金。

第二十七条　省、自治区、直辖市人民政府应当制定本地区职业学校学生人数平均经费标准;国务院有关部门应当会同国务院财政部门制定本部门职业学校学生人数平均经费标准。职业学校举办者应当按照学生人数平均经费标准足额拨付职业教育经费。各级人民政府、国务院有关部门用于举办职业学校和职业培训机构的财政性经费应当逐步增长。任何组织和个人不得挪用、克扣职业教育的经费。

第二十八条　企业应当承担对本单位的职工和准备录用的人员进行职业教育的费用,具体办法由国务院有关部门会同国务院财政部门或者由省、自治区、直辖市人民政府依法规定。

第二十九条　企业未按本法第二十条的规定实施职业教育的,县级以上地方人民政府应当责令改正;拒不改正的,可以收取企业应当承担的职业教育经费,用于本地区的职业教育。

第三十条　省、自治区、直辖市人民政府按照教育法的有关规定决定开征的用于教育的地方附加费,可以专项或者安排一定比例用于职业教育。

第三十一条　各级人民政府可以将农村科学技术开发、技术推广的经费,适当用于农村职业培训。

第三十二条　职业学校、职业培训机构可以对接受中等、高等职业学校教育和职业培训的学生适当收取学费,对经济困难的学生和残疾学生应当酌情减免。收费办法由省、自治区、直辖市人民政府规定。国家支持企业、事业组织、社会团体、其他社会组织及公民个人按照国家有关规定设立职业教育奖学金、贷学金,奖励学习成绩优秀的学生或者资助经济困难的学生。

第三十三条　职业学校、职业培训机构举办企业和从事社会服务的收入应当主要用于发展职业教育。

第三十四条　国家鼓励金融机构运用信贷手段,扶持发展职业教育。

第三十五条　国家鼓励企业、事业组织、社会团体、其他社会组织及公民个人对职业教育捐资助学,鼓励境外的组织和个人对职业教育提供资助和捐赠。提供的资助和捐赠,必须用于职业教育。

第三十六条　县级以上各级人民政府和有关部门应当将职业教育教师的培养和培训工作纳入教师队伍建设规划,保证职业教育教师队伍适应职业教育发展的需要。职业学校和职业培训机构可以聘请专业技术人员、有特殊技能的人员和其他教育机构的教师担任兼职教师。有关部门和单位应当提供方便。

第三十七条　国务院有关部门、县级以上地方各级人民政府以及举办职业学校、职业培训机构的组织、公民个人,应当加强职业教育生产实习基地的建设。企业、事业组织应当接纳职业学校和职业培训机构的学生和教师实习;对上岗实习的,应当给予适当的劳动报酬。

第三十八条　县级以上各级人民政府和有关部门应当建立、健全职业教育服务体系,加强职业教育教材的编辑、出版和发行工作。

第五章 附则

第三十九条 在职业教育活动中违反教育法规定的,应当依照教育法的有关规定给予处罚。

第四十条 本法自1996年9月1日起施行。

中华人民共和国民办教育促进法

（2002年12月28日第九届全国人民代表大会常务委员会第三十一次会议通过，根据2013年6月29日第十二届全国人民代表大会常务委员会第三次会议《关于修改〈中华人民共和国文物保护法〉等十二部法律的决定》第一次修正，根据2016年11月7日第十二届全国人民代表大会常务委员会第二十四次会议《关于修改〈中华人民共和国民办教育促进法〉的决定》第二次修正，根据2018年12月29日第十三届全国人民代表大会常务委员会第七次会议《关于修改〈中华人民共和国劳动法〉等七部法律的决定》第三次修正。）

目录

第一章　总则
第二章　设立
第三章　学校的组织与活动
第四章　教师与受教育者
第五章　学校资产与财务管理
第六章　管理与监督
第七章　扶持与奖励
第八章　变更与终止
第九章　法律责任
第十章　附则

第一章　总则

第一条　为实施科教兴国战略，促进民办教育事业的健康发展，维护民办学校和受教育者的合法权益，根据宪法和教育法制定本法。

第二条　国家机构以外的社会组织或者个人，利用非国家财政性经费，面向社会举办学校及其他教育机构的活动，适用本法。本法未作规定的，依照教育法和其他有关教育法律执行。

第三条　民办教育事业属于公益性事业，是社会主义教育事业的组成部分。

国家对民办教育实行积极鼓励、大力支持、正确引导、依法管理的方针。

各级人民政府应当将民办教育事业纳入国民经济和社会发展规划。

第四条　民办学校应当遵守法律、法规,贯彻国家的教育方针,保证教育质量,致力于培养社会主义建设事业的各类人才。

民办学校应当贯彻教育与宗教相分离的原则。任何组织和个人不得利用宗教进行妨碍国家教育制度的活动。

第五条　民办学校与公办学校具有同等的法律地位,国家保障民办学校的办学自主权。

国家保障民办学校举办者、校长、教职工和受教育者的合法权益。

第六条　国家鼓励捐资办学。

国家对为发展民办教育事业做出突出贡献的组织和个人,给予奖励和表彰。

第七条　国务院教育行政部门负责全国民办教育工作的统筹规划、综合协调和宏观管理。

国务院人力资源社会保障行政部门及其他有关部门在国务院规定的职责范围内分别负责有关的民办教育工作。

第八条　县级以上地方各级人民政府教育行政部门主管本行政区域内的民办教育工作。

县级以上地方各级人民政府人力资源社会保障行政部门及其他有关部门在各自的职责范围内,分别负责有关的民办教育工作。

第九条　民办学校中的中国共产党基层组织,按照中国共产党章程的规定开展党的活动,加强党的建设。

第二章　设立

第十条　举办民办学校的社会组织,应当具有法人资格。

举办民办学校的个人,应当具有政治权利和完全民事行为能力。

民办学校应当具备法人条件。

第十一条　设立民办学校应当符合当地教育发展的需求,具备教育法和其他有关法律、法规规定的条件。

民办学校的设置标准参照同级同类公办学校的设置标准执行。

第十二条　举办实施学历教育、学前教育、自学考试助学及其他文化教育的民办学校,由县级以上人民政府教育行政部门按照国家规定的权限审批;举办实施以职业技能为主的职业资格培训、职业技能培训的民办学校,由县级以上人民政府人力资源社会保障行政部门按照国家规定的权限审批,并抄送同级教育行政部门备案。

第十三条　申请筹设民办学校,举办者应当向审批机关提交下列材料:

(一)申办报告,内容应当主要包括:举办者、培养目标、办学规模、办学层次、办学形式、办学条件、内部管理体制、经费筹措与管理使用等;

（二）举办者的姓名、住址或者名称、地址；

（三）资产来源、资金数额及有效证明文件，并载明产权；

（四）属捐赠性质的校产须提交捐赠协议，载明捐赠人的姓名、所捐资产的数额、用途和管理方法及相关有效证明文件。

第十四条　审批机关应当自受理筹设民办学校的申请之日起三十日内以书面形式作出是否同意的决定。

同意筹设的，发给筹设批准书。不同意筹设的，应当说明理由。

筹设期不得超过三年。超过三年的，举办者应当重新申报。

第十五条　申请正式设立民办学校的，举办者应当向审批机关提交下列材料：

（一）筹设批准书；

（二）筹设情况报告；

（三）学校章程、首届学校理事会、董事会或者其他决策机构组成人员名单；

（四）学校资产的有效证明文件；

（五）校长、教师、财会人员的资格证明文件。

第十六条　具备办学条件，达到设置标准的，可以直接申请正式设立，并应当提交本法第十三条和第十五条（三）、（四）、（五）项规定的材料。

第十七条　申请正式设立民办学校的，审批机关应当自受理之日起三个月内以书面形式作出是否批准的决定，并送达申请人；其中申请正式设立民办高等学校的，审批机关也可以自受理之日起六个月内以书面形式作出是否批准的决定，并送达申请人。

第十八条　审批机关对批准正式设立的民办学校发给办学许可证。

审批机关对不批准正式设立的，应当说明理由。

第十九条　民办学校的举办者可以自主选择设立非营利性或者营利性民办学校。但是，不得设立实施义务教育的营利性民办学校。

非营利性民办学校的举办者不得取得办学收益，学校的办学结余全部用于办学。

营利性民办学校的举办者可以取得办学收益，学校的办学结余依照公司法等有关法律、行政法规的规定处理。

民办学校取得办学许可证后，进行法人登记，登记机关应当依法予以办理。

第三章　学校的组织与活动

第二十条　民办学校应当设立学校理事会、董事会或者其他形式的决策机构并建立相应的监督机制。

民办学校的举办者根据学校章程规定的权限和程序参与学校的办学和管理。

第二十一条　学校理事会或者董事会由举办者或者其代表、校长、教职工代表等人员组成。其中三分之一以上的理事或者董事应当具有五年以上教育教学经验。

学校理事会或者董事会由五人以上组成,设理事长或者董事长一人。理事长、理事或者董事长、董事名单报审批机关备案。

第二十二条　学校理事会或者董事会行使下列职权:

(一)聘任和解聘校长;

(二)修改学校章程和制定学校的规章制度;

(三)制定发展规划,批准年度工作计划;

(四)筹集办学经费,审核预算、决算;

(五)决定教职工的编制定额和工资标准;

(六)决定学校的分立、合并、终止;

(七)决定其他重大事项。

其他形式决策机构的职权参照本条规定执行。

第二十三条　民办学校的法定代表人由理事长、董事长或者校长担任。

第二十四条　民办学校参照同级同类公办学校校长任职的条件聘任校长,年龄可以适当放宽。

第二十五条　民办学校校长负责学校的教育教学和行政管理工作,行使下列职权:

(一)执行学校理事会、董事会或者其他形式决策机构的决定;

(二)实施发展规划,拟订年度工作计划、财务预算和学校规章制度;

(三)聘任和解聘学校工作人员,实施奖惩;

(四)组织教育教学、科学研究活动,保证教育教学质量;

(五)负责学校日常管理工作;

(六)学校理事会、董事会或者其他形式决策机构的其他授权。

第二十六条　民办学校对招收的学生,根据其类别、修业年限、学业成绩,可以根据国家有关规定发给学历证书、结业证书或者培训合格证书。

对接受职业技能培训的学生,经政府批准的职业技能鉴定机构鉴定合格的,可以发给国家职业资格证书。

第二十七条　民办学校依法通过以教师为主体的教职工代表大会等形式,保障教职工参与民主管理和监督。

民办学校的教师和其他工作人员,有权依照工会法,建立工会组织,维护其合法权益。

第四章　教师与受教育者

第二十八条　民办学校的教师、受教育者与公办学校的教师、受教育者具有同等的法律地位。

第二十九条　民办学校聘任的教师,应当具有国家规定的任教资格。

第三十条　民办学校应当对教师进行思想品德教育和业务培训。

第三十一条　民办学校应当依法保障教职工的工资、福利待遇和其他合法权益,并为教职工缴纳社会保险费。

国家鼓励民办学校按照国家规定为教职工办理补充养老保险。

第三十二条　民办学校教职工在业务培训、职务聘任、教龄和工龄计算、表彰奖励、社会活动等方面依法享有与公办学校教职工同等权利。

第三十三条　民办学校依法保障受教育者的合法权益。

民办学校按照国家规定建立学籍管理制度,对受教育者实施奖励或者处分。

第三十四条　民办学校的受教育者在升学、就业、社会优待以及参加先进评选等方面享有与同级同类公办学校的受教育者同等权利。

第五章　学校资产与财务管理

第三十五条　民办学校应当依法建立财务、会计制度和资产管理制度,并按照国家有关规定设置会计帐簿。

第三十六条　民办学校对举办者投入民办学校的资产、国有资产、受赠的财产以及办学积累,享有法人财产权。

第三十七条　民办学校存续期间,所有资产由民办学校依法管理和使用,任何组织和个人不得侵占。

任何组织和个人都不得违反法律、法规向民办教育机构收取任何费用。

第三十八条　民办学校收取费用的项目和标准根据办学成本、市场需求等因素确定,向社会公示,并接受有关主管部门的监督。

非营利性民办学校收费的具体办法,由省、自治区、直辖市人民政府制定;营利性民办学校的收费标准,实行市场调节,由学校自主决定。

民办学校收取的费用应当主要用于教育教学活动、改善办学条件和保障教职工待遇。

第三十九条　民办学校资产的使用和财务管理受审批机关和其他有关部门的监督。

民办学校应当在每个会计年度结束时制作财务会计报告,委托会计师事务所依法进行审计,并公布审计结果。

第六章　管理与监督

第四十条　教育行政部门及有关部门应当对民办学校的教育教学工作、教师培训工作进行指导。

第四十一条　教育行政部门及有关部门依法对民办学校实行督导,建立民办学校信息公示和信用档案制度,促进提高办学质量;组织或者委托社会中介组织评估办学水平和教育质量,并将评估结果向社会公布。

第四十二条　民办学校的招生简章和广告,应当报审批机关备案。

第四十三条　民办学校侵犯受教育者的合法权益,受教育者及其亲属有权向教育行政部门和其他有关部门申诉,有关部门应当及时予以处理。

第四十四条　国家支持和鼓励社会中介组织为民办学校提供服务。

第七章　扶持与奖励

第四十五条　县级以上各级人民政府可以设立专项资金,用于资助民办学校的发展,奖励和表彰有突出贡献的集体和个人。

第四十六条　县级以上各级人民政府可以采取购买服务、助学贷款、奖助学金和出租、转让闲置的国有资产等措施对民办学校予以扶持;对非营利性民办学校还可以采取政府补贴、基金奖励、捐资激励等扶持措施。

第四十七条　民办学校享受国家规定的税收优惠政策;其中,非营利性民办学校享受与公办学校同等的税收优惠政策。

第四十八条　民办学校依照国家有关法律、法规,可以接受公民、法人或者其他组织的捐赠。

国家对向民办学校捐赠财产的公民、法人或者其他组织按照有关规定给予税收优惠,并予以表彰。

第四十九条　国家鼓励金融机构运用信贷手段,支持民办教育事业的发展。

第五十条　人民政府委托民办学校承担义务教育任务,应当按照委托协议拨付相应的教育经费。

第五十一条　新建、扩建非营利性民办学校,人民政府应当按照与公办学校同等原则,以划拨等方式给予用地优惠。新建、扩建营利性民办学校,人民政府应当按照国家规定供给土地。

教育用地不得用于其他用途。

第五十二条　国家采取措施,支持和鼓励社会组织和个人到少数民族地区、边远贫困地区举办民办学校,发展教育事业。

第八章　变更与终止

第五十三条　民办学校的分立、合并,在进行财务清算后,由学校理事会或者董事会报审批机关批准。

申请分立、合并民办学校的,审批机关应当自受理之日起三个月内以书面形式答复;其中申请分立、合并民办高等学校的,审批机关也可以自受理之日起六个月内以书面形式答复。

第五十四条　民办学校举办者的变更,须由举办者提出,在进行财务清算后,经学校理事会或者董事会同意,报审批机关核准。

第五十五条　民办学校名称、层次、类别的变更,由学校理事会或者董事会报审批机关批准。

申请变更为其他民办学校,审批机关应当自受理之日起三个月内以书面形式答复;其中申请变更为民办高等学校的,审批机关也可以自受理之日起六个月内以书面形式答复。

第五十六条　民办学校有下列情形之一的,应当终止:

(一)根据学校章程规定要求终止,并经审批机关批准的;

(二)被吊销办学许可证的;

(三)因资不抵债无法继续办学的。

第五十七条　民办学校终止时,应当妥善安置在校学生。实施义务教育的民办学校终止时,审批机关应当协助学校安排学生继续就学。

第五十八条　民办学校终止时,应当依法进行财务清算。

民办学校自己要求终止的,由民办学校组织清算;被审批机关依法撤销的,由审批机关组织清算;因资不抵债无法继续办学而被终止的,由人民法院组织清算。

第五十九条　对民办学校的财产按照下列顺序清偿:

(一)应退受教育者学费、杂费和其他费用;

(二)应发教职工的工资及应缴纳的社会保险费用;

(三)偿还其他债务。

非营利性民办学校清偿上述债务后的剩余财产继续用于其他非营利性学校办学;营利性民办学校清偿上述债务后的剩余财产,依照公司法的有关规定处理。

第六十条　终止的民办学校,由审批机关收回办学许可证和销毁印章,并注销登记。

第九章　法律责任

第六十一条　民办学校在教育活动中违反教育法、教师法规定的,依照教育法、教师法的有关规定给予处罚。

第六十二条　民办学校有下列行为之一的,由县级以上人民政府教育行政部门、人力资源社会保障行政部门或者其他有关部门责令限期改正,并予以警告;有违法所得的,退还所收费用后没收违法所得;情节严重的,责令停止招生、吊销办学许可证;构成犯罪的,依法追究刑事责任:

(一)擅自分立、合并民办学校的;

(二)擅自改变民办学校名称、层次、类别和举办者的;

(三)发布虚假招生简章或者广告,骗取钱财的;

(四)非法颁发或者伪造学历证书、结业证书、培训证书、职业资格证书的;

（五）管理混乱严重影响教育教学,产生恶劣社会影响的;

（六）提交虚假证明文件或者采取其他欺诈手段隐瞒重要事实骗取办学许可证的;

（七）伪造、变造、买卖、出租、出借办学许可证的;

（八）恶意终止办学、抽逃资金或者挪用办学经费的。

第六十三条　县级以上人民政府教育行政部门、人力资源社会保障行政部门或者其他有关部门有下列行为之一的,由上级机关责令其改正;情节严重的,对直接负责的主管人员和其他直接责任人员,依法给予处分;造成经济损失的,依法承担赔偿责任;构成犯罪的,依法追究刑事责任:

（一）已受理设立申请,逾期不予答复的;

（二）批准不符合本法规定条件申请的;

（三）疏于管理,造成严重后果的;

（四）违反国家有关规定收取费用的;

（五）侵犯民办学校合法权益的;

（六）其他滥用职权、徇私舞弊的。

第六十四条　违反国家有关规定擅自举办民办学校的,由所在地县级以上地方人民政府教育行政部门或者人力资源社会保障行政部门会同同级公安、民政或者工商行政管理等有关部门责令停止办学、退还所收费用,并对举办者处违法所得一倍以上五倍以下罚款;构成违反治安管理行为的,由公安机关依法给予治安管理处罚;构成犯罪的,依法追究刑事责任。

第十章　附则

第六十五条　本法所称的民办学校包括依法举办的其他民办教育机构。

本法所称的校长包括其他民办教育机构的主要行政负责人。

第六十六条　境外的组织和个人在中国境内合作办学的办法,由国务院规定。

第六十七条　本法自2003年9月1日起施行。1997年7月31日国务院颁布的《社会力量办学条例》同时废止。

参 考 文 献

一、著作/教材类

[1] 教育部人事司.高等教育法规概论[M].北京:北京师范大学出版社,2000.

[2] 郑良信.教育法学通论[M].南宁:广西教育出版社,2000.

[3] 吴志宏,陈韶峰,汤林春.教育政策与教育法规[M].上海:华东师范大学出版社,2003.

[4] 张乐天.教育政策法规的理论与实践[M].上海:华东师范大学出版社,2009.

[5] 劳凯声.教育法学[M].沈阳:辽宁教育出版社,2000.

[6] 劳凯声.教育法论[M].南京:江苏教育出版社,1993.

[7] 劳凯声.规矩方圆:教育管理与法律[M].北京:中国铁道出版社,1997.

[8] 刘立.教育法通论[M].武汉:湖北教育出版社,2003.

[9] 黄崴.教育法学[M].北京:高等教育出版社,2007.

[10] 陈鹏,祁占勇.教育法学的理论与实践[M].北京:中国社会科学出版社,2006.

[11] 朱家存,王守恒,周兴国.教育学[M].北京:高等教育出版社,2010.

[12] 袁振国.教育政策学[M].南京:江苏教育出版社,2001.

[13] 刘斌,王春福,等.政策科学研究[M].北京:人民出版社,2000.

[14] 张金马.政策科学导论[M].北京:中国人民大学出版社,1992.

[15] 公丕祥.教育法教程[M].北京:高等教育出版社,2000.

[16] 张琦.高等教育法规概论[M].北京:首都师范大学出版社,2007.

[17] 郑继伟.高等教育法规基础[M].杭州:浙江大学出版社,2001.

[18] 王利明,杨立新,王轶,等.民法学[M].2版.北京:法律出版社,2008.

[19] 约翰·罗尔斯.正义论[M].何怀宏,译.北京:中国社会科学出版社,1988.

[20] 彼得·M.布劳.社会生活中的交换与权力[M].孙非,张黎勤,译.北京:华夏出版社,1988.

[21] 朱孔军,等.大学生管理理论与方法[M].北京:人民出版社,2010.

[22] 秦启文.突发事件的管理与应对[M].北京:新华出版社,2004.

[23] 赵延安,刘冬梅.职业教育法教程[M].咸阳:西北农林科技大学出版社,2007.

[24] 张春生.中华人民共和国民办教育促进法释义[M].北京:法律出版社,2003.

[25] 周兴国,朱家存,李宜江.基础教育改革研究[M].合肥:安徽人民出版社,2008.

[26] 余雅风.新编教育法学[M].上海:华东师范大学出版社,2008.

[27] 杨颖秀.教育法学[M].北京:中国人民大学出版社,2008.

[28] 申素平.教育法学:原理、规范与应用[M].北京:教育科学出版社,2009.

[29] 张维平.平衡与制约:20世纪的教育法[M].济南:山东教育出版社,1995.

[30] 郝铁川.教育法基础[M].上海:上海教育出版社,1998.

[31] 雷思明.给教师的60条法律建议[M].上海:华东师范大学出版社,2010.

[32] 刘旺洪.教育法教程[M].南京:南京师范大学出版社,2006.

[33] 中共中央宣传部.习近平新时代中国特色社会主义思想学习纲要[M].北京:学习出版社、人民出版社,2019.

二、期刊类

[1] 佚名.中国义务教育发展新的里程碑:全国人大常委李连宁解读新《义务教育法》九大突破[J].中国农村教育,2006(10):8-9.

[2] 李宜江.论课堂教学中教育法价值的冲突[J].现代中小学教育,2006(5):8-10.

[3] 劳凯声.中小学学生伤害事故及责任归结问题研究[J].北京师范大学学报(社会科学版),2004(2):13-23.

[4] 褚宏启.论学校事故及其法律责任[J].中国教育学刊,2000(1):44-48.

[5] 刘娟.学生伤害事故的概念界定[J].社会科学论坛,2006(6下):74-76.

[6] 谢军.高校学生伤害事故防范和处理机制[J].当代教育论坛(综合研究),2010(5):67-68.

[7] 李宜江,柳丽娜.中小学生伤害事故归责原则新论:基于《侵权责任法》的分析[J].教学与管理,2011(4):34-35.

[8] 方益权.学校在学生伤害事故中的归责原则探讨[J].教育评论,2004(1):40-44.

[9] 柳丽娜.教师应有怎样的权利与义务观[J].教学与管理(理论版),2012(4):44-45.

[10] 宋希仁.马克思论权利和义务[J].首都师范大学学报(社会科学版),2007(6):38-45.

[11] 王文东.论权利和义务关系的对等性和非对等性[J].首都师范大学学报(社会科学版),2007(5):49-56.

[12] 潘希武.师德量化考核的限度及其消极性[J].上海教育科研,2010(8):56-58.

[13] 周兴国.教师资格的制度完善:从"终身制"到定期复审[J].教育发展研究,2010(10):22-25.

[14] 周兴国.论教师聘任制的契约公正[J].教育科学,2005(5):37-38.

[15] 白涛.高校危机管理对策初探[J].华南理工大学学报(社会科学版),2005(2):67-71.

[16] 任茂东.我国职业教育存在的主要问题与建议[J].中国党政干部论坛,2011(3):13-15.

[17] 黄尧.中国职业教育发展将更加关注的若干问题[J].职业技术教育,2010(22):11-14.

[18] 李宜江.公共财政支持民办教育发展的政策法规变迁及启示[J].现代教育管理,2011(8):66-69.

[19] 胡卫,董圣足.我国民办教育发展的回顾与展望[J].教育发展研究,2011(1):18-22.

[20] 梁兴国.法治时代的教育公共政策:从"依法治教"到"教育法治化"[J].政法论坛,2010(6):168-175.

[21] 尹力.论依法治教的实质[J].中国教育学刊,2002(4):43-46.

[22] 刘群.从依法治教到依法治校[J].人民教育,2005(23):14-15.

[23] 石士军.试论依法治教[J].南昌教育学院学报,2008(1):59-61.

[24] 申素平,邓雨薇.我国高等教育法治70年发展史[J].教育发展研究,2019(17):33-38.

[25] 秦惠民.高等教育法治发展从制度性探索走向良法善治[J].中国高等教育,2019(17):10-12.

[26] 马怀德.教育法治四十年:成就、问题与展望[J].国家教育行政学院学报,2018(10):10-15.

[27] 刘复兴.开辟中国特色社会主义教育发展道路新时代[J].人民教育,2018(1):40-44.

[28] 匡瑛,石伟平.走向现代化:改革开放40年我国职业教育发展之路[J].教育与经济,2018(4):40-44.

[29] 郑智勇,肖林,王书林.改革开放40年我国高职教育的进展、问题与展望[J].教育与职业,2018(20):33-38.

编者简介

李宜江,华东师范大学教育学博士。中国教育学会教育学分会理事、全国教育基本理论学术委员会委员、安徽省教育学会教育学专业委员会副理事长、长三角教育发展政策与法治研究中心特聘研究员。现为安徽师范大学教育科学学院教授、博士生导师,美国加州州立大学弗雷斯诺分校访问学者。主要从事教育政策法规等方面的研究。发表论文50多篇,出版专著2部,主编教材4部。主持国家社科基金项目1项,主持教育部人文社科项目1项,主持安徽省哲学社会科学项目等各类省级、厅级课题10项,主持安徽省重大教学改革研究项目1项。科研成果获安徽省人民政府哲学社会科学奖二等奖、三等奖各1项。获国家级教学成果奖二等奖1项,安徽省教学成果奖特等奖、一等奖等5项。

徐赟,北京师范大学教育学博士。中国教育学会教育政策与法律研究会理事、中国教育发展战略学会现代教育管理专业委员会常务理事。现为安徽师范大学教育科学学院副教授、硕士生导师、教育学专业负责人,澳大利亚查尔斯达尔文大学访问学者。主要从事教育政策与法律、教育管理等方面的研究。在《中国教育报》《教育学报》《教育发展研究》等刊物上发表学术论文10余篇,参与出版著作和教材3部。主持安徽省哲学社会科学规划项目等省部级项目3项,参与教育部哲学社会科学研究重大委托项目、国家留学基金委委托项目等多项。获安徽省教学成果奖特等奖1项。

薛卫洋,厦门大学教育学博士。现为安徽师范大学教育科学学院讲师。主要从事高等教育国际化、国际比较高等教育研究。在《比较教育研究》《中国高教研究》《复旦教育论坛》《高校教育管理》等刊物上发表论文10余篇。